Andreas Nöthen
Bulldozer Bolsonaro

Andreas Nöthen

BULLDOZER BOLSONARO

Wie ein Populist Brasilien ruiniert

Ch. Links Verlag, Berlin

Auch als **e book** erhältlich

Die Deutsche Nationalbibliothek verzeichnet diese Publikation
in der Deutschen Nationalbibliografie; detaillierte bibliografische Daten
sind im Internet über www.dnb.de abrufbar.

2. Auflage, September 2020
© Christoph Links Verlag GmbH, 2020
Prinzenstraße 85 D, 10969 Berlin, Tel.: (030) 44 02 32-0
www.christoph-links-verlag.de; mail@christoph-links-verlag.de
Lektorat: Hinnerk Berlekamp, Berlin
Umschlaggestaltung: Burkhard Neie, xix,
unter Verwendung eines Fotos von Brandrodungen
im Amazonas-Regenwald (dpa, Wildlife/M. Edwards, vorn)
und eines Fotos von Jair Bolsonaro (l.) sowie General
Edson Leal Pujol (M.) bei einer Militärparade zum Tag des Soldaten
am 23. August 2019 in Brasília (dpa, AP Photo/Eraldo Peres, hinten)
Karte: Christopher Volle, Freiburg
Satz: Nadja Caspar, Ch. Links Verlag
Druck und Bindung: Druckerei F. Pustet, Regensburg
Gedruckt auf säurefreiem, alterungsbeständigem Papier

ISBN 978-3-96289-096-4

INHALT

BRASILIEN STÜRZT AB
PROLOG

Die Christusstatue von Rio mit Raketenantrieb – »*Brazil takes off*«, titelte am 14. November 2009 das britische Finanzmagazin *The Economist*. Es war eine passende Beschreibung: Im ersten Jahrzehnt des neuen Jahrtausends war Brasilien ein wirtschaftlicher Shootingstar mit solidem Wirtschaftswachstum.[1] Binnen kurzer Zeit schafften Millionen Brasilianer aus den ärmsten Teilen der Bevölkerung den Sprung in die untere Mittelschicht[2] und erlangten bescheidenen Wohlstand. Nach Daten der UN-Wirtschaftskommission für Lateinamerika (CEPAL) sank zwischen 2003 und 2009 der Anteil der in Armut lebenden Menschen von 38,7 Prozent auf 24,9 Prozent.[3] In extremer Armut lebten statt 13,9 nur noch 7,0 Prozent der Bevölkerung. Es ging bergauf. Brasilien, das ewige Land der Zukunft, schien es endlich gepackt zu haben. Die Fußball-WM 2014 und die Olympischen Spiele 2016 würden Zeugnis davon ablegen.

Zehn Jahre später ist vom damaligen Optimismus nichts mehr zu spüren. Brasiliens Wirtschaft kommt nach mehreren Jahren Rezession nicht in Fahrt. Die Wälder am Amazonas stehen in Flammen, die Abholzung nimmt immer dramatischere Züge an. Man muss schon eine ganze Weile zurückdenken, sucht man nach positiven und erfreulichen Nachrichten aus Brasilien. Das größte Land Südamerikas, das fünftgrößte der Erde, taumelt von einer Krise in die nächste.

Politisch hat sich eine Kehrtwende vollzogen. Mehr als ein Jahrzehnt lang, von 2003 bis 2016, steuerten links geführte

Regierungen der Arbeiterpartei (PT) das Land, zunächst unter Luiz Inácio Lula da Silva, dann unter Dilma Rousseff. Dann enthob das Parlament die gewählte Präsidentin ihres Amtes, eine rechte Übergangsregierung unter dem bisherigen Vizepräsidenten Michel Temer übernahm die Amtsgeschäfte. Am 1. Januar 2019 zog der rechte Politiker Jair Bolsonaro als Präsident in den *Palácio do Planalto* in Brasília ein. Wie ein Bulldozer rollt er seither über das Land hinweg und versucht plattzumachen, was immer ihm im Wege steht – Gesetze, Institutionen, Verträge, Menschen. Sein Motto im Endspurt des Wahlkampfs hatte gelautet »Brasilien über alles, Gott über allen« *(Brasil acima de tudo, Deus acima de todos)* – ein Slogan, der zumindest in deutschen Ohren ganz ähnlich klingt wie »Deutschland über alles«. So nationalistisch wie die Losung ist auch seine Politik. Nicht nur Brasilianer reiben sich verwundert die Augen und fragen sich: Was ist passiert? Wie konnte es dazu kommen?

Brasilien ist nicht das einzige Land, in dem in jüngerer Vergangenheit rechte Populisten an die Macht gelangt sind. In den USA regiert Präsident Donald Trump, zu dem Jair Bolsonaro eine besonders enge Beziehung aufzubauen versucht. Auf den Philippinen herrscht Rodrigo »Rody« Roa Duterte, der als Präsident ähnlich fragwürdige Mittel einsetzt, um die Kriminalität einzudämmen, wie zuvor als Bürgermeister von Davao City. Auch in einer Reihe von Ländern Europas sind Rechtspopulisten an die Macht gelangt. Einer der ersten war in den 1990er-Jahren der italienische Medienunternehmer Silvio Berlusconi, dem es gelang, den Vertrauensverlust der Bevölkerung in das demokratische System seines Landes in politische Macht umzumünzen. In der Türkei träumt Recep Tayyip Erdoğan nach gemäßigtem Start inzwischen von einer Art zweitem Osmanischen Reich. Die Fidesz-Partei von Victor Órban in Ungarn hat es verstanden, sich mit EU-kritischer, nationalistischer Politik eine komfortable Machtposition zu schaffen. Und einer dreisten und ganz offen mit Lügen und Halbwahrheiten gespickten Brexit-Kampagne gelang es, die Mehrheit der britischen Bevölkerung auf ihre Seite zu ziehen und damit das Vereinigte Königreich über Jahre ins politische Chaos zu stürzen.

Diese grob angerissenen Beispiele deuten bereits an, welche Voraussetzungen es braucht, damit Populisten mit ihrer Politik Erfolg haben, und welche Mechanismen dort greifen: Den idealen Nährboden bieten eine Krisensituation und die daraus resultierende Verunsicherung und Angst. Um Identität zu stiften,[4] wird der Wunsch nach einer (Wieder-)Gewinnung nationaler Souveränität gehegt und auf nationale Selbstbestimmung gepocht. Auch die Abkehr von supranationalen Einheiten (UNO, EU, Mercosul) und die Ausgrenzung von ganzen Bevölkerungsteilen – Indigene, Schwarze, LGBT[5] oder auch »die Eliten« – gehören zu den klassischen populistischen Instrumenten. Auf diese Weise soll einerseits eine Art Homogenität (»das Volk«) erzeugt werden, während andererseits gleichzeitig die Gesellschaft nachhaltig gespalten wird. Populisten stiften also Chaos, um sich hinterher als Retter präsentieren zu können.

Auf den kommenden Seiten wird anhand des Werdegangs von Jair Messias Bolsonaro zu zeigen sein, wie der zurzeit weltweit zu beobachtende rechte Populismus auch in Brasilien relativ schnell wieder Fuß fassen konnte. Diese »Mischung aus Neoliberalismus, religiös aufgeladenem Kreuzzug wider aufgeklärtes Denken, Korruption und Klientelismus«, wie es Ursula Prutsch analysiert,[6] hat »Brasilien um Jahrzehnte – in manchen Bereichen um nahezu ein Jahrhundert« zurückgeworfen und das Land damit zu einem »warnenden Lehrstück für das rasche Kippen vermeintlich stabiler Demokratien« gemacht.

ZEIT FÜR EINEN NEUANFANG

Die Dreifachkrise

Um ein ganzes Land für Populismus und vermeintlich einfache Problemlösungen empfänglich zu machen, braucht es zunächst eine handfeste Krisensituation, die möglichst weite Teile der Bevölkerung umfasst, im Idealfall das gesamte Land. Diese Krise muss dann noch ein weiteres Kriterium erzeugen: politische Unzufriedenheit, die sich nicht nur gegen eine einzelne Partei oder die Regierung richtet, sondern besser auf die gesamte politische Klasse oder die sogenannten Eliten. Beide Voraussetzungen waren in Brasilien schon mehrere Jahre vor der Wahl von Jair Bolsonaro gegeben. Brasilien leistete sich sogar eine Dreifachkrise.

Nicht nur, dass die Wirtschaft schwächelte; nicht nur, dass die Politik nach dem fragwürdigen Amtsenthebungsverfahren gegen Präsidentin Dilma Rousseff zunehmend handlungsunfähig wirkte. Wirtschaft und Politik gemeinsam hatten den Grundstein gelegt für eine dritte, eine moralische Krise: Mehrere große Korruptionsskandale erschütterten nachhaltig das ohnehin eher geringe Vertrauen in die politische Klasse, weil praktisch alle politischen Parteien und politischen Ebenen betroffen schienen. Brasilien blieb eigentlich nur ein Ausweg: ein radikaler Neuanfang.

Sicht- und greifbar wurde dieser Krisencocktail erstmals im Juni 2013. Die Fußballwelt freute sich auf einen sportlichen Vorgeschmack auf den FIFA World Cup 2014, der Brasilien weit über die Klischees von Samba, Sonne und Lebensfreude hinaus als moderne, aufstrebende Demokratie präsentieren sollte. Der Confederations Cup 2013 sollte eine große Feier werden, und sportlich erfüllte er alle Erwartungen der Gastgeber: Brasilien schlug im Endspiel in Salvador de Bahia den amtierenden Weltmeister Spanien klar mit 3:0. Der junge Neymar Jr. wurde zum besten Spieler des Turniers gewählt. Torhüter Júlio César erhielt den goldenen Handschuh als bester Torhüter. Angreifer Fred teilte sich den Ruhm des besten Torjägers mit dem spanischen Stürmerstar Fernando Torres. Die Schlagzeilen, die während des Turniers um die Welt gingen, galten jedoch nur zum Teil den Sportlern. In nicht geringerem Maße galten sie Hunderttausenden Protestierenden, die auf die Straße gingen.

Die Welt war erstaunt – war dieses Brasilien nicht die aufstrebende Wirtschaftsmacht des neuen Jahrtausends? Woher kam die Unzufriedenheit?

Tatsächlich besaß Brasilien zwischen 2000 und 2012 laut dem Wirtschaftsmagazin *Forbes* eine der am stärksten wachsenden Volkswirtschaften der Welt. Mit im Schnitt fünf Prozent jährlichem Wirtschaftswachstum katapultierte sich das Land zwischenzeitlich auf den sechsten Rang der stärksten Volkswirtschaften. 2012 überholte das Schwellenland, das endlich sein gewaltiges Potenzial auszuschöpfen schien, sogar Großbritannien. Doch 2013 begann Brasilien zu kippen, und die Demonstranten in den Metropolen schienen es bereits irgendwie zu spüren. Nur ein Jahr später – ausgerechnet im WM-Jahr 2014, das mit dem sechsten Titel gekrönt werden sollte, woraus bekanntlich nichts wurde – rutschte Brasilien sogar in eine Rezession, die bis 2017 anhalten sollte und von der sich das fünftgrößte Land der Erde bis zum Ende des Jahrzehnts nicht wirklich erholen würde.

Die einfache Bevölkerung spürte den beginnenden Abschwung zuerst, und ihr Zorn richtete sich auf die Politiker, die sich mit den baulichen Großprojekten der Boomjahre – WM-Stadien, Olympia-Sportstätten für 2016 und damit verbundene Infrastrukturprojekte – die Taschen gefüllt hatten. Die Wut auf »die da oben« wuchs. Begriffe wie »*corrupto*« oder »*ladrão*« (Dieb) begannen, sich nicht nur in der Alltagssprache, sondern auch im politischen Diskurs zu verankern. Zugleich traten politische Versäumnisse zutage: In eine qualitativ bessere Bildung zum Beispiel war kaum investiert worden, die Ergebnisse brasilianischer Schüler bei der OEDC-Vergleichsstudie Pisa stagnierten weitgehend auf unterdurchschnittlichem Niveau.[7]

Ein teuer erkaufter Aufstieg

Doch bleiben wir zunächst bei der Wirtschaft. Brasilien galt in der Vergangenheit als reiner Rohstofflieferant – es produzierte Holz, später Gold, Kautschuk, Kaffee, auch heute noch sind Fleisch, Soja oder Früchte wichtige Exportartikel. Die Veränderungen setzten in den 1930er-Jahren ein, als unter Präsident Getúlio Vargas die Industrialisierung forciert wurde. In den 1950er-Jahren begann die verarbeitende Industrie, nicht allein die Importabhängigkeit des Landes von gewissen Produkten zu reduzieren und ausländische Produkte durch einheimische zu ersetzen, sondern auch selbst im Ausland nach Marktnischen zu suchen. Bis heute gelten viele brasilianische Produkte allerdings im internationalen Vergleich als wenig konkurrenzfähig, von einigen Ausnahmen – etwa den Flugzeugen von Embraer – ausdrücklich abgesehen.

Als Luiz Inácio Lula da Silva von der Arbeiterpartei PT, in Brasilien nur kurz Lula genannt, Ende 2002 zum Präsidenten gewählt wurde, stand die Wirtschaft relativ gut da. Die Inflation war niedrig, die Währung stabil. Lulas Politik zielte zu Beginn vor allem darauf ab, die Lebenssituation der ärmeren Schichten der Bevölkerung zu verbessern, und er legte zahlreiche Sozialprogramme auf. Ein Familienprogramm, die *Bolsa Família,* gab Familien kurzfristig mehr finanziellen Spielraum. Gleiches galt für die Anhebung des Mindestlohns. Laut Daten der Weltbank[8] schafften es 29 Millionen Brasilianer, die Armut in Richtung Mittelschicht zu verlassen. Das Einkommen der ärmsten 40 Prozent der Bevölkerung stieg zwischen 2003 und 2014 um durchschnittlich 7,1 Prozent pro Jahr, für den Rest der Bevölkerung im Schnitt um 4,4 Prozent. Die Arbeitslosigkeit halbierte sich.

Es waren vor allem Menschen aus den untersten Schichten, die nun ein paar Reais mehr in der Tasche hatten und dieses Geld in den privaten Konsum steckten. Doch nachhaltig war das nicht. Im Gegenteil: Billige Kredite befeuerten diese Tendenz zum Konsum noch, zumal in Brasilien praktisch alles auf Pump gekauft werden kann. Selbst an der Supermarktkasse wird der Kunde gefragt, ob er den Einkauf gleich in einem Rutsch bezahlen möchte, also »à *vista*«, oder verteilt auf bis zu zwölf Monatsraten – ein verlockendes Angebot, zumal dies ohne große Bonitätsprüfung geschieht. Viele Brasilianer landeten so in der Schuldenfalle.

Um die mangelnde Nachfrage nach brasilianischen Industrieprodukten anzukurbeln, setzte die von der PT geführte Regierung ein Binnenkonjunkturprogramm in Gang. Die öffentliche Hand stützte die Wirtschaft durch große Bau- und Infrastrukturaufträge, schließlich standen die Fußball-WM 2014 und die Olympischen Spiele 2016 in Rio vor der Tür. Stadien und Sportstätten entstanden oder wurden teuer saniert, in Rio de Janeiro wurde zudem die Erweiterung des Metronetzes in Angriff genommen. Unter dem Strich lief es zunächst gut. Selbst die Immobilienkrise von 2008/09 ließ die brasilianische Wirtschaft relativ unbeeindruckt. Die Binnennachfrage erwies sich als stabil und groß genug, um Schlimmeres zu verhindern. Um sicherzugehen, dass die Nachfrage nicht abriss, schuf die Regierung Steuervergünstigungen für den Kauf von Autos, Elektrogeräten oder Baudienstleistungen.

Doch die Stabilität war trügerisch. Denn der Boom beruhte nicht zuletzt auf der Verheißung gewaltiger Öleinnahmen. 2006 waren vor der Küste Brasiliens riesige Ölvorkommen gefunden worden, sogenanntes Vorsalzöl[9] zwar, das wesentlich tiefer in der Erde lagert und dadurch teurer in der Gewinnung ist, doch das schien in Zeiten hoher Rohstoffpreise keine Rolle zu spielen. Welch ein Irrtum.

Denn zu dieser Zeit begannen die USA, mit der ökologisch hoch umstrittenen Fracking-Methode ihre eigene Förderung stark auszuweiten, ihr Öl in den Weltmarkt zu pumpen und damit für ein Überangebot zu sorgen. So sank der Ölpreis. Das traf nicht nur das sozialistisch regierte Venezuela, dessen Wirtschaft nahezu ausschließlich auf der Ölförderung basierte. Auch die noch immer stark rohstoffabhängige Wirtschaft Brasiliens kam ins Taumeln. Das war den USA durchaus genehm, galt es doch, die linke Regierung in Brasilien nicht zu stark und zu selbstbewusst werden zu lassen.

Der Ölpreis blieb eine ganze Zeit lang im Keller. Ausbaden musste das nicht Lula, sondern seine von ihm selbst ausgewählte und parteiintern durchgesetzte Nachfolgerin Dilma Rousseff, die zum Jahreswechsel 2010/11 ihr Amt antrat. Die langjährige Weggefährtin Lulas und frühere Widerstandskämpferin gegen die Militärdiktatur versuchte, seiner Linie zu folgen, bewies jedoch wenig staatslenkerisches Geschick. Kritiker behaupten gar: Sie tat nichts.

Um Kosten zu senken, fror Rousseff die Gehälter in den öffentlichen Unternehmen wie bei den Energieversorgern ein – mit begrenztem Erfolg. Die Unternehmen gaben den Druck an die Verbraucher weiter, die Preise stiegen. Rousseff versuchte, wie Lula den Markt mit Subventionen und Steuererleichterungen stabil zu halten. Doch viele Menschen verloren ihre eben erst gewonnenen Jobs wieder, der informelle Sektor wuchs. Im Straßenbild tauchten verstärkt fliegende Händler auf.

Alle Erfolge der Regierung bei der Eindämmung der Armut hatten nichts daran geändert, dass unter der dünnen Schicht des allgemeinen Aufschwungs weiterhin eine riesige soziale Ungleichheit bestand. Das Wirtschaftsmagazin *Forbes* platzierte

Brasilien jüngst auf Rang zwölf der Länder mit der höchsten Milliardärsdichte. Gerade einmal fünf Prozent der Bevölkerung besitzen demnach so viel wie der gesamte Rest von 95 Prozent. Die sechs reichsten Milliardäre des Landes haben so viel wie die 100 Millionen Ärmsten – fast die Hälfte der Bevölkerung. Angesichts so gewaltiger sozialer Spannungen genügte 2013 die bloße Ankündigung, die Fahrpreise im Nahverkehr leicht anzuheben, um die fragile, mühsam hergestellte Stabilität wieder zu zerstören und die Menschen auf die Straße zu treiben.

Allen Grund zur Unzufriedenheit hatten nicht nur die Ärmsten, die ihren kurzfristig erworbenen, bescheidenen Wohlstand fast genauso schnell wieder verloren, wie er ihnen zugefallen war, und nicht selten auch noch auf einem zusätzlichen Schuldenberg saßen. Der etablierten Mittelschicht war durch die vorübergehenden Aufsteiger aus den unteren Schichten plötzlich eine Konkurrenz erwachsen. Das ließ bei den Betroffenen Verlustängste aufkommen. Viele mussten sich statt nach oben plötzlich nach unten orientieren. Und die dünne Oberschicht musste vorübergehend damit leben lernen, dass plötzlich auch Schwarze und farbige Brasilianer sich Konsum wie Reisen leisten konnten. Quer durch die Bevölkerungsschichten wuchs damit die Sehnsucht nach jemandem, der den Karren wieder aus dem Dreck zieht. Neben das Bedürfnis nach sozialer Sicherheit traten dabei ganz existenzielle Dinge wie der Wunsch nach mehr Ordnung und Sicherheit und weniger Korruption oder die Nostalgie nach der »guten alten Zeit« mit gewachsenen Hierarchien.[10]

Bei der turnusmäßigen Wahl 2014 schaffte es Dilma Rousseff noch einmal, sich im zweiten Wahlgang mit knappem Vorsprung gegen Aécio Neves von der Mitte-Partei PSDB durchzusetzen und Präsidentin zu bleiben. Noch hielt eine Mehrheit des Wahlvolks der PT die Stange. Vor allem im armen Norden und Nordosten, wo viele Menschen von den Sozialprogrammen der Linksregierung profitiert hatten, gaben die Menschen Dilma Rousseff ihre Stimmen.

Doch im Parlament hatte die PT nie eine eigene Mehrheit besessen. Sie war stets auf die Stimmen der Mitte-rechts-Partei PMDB angewiesen gewesen, die seit den 1990er-Jahren ununterbrochen mit am Kabinettstisch in Brasília gesessen hatte und auf einer völlig anderen Wellenlänge lag als die einst sozialistische und mittlerweile eher sozialdemokratische PT. Zur Mitte der Legislaturperiode zeichnete sich ein politischer Stillstand ab. Die verschiedenen Kräfte blockierten sich gegenseitig. Gleichzeitig nahm die wirtschaftliche Krise immer bedrohlichere Züge an. Und die Regierung Rousseff unternahm kaum erkennbare Schritte, sich gegen diese Entwicklung zu stellen.

Dilma muss weg

So reifte bei den Gegnern Rousseffs und der PT der Entschluss, einen personellen Wechsel zu vollziehen. Sie schmiedeten Pläne, wie man den Abgang der Präsidentin beschleunigen könnte. Ein erster Schritt: Die PMDB, geführt vom gewählten Vizepräsidenten Michel Temer, kündigte ihr die Koalition auf. Plötzlich stand Rousseff im Parlament ohne Verbündete da. Das bedeutete im brasilianischen Präsidialsystem zwar nicht das Ende der Regierung, reduzierte ihren Gestaltungsspielraum aber praktisch auf Null.

Rousseff klammerte sich an die Macht. Auch wenn ihre Beliebtheitswerte in Umfragen nur noch einstellig waren, wähnte sie ihre Position offenbar stark genug, dass sie es riskieren konnte, Neuwahlen ins Spiel zu bringen. Darauf aber ließen sich ihre Widersacher nicht ein. Zu stark schien vielen noch die Unterstützung der Bevölkerung für die Politik der PT zu sein. Zu groß die Gefahr, vielleicht doch zu scheitern. Und dann? Rousseff oder ein anderer Kandidat der PT wäre möglicherweise mit neuer Legitimation aus den Wahlen hervorgegangen.

Doch der Druck aus der Bevölkerung wuchs. Die Proteste, die 2013 begonnen hatten, rissen nicht ab. Immer lauter und deutlicher wurden die Forderungen, endlich etwas zu tun und das Siechtum zu beenden. Viele forderten den Rücktritt Dilma Rousseffs oder, sollte sie sich weigern, ein Amtsenthebungsverfahren.

Die brasilianische Verfassung bietet eine Amtsenthebung, auch Impeachment genannt, als ultimativen Schritt an. Die Latte für die Begründung eines solches Verfahrens liegt sehr hoch – ähnlich hoch wie in der Verfassung der Vereinigten Staaten von Amerika, die der brasilianischen Verfassung als Inspirationsquelle diente. Es muss schon ein Fall von Verrat oder Bestechung vorliegen, ein Kapitalverbrechen oder ein ähnlich schweres Vergehen. In der jüngeren Geschichte war diese Karte bereits einmal gezogen worden: 1992 wurde Präsident Fernando Collor de Mello aus dem Amt entfernt. Sein eigener Bruder hatte ihn der Korruption bezichtigt.

Um das Staatsoberhaupt seines Amtes zu entheben, muss zunächst die Abgeordnetenkammer mit Zweidrittelmehrheit einen entsprechenden Antrag annehmen. Stimmt anschließend auch der Senat für die Aufnahme des Verfahrens, wird der Präsident beziehungsweise die Präsidentin zunächst für 180 Tage suspendiert. In dieser Zeit klärt der Oberste Gerichtshof (*Supremo Tribunal Federal*, STF) die erhobenen Vorwürfe juristisch. Zur endgültigen Entscheidung geht der Fall dann wieder in den Senat, der dann jedoch mit Zweidrittelmehrheit für die Amtsenthebung stimmen muss. Tut er es, hat anschließend der gewählte Stellvertreter des Präsidenten – im Fall von Dilma Rousseff war das Michel Temer – das Recht, die Legislaturperiode zu Ende zu regieren. Naturgemäß ist das Amtsenthebungsverfahren für die Antragsteller mit einem gewissen Risiko verbunden. Scheitert es, geht der im Amt bestätigte Staatchef möglicherweise gestärkt daraus hervor. Das ist in Brasilien nicht anders als etwa in den USA, wo 2019/20 Donald Trump das von den Demokraten gegen ihn angestrengte Impeachment-Verfahren in aller Ruhe aussaß.

Das Amtsenthebungsverfahren gegen Dilma Rousseff beruhte auf dem Vorwurf des *fiscal pedaling* – ein Begriff, für den es im Deutschen keine wirklich griffige Übersetzung gibt. Es ging um Folgendes: Die Regierung hatte anscheinend Geld staatlicher Banken dazu benutzt, laufende Ausgaben zu begleichen, ohne diese Ausgaben jedoch offiziell als Kreditaufnahme zu deklarieren. Derartige fiskalische Tricks, mit denen Haushaltslücken überbrückt, verschleiert oder verschleppt werden, sind ohne Frage ein ernstes Vergehen.

Ob sie aber tatsächlich so schwer wiegen, dass sie es rechtfertigen, eine Präsidentin aus dem Amt zu entfernen – darüber wird noch heute leidenschaftlich gestritten. Denn ein Impeachment ist im Kern kein juristischer, sondern ein politischer Vorgang. So weigern sich Anhänger der Arbeiterpartei PT nach wie vor, die Amtsenthebung von Dilma Rousseff als rechtmäßig zu akzeptieren. Sie sprechen bis heute von einem »*Golpe*«[11], einem Putsch oder Staatsstreich der Mitte-rechts-Parteien. Unter dem Strich bleibt es eine Glaubensfrage.

Rein formal wurde das Impeachment schulmäßig durchgeführt. Die Abgeordnetenkammer stimmte nach langer Debatte mit 367 Ja- zu 137 Nein-Stimmen für die Aufnahme eines Amtsenthebungsverfahrens – ein deutliches Ergebnis. Es folgten die Abstimmung im Senat, die Suspendierung der Präsidentin und schließlich die endgültige Entscheidung am 31. August 2016, bei der 61 Senatoren gegen und nur 20 für sie votierten. Dilma Rousseff war ihres Amtes enthoben.

Ein Detail soll an dieser Stelle erläutert werden. In der Aussprache in der Abgeordnetenkammer, bei der jeder Abgeordnete das Recht hat, seine Entscheidung zu begründen, hatte sich auch Jair Bolsonaro zu Wort gemeldet, von dem zu diesem Zeitpunkt wohl noch niemand vermutet hätte, er könnte in wenigen Jahren selbst Präsident werden. Bolsonaro hatte die Plattform des Parlaments schon öfter für seine Ausfälle genutzt. Dieses Mal fiel seine Provokation besonders geschmacklos aus:

Er widmete sein Votum nicht der Familie, der Wahrheit oder Gott, wie es viele seiner Kollegen taten. Er widmete es General Carlos Alberto Brilhante Ustra. Dieser war 1970 während der Militärdiktatur der Leiter des Militärgeheimdienstes DOI-CODI. Jener Institution also, von der die damalige Widerstandskämpferin Dilma Rousseff gefoltert wurde.

Korruption, wohin man schaut

Das Amtsenthebungsverfahren, das parallel zu den Olympischen Spielen in Rio abgehalten wurde, spaltete die Gesellschaft in diejenigen, die das Impeachment für rechtmäßig und überfällig hielten, und diejenigen, die darin einen stillen Staatsstreich erkannten. Um die politische Dynamik dieser Zeit zu verstehen, ist jedoch ein zweiter Komplex zu berücksichtigen: die Korruption der politischen Klasse und der wirtschaftlichen Eliten in Brasilien.

Korruption hat es in Brasilien schon immer gegeben. Sie wirkt langsam, aber nachhaltig. Sie »korrodiert die Säulen der Demokratie, untergräbt das Prinzip, dass alle Menschen vor dem Gesetz gleich sind«, wie die brasilianische Ökonomin Maria Cristina Pinotti[12] die Auswirkungen auf Politik und Gesellschaft definiert. Auch die linken Regierungen der PT wurden von der Korruption infiziert. Das wurde zum ersten Mal deutlich, als 2005 der *Mensalão*-Skandal publik wurde.

Weil die PT im brasilianischen Kongress nicht über die alleinige Mehrheit verfügte und weil Koalitionen und Allianzen wegen der Zersplitterung des Parlaments schwierig zu bewerkstelligen waren, hatte sich José »Zé« Dirceu, Kabinettschef und rechte Hand von Präsident Lula, die graue Eminenz der Partei, einen besonderen Trick einfallen lassen: Er suchte mehrere Abgeordnete anderer Parteien, die die Vorschläge der PT unterstützten und bei Abstimmungen für sie votierten, und er wurde fündig. Auf diese Weise gelang es der PT sogar, die Verfassung um mehrere Anhänge zu erweitern. Für ihre Mühe wurden diese Abgeordneten mit einem finanziellen Obolus entschädigt. Monat für Monat (daher der Name *Mensalão*) erhielt jeder rund 30 000 Reais, damals etwa 10 000 Euro. Doch der Schwindel flog auf.

Zwar versuchte die PT noch, mit allerhand Tricks die Ermittlungen und Recherchen der Strafverfolger zu behindern und zu verschleppen. Am Ausgang des Verfahrens änderte das jedoch wenig. 2012 wurden 33 Personen zu teilweise hohen Haftstrafen verurteilt. Der Strafprozess war ungewöhnlich für brasilianische Verhältnisse. Zum ersten Mal wurde ein solches Verfahren von viel Öffentlichkeit begleitet. Das sicherte dem Richter, Joaquim Barbosa, in der Bevölkerung eine breite Unterstützung. Man darf nicht außer Acht lassen, dass er dabei war, Politiker der Regierungspartei PT zur Verantwortung zu ziehen.

Zudem begnügte er sich tatsächlich nicht mit ein paar Bauernopfern, sondern er schickte zugleich die großen Drahtzieher hinter Gitter. Plötzlich schienen auch die Unantastbaren antastbar. Der Justiz, der wie eigentlich allen Staatsgewalten immer ein wenig der Ruch anhing, sie koche insgeheim ihr eigenes politisches Süppchen, brachte dieser Prozess enormes Ansehen in der Bevölkerung. Vielleicht verschaffte er ihr sogar den nötigen Rückenwind, den sie brauchte, um nicht einmal zwei Jahre später ein noch viel größeres Rad zu drehen.

Selbstkritik ist unerwünscht

In der Zwischenzeit verabschiedete das brasilianische Parlament jedoch zunächst am 1. August 2013 ein Antikorruptionsgesetz, das in den weiteren Entwicklungen eine bedeutende Rolle spielen sollte. Das Gesetz 12 846, *Lei Anticorrupção* oder *Lei Empresa Limpa* genannt, sah vor, dass nicht mehr nur demjenigen Strafe droht, der Schmiergelder erhält, sondern auch demjenigen, der meinte, Schmiergelder verteilen zu müssen. Bis zum *Mensalão* war das möglich, ohne groß dafür belangt zu werden. Bestechung war ein Kavaliersdelikt. Niemand regte sich groß darüber auf, es sei denn, ein Politiker trieb es auf die Spitze. So wie der bereits erwähnte Fernando Collor de Mello, der erste nach dem Ende der Militärdiktatur gewählte Präsident Brasiliens. Gegen ihn wurden bereits nach 100 Tagen im Amt die ersten Korruptionsvorwürfe laut. 1992 wurde er vom Parlament abgesetzt.

Enstanden war die *Lei Anticorrupção* im Ergebnis einer internationalen Initiative der OECD im Kampf gegen die Korruption, ein spätes Echo der Enthüllungen der Watergate-Affäre[13]. Für die Regierung Rousseff, die gerade erst den *Mensalão*-Skandal hinter sich gebracht hatte, war das Gesetz zugleich auch ein innenpolitischer Befreiungsversuch, eine Reaktion auf die einsetzenden Massenproteste gegen die Regierung. Die Zustimmungswerte für Dilma Rousseff waren stark im Fallen begriffen. Im März 2013, also vor Beginn der Proteste, hatten sie noch bei starken 79 Prozent gelegen. Binnen nicht einmal vier Monaten waren sie jedoch auf nur noch 31 Prozent abgerutscht. Es bestand also akuter Handlungsbedarf.

Nicht auszudenken der Gesichtsverlust, hätte Rousseffs sich geweigert, ein so fortschrittliches Gesetz zu unterschreiben. Endlich, so konnte man meinen, packte eine Regierung das Problem bei der Wurzel. Es schien, als habe die PT aus ihren bitteren Erfahrungen im *Mensalão*-Skandal gelernt.

Doch geläutert war die PT keineswegs. Weder zu diesem Zeitpunkt noch später, als die Ermittlungen im Fall *Lava Jato* ein noch größeres Netzwerk der Korruption aufdeckten, waren von Seiten der Partei selbstkritische Töne zu hören. Es entbehrt daher nicht einer gewissen Ironie, dass ausgerechnet die PT jenes Antikorruptionsgesetz schuf, das sie am Ende selbst zerlegen würde.

Wendepunkt *Lava Jato*

Lava Jato nahm seinen Anfang, als in der ersten Jahreshälfte 2014 Brasiliens damaliger Generalbundesstaatsanwalt Rodrigo Janot in seinem Büro Renita Cunha Kravetz, leitende Bundesstaatsanwältin im Bundesstaat Paraná, empfing. »Sie war gekommen, um mich zu fragen, ob sie eine Sonderermittlungsgruppe gründen könne«, erinnert sich Janot in seinem Buch *Nada menos que tudo*, was sich sinngemäß übersetzen lässt mit »Alles – und kein bisschen weniger«. »Es ging um einen Geldwechsler, dessen Fall beim 13. Bundesstrafgericht in Curitiba anhängig war. Sie sagte nur etwas von einer ›großen Sache‹, für die sie viele qualifizierte Kräfte und eine gute Infrastruktur brauche«, schreibt Janot.[14]

Den Namen gab der Operation eine Tankstelle mit angeschlossener Waschanlage in der brasilianischen Hauptstadt Brasília:[15] *Lava Jato*, übersetzt »Hochdruckwäsche«. Diese Tankstelle war, wie die Polizei herausgefunden hatte, Ausgangspunkt dubioser Geldüberweisungen. Zur prägenden Figur dieses größten Antikorruptionsverfahrens in der Geschichte Brasiliens und vielleicht sogar ganz Lateinamerikas wurde Bundesrichter Sérgio Moro aus Curitiba im Bundesstaat Paraná. Er war von 2014 an der zuständige Ermittlungsrichter im Fall *Lava Jato*.

Moro gehörte zu einer neuen Generation von Juristen Brasiliens, die an den besten Universitäten in den USA ausgebildet worden waren und sich in ihren Seminaren dort die modernsten Ermittlungstechniken im Kampf gegen die Korruption angeeignet hatten. 1998 hatte er an der Harvard Law School ein Ausbildungsprogramm für Anwälte besucht und an einem vom US-Außenministerium geförderten Studienprogramm zum Thema Geldwäsche teilgenommen. Schon mit Mitte 20 zum Bundesrichter ernannt, hatte Moro bereits mit beträchtlichem Erfolg die Ermittlungen in einem anderen Korruptionsprozess geführt, bei dem es um Devisenschiebungen in der in Paraná ansässigen Bank *Banestado* ging. Das Verfahren mündete damals in knapp 100 Verurteilungen. *Lava Jato* sollte aber viel größer und spektakulärer werden.

Das Prinzip war simpel, es ging um Zahlungen nach dem sogenannten Kickback-System: Drei (oder noch mehr) Partner schließen ein Geschäft ab, der Käufer der Ware oder der Dienstleistung überweist den vereinbarten Geldbetrag an den Verkäufer, und der überweist einen Teil der Summe an den dritten Partner – üblicherweise ohne dass derjenige, von dem dieses Geld ursprünglich stammt, davon erfährt. Das ist zunächst einmal nicht verboten, sofern dieser dritte Partner dafür selbst eine Leistung erbracht hat, zum Beispiel als Berater oder Vermittler.

Doch der Kickback eignet sich auch hervorragend für Praktiken, die nur als Korruption eingestuft werden können. Zum Beispiel dann, wenn der Auftragnehmer dem Auftraggeber einen Preis in Rechnung stellt, der über dem Marktpreis liegt beziehungsweise über dem Preis, der bei einer regulären, korruptionsfreien Ausschreibung ermittelt worden wäre, und wenn er diese Differenz dann unter der Hand an einflussreiche Beamte oder Politiker weiterleitet. Nach genau diesem Prinzip wurden in Brasilien mehrere Jahre lang Dutzende Politiker verschiedener Parteien mit Beträgen in Milliardenhöhe geschmiert. Hauptsächlich waren es Bauunternehmen, die die Zahlungen leisteten. Ein beträchtlicher Teil dieses Geldes verschwand auf Nimmerwiedersehen auf Schweizer Privatkonten.

Zugang zu diesem gigantischen Netzwerk der Korruption fanden die Ermittler von *Lava Jato* über Alberto Youssef, einen professionellen Geldwäscher, der bereits beim *Banestado*-Skandal seine Finger im Spiel gehabt hatte. Bei ihm fanden sie eine E-Mail, die belegte, dass der frühere Chef des halbstaatlichen Erdöl-Unternehmens *Petrobras*, Paulo Roberto Costa, einen Luxus-SUV geschenkt bekommen hatte. Die Ermittler schlugen zu, und Youssef packte bereitwillig aus. Immerhin bot ihm die neu eingeführte Kronzeugenregelung die Aussicht auf eine stattliche Hafterleichterung, sofern er sich bereit zeigte, involvierte Politiker vor den Kadi zu bringen. So drangen die Staatsanwälte Schritt für Schritt ins Innere des Skandals vor.

Deltan Dallagnol, leitender Staatsanwalt am Bundesgericht in Curitiba, und sein Team legten ein atemberaubendes Tempo vor. Es ging Schlag auf Schlag. Kein Jahr nach Beginn der Untersuchungen stießen sie auf die ersten ganz großen Namen: Otávio Azevedo, CEO des Baukonzerns Andrade Gutierrez, und Marcelo Odebrecht, Chef des gleichnamigen Baukonzerns, der bis dahin das größte Unternehmen Brasiliens war. Beide hatten über Jahre hinweg systematisch Schmiergeld an die Regierung gezahlt und im Gegenzug dafür den Zuschlag für zahlreiche große Bauprojekte erhalten: für diverse Fußballstadien für die WM 2014, für den Staudamm Belo Monte, das Kernkraftwerk Angra 3 oder die U-Bahn-Erweiterung in Rio de Janeiro.

Das italienische Vorbild: *Mani Pulite*

An dieser Stelle bietet sich eine kleine Abschweifung an, und zwar ins Italien der frühen 1990er-Jahre. Dort hatte die Justiz in der Operation *Mani Pulite*, übersetzt »saubere Hände«, einen durchaus vergleichbaren Fall von Korruption aufgedeckt. Ausgangspunkt der Ermittlungen war keine Tankstelle, sondern ein kleines Reinigungsunternehmen. 4200 Urteile fällten die Richter am Ende. Vier ehemalige Premierminister gehörten zu den Abgeurteilten, unter ihnen Bettino Craxi, der vor dem Zugriff der Justiz nach Tunesien floh, ferner zwölf ehemalige Minister und 130 Abgeordnete. Das Vertrauen der Italiener in ihre Politiker war restlos zerstört.

Der Skandal hatte Auswirkungen auf die politische Landschaft, die bis heute nachwirken. Nach den Wahlen 1994 waren fünf Parteien komplett von der Bildfläche verschwunden, allen voran die Christdemokraten, die die Politik Italiens in der Nachkriegszeit dominiert hatten. Stattdessen betrat der Medienunternehmer Silvio Berlusconi das politische Parkett. Statt auf Inhalte setzten Berlusconi und die von ihm gegründete Partei *Forza Italia* ganz auf die Unzufriedenheit der Bevölkerung mit dem politischen System. Sein populistischer Wahlkampfslogan: »Weg mit der alten Politik, wir wollen eine andere, neue, saubere Politik«, traf den Nerv der Zeit. Viele Italiener verlangten einen drastischen Bruch mit der Vergangenheit und einen politischen Neuanfang, in welche Richtung auch immer. Am Ende gewann Berlusconi die Wahl und wurde neuer Premierminister Italiens. Ein für Europa neuer Typus des Populismus war geboren.

Für die Staatsanwälte und Richter des *Mani Pulite*, die sich bis dahin eines großen Rückhalts in der Bevölkerung sicher sein konnten, wendete sich nach der Wahl das Blatt. Berlusconi hatte wenig Interesse an einer wachsamen und starken Justiz, die möglicherweise auch die Politik der neuen Regierung kritisch begleitet hätte. Also galt es, sie wieder zu entwaffnen.

Berlusconi gelang dies, indem er die Justiz systematisch diffamierte. Zunächst attackierte er die Strafverfolger. Schnell machte die Verschwörungstheorie die Runde, die Richter verfolgten eine ganz eigene Agenda, planten insgeheim, die Politiker generell zu verdrängen und selbst die Führung des Landes zu übernehmen. Konkrete Hinweise darauf gab es natürlich nicht. Aber Berlusconis Plan ging auf: In der Bevölkerung machte sich eine diffuse Verunsicherung breit.

Daraufhin ging der Premier noch weiter. Er begann, die Rechte der Justiz bei der Verfolgung von Korruptionsfällen systematisch zu beschneiden. Er reduzierte das Strafmaß für verschiedene Delikte und strich Handlungen, die bislang strafbar gewesen waren, aus dem Katalog der strafbaren Vergehen. Ein zentraler Bestandteil der Gesetzesänderungen war, Bilanzfälschungen künftig nicht mehr als strafbar zu bewerten. So schlug er den Ermittlern genau jenes Instrument aus der Hand, mit dessen Hilfe sie bei *Mani Pulite* erst den Betrügern auf die

Schliche gekommen waren. Unfreiwillig hatten die Staatsanwälte den Politikern gezeigt, welche Türen diese zu schließen hatten, um künftig vor lästigen Ermittlungen geschützt zu sein.

Ermittler lassen Politiker zittern

All dies war Sérgio Moro bestens bekannt. Immerhin hatte er 2004 in einem juristischen Fachaufsatz die Operation *Mani Pulite* ausdrücklich gelobt, und er war mit dem Fall bis ins Detail vertraut. Für ihn stellte sich die Situation in Brasilien ganz ähnlich dar wie einige Jahre zuvor in Italien: Jeder wusste (oder ahnte zumindest), dass es im Land ein strukturelles Problem der Korruption gab, das den Staatsapparat auf allen Ebenen durchsetzt hatte und in dem die Wirtschaft einen vollwertigen Mitspieler abgab.

Dank des italienischen Anschauungsunterrichts wussten Moro und die involvierten Staatsanwälte auch, welche Fußangeln bei den Ermittlungen zu umgehen waren. Deshalb legten sie besonderes Augenmerk darauf, die Bevölkerung mitzunehmen. Es gab kaum einen Schritt, den sie nicht medienwirksam zu inszenieren wussten. Spektakuläre Festnahmen hochrangiger Akteure wurden live im Fernsehen übertragen. Richter Moro und Bundesstaatsanwalt Dallagnol präsentierten sich regelmäßig in der Öffentlichkeit. Neue Ermittlungsschritte wurden via Twitter angekündigt. Es ist nicht auszuschließen, dass dieses extrovertierte Auftreten auch dem Selbstschutz Moros dienen sollte. Wer die Mächtigen und Einflussreichen derart frontal anging wie er, musste sich in Brasilien durchaus Sorgen um Leib und Leben machen. Öffentliche Bekanntheit bot wenigstens eine gewisse Sicherheit.

Die Medienauftritte zeigten Wirkung. Moro wurde zeitweilig wie ein Popstar gefeiert. Zweimal hintereinander, 2014 und 2015, wählten ihn die Medien zum Mann des Jahres. Immer mehr Menschen forderten ihn auf, bei der nächsten Wahl für das Präsidentenamt zu kandidieren. Moro gelang es bei alledem, stets bescheiden und zurückhaltend zu wirken und gar nicht wie ein beißlustiger Hund, der endlich von der Kette gelassen worden war. Bei sehr vielen Brasilianern kam das gut an.

Glaubwürdigkeit erwarb sich Moro nicht zuletzt dadurch, dass er anscheinend niemanden verschonte und keine Angst vor großen Namen zeigte. Nach Azevedo und Odebrecht ließ er auch den Milliardär Eike Batista und den früheren *Petrobras*-Chef Nestor Cerveró verhaften und aburteilen. Nicht weniger spektakulär verlief die Operation *Lava Jato* auf Seiten der Politiker. Mehr als 150 frühere Minister, Abgeordnete, Senatoren und Gouverneure landeten im Gefängnis. Viele, aber durchaus nicht alle kamen aus den Reihen der PT. Unter denen, die Moro schließlich zur Strecke brachte, waren auch Eduardo Cunha, zuvor noch Präsident der Abgeordnetenkammer, und Renan Calheiros, bis unmittelbar vor seiner Verhaftung Senatspräsident, die beide der Mitte-rechts-Partei PMDB entstammten.

Nach und nach stellte sich in der Öffentlichkeit jedoch eine gewisse Müdigkeit ein. Allen Ermittlungserfolgen zum Trotz kam hier und da sogar Kritik auf. Anwälte kritisierten, Richter Moro missbrauche das Instrument der Untersuchungshaft, um Verdächtige zu Aussagen zu bewegen. Andere Stimmen bemängelten wiederum, die Ermittler konzentrierten sich zu sehr auf die PT und die PMDB. Andere Parteien, die im Verdacht standen, kein bisschen weniger korrupt zu sein, spielten bislang noch überhaupt keine Rolle, vor allem die rechte PSDB und deren prominentester Repräsentant Aécio Neves. Zur Verteidigung der PT erhoben sich allerdings nur wenige Stimmen. *Lava Jato* spielte schließlich perfekt auf der Klaviatur des Antikorruptionsgesetzes, das die Partei 2013 selbst mitverfasst hatte. Wollte die PT nun etwa die Justiz dafür kritisieren, dass sie das Gesetz auch anwandte?

Lava Jato hatte inzwischen so gigantische Ausmaße angenommen – es wurde in einem Dutzend Ländern gegen Odebrecht ermittelt –, dass es niemandem mehr möglich war, das

Vorgehen der Ermittler auf welche Weise auch immer politisch zu stoppen. Die Protagonisten der Operation waren selbst zu einer politischen Macht herangewachsen und schienen über jede Form von Zweifeln und Kritik erhaben. Ein Politiker, der *Lava Jato* öffentlich kritisiert hätte, hätte sich die Finger verbrannt und sich obendrein noch verdächtig gemacht. Hoffnungen der Betroffenen, es könnte noch einmal so werden wie früher, die Fälle würden von einem Gericht zum nächsten weitergereicht, und irgendwann werde die Sache im Sande verlaufen, erfüllten sich nicht.

Richter werden zu Aktivisten

Am Horizont zog unterdessen die nächste Präsidentschaftswahl herauf. Im Oktober 2018 würden 147 Millionen Brasilianer aufgerufen, einen neuen Präsidenten zu wählen. Das trieb die Staatsanwälte an, ihre Ermittlungen noch einmal zu beschleunigen. Sie waren fest entschlossen, rechtzeitig vor der Abstimmung den ganz großen Coup zu landen.

Dafür kamen eigentlich nur zwei Personen infrage. Die eine hätte Ex-Präsidentin Dilma Rousseff sein können. Sie war von 2003 bis 2010 Vorsitzende des Aufsichtsrats des Ölkonzerns *Petrobras*, der tief in den Fall *Lava Jato* verstrickt war. Aber: Rousseff war seit dem Amtsenthebungsverfahren politisch praktisch kaltgestellt und meldete sich nur noch hier und da aus ihrer Heimatstadt Porto Alegre in Zeitungsinterviews zu Wort, in denen sie nicht müde wurde, das Impeachment gegen sie als Putsch zu bezeichnen. Warum auch immer – Dallagnol und sein Team hatten sie bislang nicht ins Visier genommen.

Der andere war Lula, Rousseffs Vorgänger, Gründer der Arbeiterpartei und über Jahrzehnte hinweg die zentrale Figur der brasilianischen Linken. Der frühere Gewerkschaftsführer hatte einen weiten Weg zurückgelegt, seit er 1989 zum ersten Mal für die PT für das Präsidentenamt kandidierte und erst in der Stichwahl gegen den Mitte-rechts-Kandidaten Fernando Collor de Mello unterlag. Auch 1994 und 1998 war ihm gegen den vom bürgerlichen Lager unterstützten Fernando Henrique Cardoso (PSDB) der Sieg verwehrt geblieben. Für einen Sozialisten als Präsidenten war die Zeit noch nicht reif. Doch dann wendete sich das Blatt.

2002 trat Lula, der sein Erscheinungsbild verändert und den Blaumann gegen den Zweireiher getauscht hatte, gegen José Serra an, der in Cardosos zweiter Amtszeit Gesundheitsminister war. Lula gewann mit großem Vorsprung. Und regierte in den Augen der Bürger so erfolgreich, dass ihm, als er Ende 2010 nach zwei Amtsperioden abtrat, 83 Prozent der Brasilianer bescheinigten, er habe seine Sache gut gemacht. Solche Beliebtheitswerte hatte kein Staatschef vor ihm jemals erreicht.[16]

Diesen Mann zu demontieren war das Ziel, dem die Ermittler im Fall *Lava Jato* nun alles unterordneten – umso mehr, als Lula bereits angekündigt hatte, 2018 wieder für die PT zur Wahl anzutreten. Der Ex-Präsident sei das Epizentrum aller Korruptionsaffären: So stellte es Deltan Dallagnol im September 2017 in einer spektakulär inszenierten Pressekonferenz in einer Powerpoint-Präsentation dar. Der Schluss schien vielen auch naheliegend, schließlich war Lula unangefochtener Chef der Partei, die augenscheinlich am tiefsten in die Skandale verwickelt war. Würde es gelingen, über diesen Vorwurf eine Anklage zu formulieren, hätten die Ermittler zusätzliche Zeit gewonnen, um Beweise für weitere Anklagepunkte herausarbeiten zu können.

Doch so knallig die Präsentation auch war, so dürftig war ihr Inhalt. Die Zielrichtung war allzu durchsichtig. Der Vorwurf, Lula sei der Dreh- und Angelpunkt einer kriminellen Vereinigung, ließ sich kaum mit harten Fakten untermauern. Dallagnol stützte sich ausschließlich auf Indizien und auf Zeugenaussagen, die mutmaßlich auch dadurch zustande gekommen waren, dass man den betreffenden Personen mildere Strafen anbot für Vergehen, die sie selbst begangen hatten. Handfestes hatte der Staatsanwalt nicht zu bieten.

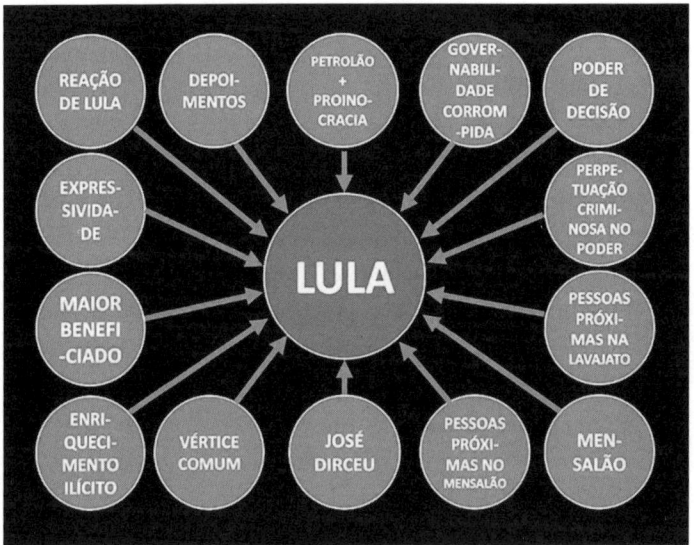

Diese Powerpoint-Folie von Deltan Dallagnol zeigt den Ex-Präsidenten Lula als Zentrum der Korruptionsermittlungen.

Im März 2016 wurde Lula zum ersten Mal festgenommen und zum Verhör auf eine Polizeistation gebracht. Anschließend wurde offiziell Anklage gegen ihn erhoben. Der Vorwurf: Lula habe dem Bauunternehmen OAS Gefälligkeiten erwiesen, und der Konzern habe dem Ex-Präsidenten als Gegenleistung ein Appartement in einem Wohnkomplex in Guarujá zur Verfügung gestellt. Kurze Zeit später eröffnete Sérgio Moro weitere Untersuchungen in einem ähnlichen Fall, diesmal ging es um den Landsitz Santa Bárbara in Atibaia im Bundesstaat São Paulo, den Lula und seine Familie häufig nutzten. Einige Jahre zuvor war die Immobilie aufwendig renoviert worden – nach Auffassung der Strafverfolger als Gegenleistung für öffentliche Bauaufträge.

In dem einen wie in dem anderen Fall fehlten Dokumente wie Verträge, Urkunden oder ein anderes belastbares Papier, die die These der Ermittler erhärten könnten. Dennoch wurde Lula angeklagt: wegen Justizbehinderung, wegen Vorteilsnahme, Geldwäsche und Bildung einer kriminellen Vereinigung. Im Juli 2017 wurde der Ex-Präsident in erster, im Januar 2018 in zweiter Instanz schuldig gesprochen. Das ursprüngliche Strafmaß von neuneinhalb Jahren Haft wurde dabei im zweiten Verfahren sogar noch etwas verschärft. Lula sollte nun für zwölf Jahre und einen Monat ins Gefängnis.

Seine Anwälte gaben sich noch nicht geschlagen. Das Wahljahr 2018 hatte inzwischen begonnen, und ohne den charismatischen Kandidaten Lula, der in den Umfragen zudem schon deutlich vor allen anderen Bewerbern lag, würde die PT jede Hoffnung aufgeben müssen, das Präsidentenamt zurückzuerobern. Als rechtskräftig verurteilter und im Gefängnis einsitzender Straftäter aber würde Lula nicht kandidieren dürfen. Seine Verteidiger versuchten daher noch einen letzten juristischen Winkelzug unter Berufung auf das Prinzip des *Habeas Corpus,* das jedermann Schutz vor willkürlicher Inhaftierung verheißt. Im Verfahren gegen Lula sei noch eine weitere, eine dritte Gerichtsinstanz möglich, argumentierten sie, und bis zu deren Urteil habe der Beschuldigte Anspruch auf die Unschuldsvermutung.

Doch Anfang April wies das Oberste Bundesgericht mit sechs gegen fünf Stimmen den Antrag auf *Habeas Corpus* zurück, woraufhin Sérgio Moro den Vollzug der Haftstrafe anordnete. Lula beugte sich, aber sein Einrücken in das Gefängnis inszenierte er noch einmal groß und medienwirksam. Er ließ sich von der Bundespolizei am Gewerkschaftssitz bei São Paulo abholen. Dort bereiteten Tausende PT-Anhänger in roten T-Shirts, der Farbe der Arbeiterpartei, ihrem Volkstribun einen triumphalen Abgang – ein symbolischer Akt des Widerstandes gegen eine Inhaftierung, die viele Brasilianer als ungerechtfertigt und politisch motiviert empfanden.

Die PT war also ein Stück weit das Opfer ihrer eigenen Politik und ihrer eigenen Hybris geworden, denn am Ende stolperte sie ausgerechnet über ein Gesetz, das sie selbst geschaffen und mitverabschiedet hatte. Richter Sérgio Moro und Staatsanwalt Deltan Dallagnol hingegen hatten es geschafft, ihr Gesicht zu wahren und Lula tatsächlich noch rechtzeitig vor der Wahl zur Strecke zu bringen. Das Team von *Lava Jato* behauptete sich als unabhängige und selbstbestimmte Größe, als Gegengewicht zum politischen Betrieb.

All das konnte nicht völlig verdecken, dass es die Justiz und auch die Polizeibehörden geschickt verstanden hatten, *Lava Jato* für ihre eigenen Zwecke zu nutzen: Unter dem Deckmantel der Korruptionsbekämpfung hatten sie sich selbst Privilegien verschafft, die ihnen das Gesetz eigentlich nicht zugestand. So hatte die Justiz selbst illegale Telefonmitschnitte an die Presse durchgesteckt, um die öffentliche Diskussion weiter zu befeuern und den Druck hoch zu halten. Legal war das nicht. Doch niemand war da, um sie dafür zur Rechenschaft zu ziehen.

Nichts wird besser

Die Regierungsverantwortung in Brasilien lag seit dem Impeachment von Dilma Rousseff bei ihrem einstigen Vizepräsidenten, Michel Temer. Dieser bildete eine durch und durch konservative Übergangsregierung, die ausnahmslos aus älteren weißen Männern aus dem Kreis der klassischen Eliten bestand. Frauen oder Vertreter anderer Hautfarbe suchte man im Kabinett vergebens, was zumindest ein Indiz ist, mit welcher Art von Politiker man es bei Temer zu tun hat. Zur Ruhe kam das Land während seiner Amtszeit, die bis zum regulären Ende der Legislaturperiode zum Jahreswechsel 2018/19 währte, nicht. Es blieb turbulent. Vor allem die Frage der öffentlichen Sicherheit rückte immer mehr in den Vordergrund.

Nun ist Gewalt in Brasilien kein neues Phänomen – rund 60 000 Tötungsdelikte pro Jahr sprechen eine deutliche Sprache.

In Städten wie Rio de Janeiro hatte es zwar Versuche gegeben, die besonders in den Armenvierteln, den *Favelas,* neuerdings *Comunidades* genannt, häufig eskalierende Gewalt einzudämmen. Nachhaltig gelungen war das nie. Nun verschärfte sich die Situation.

Noch vor den Olympischen Spielen in Rio de Janeiro 2016 hatte der Bundesstaat den Notstand ausgerufen. Der Staat war pleite, öffentliche Bedienstete erhielten monatelang kein Gehalt, Schulen und Krankenhäuser schlossen, und die Polizei hatten nicht einmal mehr genügend Benzin und Klopapier, um den täglichen Betrieb aufrechterhalten zu können. Immer lauter wurden die Rufe nach einem starken Staat: Er solle der Gewalt, die viele Brasilianer aus der Mittelschicht ausschließlich mit rivalisierenden Drogengangs zu assoziieren pflegten, endlich etwas entgegensetzen – und sei es das Militär.[17]

Der Bundesregierung fiel nichts Besseres ein, Anfang 2018 kam sie der Aufforderung nach. Die sogenannte Militärintervention dauerte bis nach der Präsidentschaftswahl. Plötzlich prägten Militärjeeps das Straßenbild. Vor allem in den wohlhabenden Vierteln im Süden von Rio de Janeiro – Leblon, Ipanema, Copacabana – zeigten die Soldaten Präsenz, um die Bürger und die Touristen zu beruhigen. In einigen *Comunidades* fanden Razzien statt. Die Zahl der Todesopfer stieg weiter an.

Temers Regierung beschäftigte sich indessen viel mit sich selbst. In den ersten Wochen musste der neue Präsident gleich drei Minister austauschen. Sie alle mussten ihr Amt räumen, weil gegen sie wegen Korruption ermittelt wurde.

Auch Temer selbst geriet massiv unter Druck. Ins Wanken brachte ihn Joesley Batista, Besitzer des Fleischkonzerns JBS, des größten Fleischverarbeitungsunternehmens in Südamerika. Auch gegen ihn hatte die Justiz im Zuge der Korruptionsskandale Ermittlungen aufgenommen. Um sich Luft zu verschaffen, bot Batista an, mit den Behörden zu kooperieren. Sein Ziel: eine ordentliche Haftminderung durch eine Kronzeugenregelung.

Batista besuchte den Interimspräsidenten in dessen Residenz. Temer ahnte nicht, dass in der Jackentasche des Unternehmers ein kleines Aufnahmegerät alles mitschnitt. Im Laufe des Gesprächs erzählte Batista dem Präsidenten von allerlei üblen Praktiken, zum Beispiel, dass Richter mit Schmiergeld versorgt würden. Temers Antwort: »Sehr gut, sehr gut.« Batista erzählte auch, dass dem zu diesem Zeitpunkt bereits wegen Korruption im Gefängnis einsitzenden Ex-Vorsitzenden der Abgeordnetenkammer, Eduardo Cunha, Schweigegeld gezahlt werde. Auch das wurde von Temer wohlwollend kommentiert.

Als der Inhalt der Mitschnitte publik wurde, war das politische Beben enorm. Erstmals in der Geschichte war nun ein amtierender Präsident ins Visier der Justiz geraten. Strafrechtlich hätten die Vorwürfe – Korruption, Geldwäsche, Bildung einer kriminellen Vereinigung – locker ausgereicht, um ein Ermittlungsverfahren auszulösen. Doch als Präsident genoss Temer Immunität. Solange er im Amt war, konnte ihm nichts geschehen.

Generalbundesstaatsanwalt Janot gelang es nicht, Temer wirklich in Bedrängnis zu bringen. Ehe auch nur ein Strafverfahren eröffnet werden konnte, hätten – genauso wie im Falle von Dilma Rousseff – zunächst die Abgeordnetenkammer und danach der Senat mit Zweidrittelmehrheit der Aufhebung der Immunität zustimmen müssen. Temer verstand es jedoch, seinen politischen Einfluss auf die Abgeordneten geltend zu machen, etwa indem er ihnen finanzielle Unterstützung für Projekte in ihren Wahlkreisen in Aussicht stellte. Eine Mehrheit gegen ihn kam nicht zustande.

Nun kann jeder für sich selbst entscheiden, welche vorgeworfenen Vergehen schwerer wogen: die von Dilma Rousseff, die zu ihrem Impeachment führten, oder jene Michel Temers, die bis zum letzten Tag seiner Amtszeit ungeahndet blieben. Bestärkt fühlen dürften sich allerdings jene, die von Anfang an argumentiert hatten, die Absetzung Rousseffs sei kein von der Verfassung legitimierter Vorgang gewesen, sondern ein Putsch.

Temer betätigte sich im politischen Betrieb also weiter als Strippenzieher. In seinem bereits genannten Buch berichtet Janot, wie der Präsident versuchte, ihn dazu zu bewegen, auf eine Anklage gegen Eduardo Cunha zu verzichten. Selbst hinter Gittern galt der frühere Präsident der Abgeordnetenkammer noch als der zu diesem Zeitpunkt mächtigste Politiker Brasiliens. Würde er tatsächlich vor Gericht kommen und dort öffentlich auspacken – es würde für das politische Brasilien den GAU bedeuten. Noch viel mehr Politiker als ohnehin schon im Zuge der *Lava-Jato*-Ermittlungen würden mit in den Abgrund gerissen.

Bundesrichter Sérgio Moro beurteilte die Lage offenbar ähnlich wie Temer und teilte seine Einschätzung auch Chefermittler Deltan Dallagnol mit. Die Zeit verstrich, und zur Anklageerhebung gegen Cunha kam es nicht.

Mitte Oktober 2018 fand zum in der Verfassung vorgesehenen Zeitpunkt die erste, am 28. Oktober die zweite Runde der Präsidentschaftswahlen statt. Für die PT schaffte es der frühere Bildungsminister und einstige Bürgermeister von São Paulo Fernando Haddad zwar in die Stichwahl, doch eine Chance hatte der im letzten Moment als Ersatz für den inhaftierten Lula eingesprungene Politiker nicht. In einem extrem harten Wahlkampf gelang es den anderen Kandidaten, die allgemeine Unzufriedenheit über Politik, Wirtschaftslage und Korruption fast ausschließlich auf die PT zu fokussieren und sie als den großen Sündenbock hinzustellen. Direkt oder indirekt unterstützt wurden sie dabei nicht zuletzt von den Ermittlern im Fall *Lava Jato*. Haddad unterlag.

Präsident wurde Jair Bolsonaro, ein Kandidat, auf den nur wenige Monate vorher noch niemand eine Wette abgegeben hätte. Woher Bolsonaro kam, wie ihm sein Aufstieg gelang und wie er Brasilien veränderte, davon wird in den folgenden Kapiteln dieses Buches noch ausführlich die Rede sein. Zuvor aber soll ausnahmsweise ein kleiner Vorgriff in die Mitte des Jahres 2019 erlaubt sein. Denn was dort bekannt wurde, hat für die

Beurteilung des Falls *Lava Jato* entscheidende Bedeutung. Manches festgefügte Bild der Vorgänge der letzten Jahre in Brasilien sollte plötzlich ins Wanken geraten.

Die schmutzigen Tricks der sauberen Juristen

Die politische Bombe platzte am 5. Juli 2019, als der US-amerikanische Investigativjournalist Glenn Greenwald auf seinem Portal *The Intercept* Gesprächsmitschnitte veröffentlichte, die ihm auf der als sicher geltenden Kommunikationsplattform Telegram zugespielt worden waren. Zu hören waren Unterhaltungen zwischen Richter Sérgio Moro und Ermittler Deltan Dallagnol. Sie belegten, auf welche Weise Moro allem Anschein nach versucht hatte, direkten Einfluss auf die Ermittlungen im Fall *Lava Jato* zu nehmen. Die Öffentlichkeit erfuhr, wie der Richter die Strafverfolger steuerte, Ermittlungen beschleunigte oder bremste und strategische Absprachen mit den Staatsanwälten traf.

Mit seinen Enthüllungen erschütterte Greenwald die Glaubwürdigkeit der Akteure des *Lava Jato* bis in die Grundfesten. Im Verfahren gegen Lula hatte Dallagnol, wie sich jetzt herausstellte, durchaus Zweifel gehegt, ob die Beweislage im Falle des Appartements in Guarujá tatsächlich ausreichen würde, um dem Angeklagten eine Schuld nachzuweisen. Moro hatte daraufhin offenbar versucht, diese Zweifel zu zerstreuen. Unter den neuen Umständen erscheint auch die Veröffentlichung von Lula belastenden Zeugenaussagen des früheren PT-Ministers Antonio Palocci in einem anderen Licht. Paloccis Erklärungen lagen Moro schon seit vielen Monaten vor. Publik machte er sie wenige Tage vor dem ersten Präsidentschaftswahlgang im Oktober 2018 – also genau zu dem Zeitpunkt, an dem sie dem Image der PT den größtmöglichen Schaden zufügen konnten.

Sérgio Moro war bereits nicht mehr Bundesrichter, als Greenwald seine Enthüllungen veröffentlichte. Der frisch gewählte Präsident Bolsonaro hatte ihn gefragt, ob er Justizminister in seiner Regierung werden wolle. Moro sollte zudem die Zuständigkeit für die Innere Sicherheit und die Bundespolizei erhalten. Ihm sollte also eine Art Superministerium gezimmert werden. Moro nahm an.

Diese Beförderung schien zu diesem Zeitpunkt folgerichtig. Moro war für viele Brasilianer nicht nur weiterhin ein Sympathieträger, sondern eben auch ein ausgewiesener Fachmann in Sachen Korruptionsbekämpfung. Seine Ernennung zum Justizminister schien zu beweisen, dass Bolsonaro bei der weiteren Bekämpfung der Korruption Nägel mit Köpfen machen wollte. Auch in puncto Gewaltbekämpfung erschien Moro als eine gute Wahl. So unerschrocken, wie er in der Vergangenheit gegen mächtige Figuren aus Politik und Wirtschaft vorgegangen war, könnte er nun auch gegen die in Brasilien kaum minder einflussreichen Drogenbanden *Comando Vermelho* (CV), *Terceiro Comando, Amigos dos Amigos* und *Primeiro Comando da Capital* (PCC)[18] einschreiten.

Moros Gegner allerdings, und die waren in Brasilien ebenfalls zahlreich, hatten ein anderes Bild von ihm. In ihren Augen hatte er durch die Verurteilung Lulas bewiesen, dass es ihm nicht in erster Linie um die Einhaltung von Recht und Gesetz ging, sondern um die Beförderung der eigenen Karriere. Moro habe sich beim ärgsten Konkurrenten und Feindbild Nummer eins der PT als Steigbügelhalter verdingt, warfen sie ihm vor. Das Amt des Justizministers sei für den bislang politisch unerfahrenen Juristen ein wichtiger Karriereschritt. Mittelfristig könnte nicht nur ein Posten als Richter am Obersten Gerichtshof (STF) sein Ziel sein, sondern sogar das Präsidentenamt.

Greenwalds Enthüllungen versetzten dem Ansehen des einstigen Hoffnungsträgers Moro einen schweren Schlag und dem Vertrauen der Brasilianer in die gesamte Operation *Lava Jato* gleich mit. Präsident Bolsonaro kam das nicht völlig ungelegen. Mittlerweile war nämlich sein eigener Sohn Flávio ins Visier der Ermittler geraten, weil die Antigeldwäscheeinheiten des Finanzministeriums (COAF) in seinem Wahlkampf finanzielle Unregelmäßigkeiten festgestellt hatten. Im August 2019 drückte der Präsident das Gesetz 13 869 durchs Parlament, über das schon seit zehn Jahren dort debattiert worden war. Es sollte verbieten, von den COAF gesammelte Daten zur Strafverfolgung zu nutzen. Damit würde die Nachverfolgung von Geldwäscheströmen erheblich erschwert, die Behörde praktisch überflüssig. Es schien, als werde *Lava Jato* ein ähnliches Schicksal widerfahren wie *Mani Pulite* in Italien. Allerdings fing der Oberste Gerichtshof diese Einschränkung schnell wieder ein.

Lula wieder auf freiem Fuß

Doch die Dinge waren in Bewegung geraten. Am 8. November 2019 traf der Oberste Gerichtshof eine Entscheidung, die das Potenzial hat, die Operation *Lava Jato* komplett auszubremsen. Lula sei unverzüglich aus dem Gefängnis freizulassen, wiesen sie an. Am 27. November war es so weit. In São Bernardo im Bundesstaat São Paulo bereiteten Zehntausende Menschen, die meisten auch diesmal in T-Shirts in der roten Farbe der Arbeiterpartei, ihrem Idol am Hauptquartier der Metallergewerkschaft einen jubelnden Empfang.

Auch in diesem Fall hatte das Gericht wieder mit knapper Mehrheit entschieden, diesmal allerdings mit sechs zu fünf Stimmen zugunsten von Lula. Es handelte sich auch nicht um eine Begnadigung oder gar einen Freispruch. Die Richtermehrheit befand lediglich, Personen, die in zweiter Instanz verurteilt wurden, dürften nicht automatisch inhaftiert werden, solange nicht alle Rechtsmittel ausgeschöpft seien. Sollte Lula in seinem angestrebten Berufungsverfahren vor dem Obersten Gerichtshof nicht erfolgreich sein, wird er also wieder einrücken müssen, um den großen Rest seiner Strafe zu verbüßen.

Freilich ist der Ex-Präsident nicht der einzige Nutznießer der Entscheidung des Obersten Gerichtshofs. Wie Medien vorrechneten, könnten bis zu 5000 Verurteilte wieder auf freien Fuß kommen, unter ihnen auch Dutzende aus der Operation *Lava Jato*, die aufgrund sehr überzeugend und stichhaltig wirkender Beweise für schuldig befunden wurden. Ob sie jemals ihre durchaus verdienten Strafen werden absitzen müssen, ist dann mehr als fraglich. Denn wer sich teuren juristischen Beistand leisten kann, hat auch und gerade in Brasilien die Möglichkeit, das eigene Verfahren in die Länge zu ziehen, kleine Formfehler zu schweren Verfahrensfehlern aufzubauschen oder auf andere Weise den Prozess so lange hinauszuzögern, bis Verjährung winkt und damit Straffreiheit. Damit macht die brasilianische Justiz einen gewaltigen Rückschritt in jene Vergangenheit, in der sich gutbetuchte Angeklagte ihre Freiheit quasi erkaufen konnten.

AUS KLEINEN VERHÄLTNISSEN

Die italienischen Wurzeln

Der 4000-Seelen-Ort Anguillara Veneta im norditalienischen Venetien sah sich im Herbst 2018 einer wahren Invasion von Reportern ausgesetzt. Plötzlich war das Örtchen eine Berühmtheit, die Stadt unweit von Padua schien fast nur noch aus Kamerateams zu bestehen. Denn kurz vor der Stichwahl in Brasilien hatten Journalisten herausgefunden, dass die Vorfahren jenes Kandidaten, der nun wahrscheinlich bald der 38. Präsident in der Geschichte des größten Landes Südamerikas sein würde, hier gelebt hatten. Wer also waren die Bolzonaros, die sich hier auch heute noch mit einem z anstelle des s schreiben? Und was hielten sie von ihrem fernen Verwandten?

Die Reporter fanden viele bereitwillige Interviewpartner mit Verwandtschaftsbeziehungen um mehrere Ecken. Viel zu berichten wussten sie allerdings nicht über den entfernten Großcousin oder Großneffen, außer, dass sie schon einmal von ihm gehört hätten und dass sie das, was von seinen Äußerungen zu ihnen gedrungen war, nicht allzu toll fänden.

In einem Kirchenarchiv fanden Journalisten die Geburtsregister von Vittorio Bolzonaro. Dieser Urgroßvater von Jair Bolsonaro war es, der Ende des 19. Jahrhunderts seine Heimat verließ und sich per Schiff nach Brasilien aufmachte. Er war in zahlreicher Gesellschaft. Zwischen 1876 und 1920 brachen allein aus Italien 1 243 633 Menschen nach Südamerika auf. Die größte Gruppe unter ihnen stammte wie Vittorio Bolzonaro aus Venetien, fast 368 000 waren es.

Die Wende vom 19. zum 20. Jahrhundert sah die größte Einwanderungswelle in der Geschichte Brasiliens. Von wirtschaftlicher Not oder gar Hunger geplagt, ließen die Migranten die Heimat zurück auf der Suche nach einer sicheren Existenz für sich und ihre Familien. Die Not hatte im Wesentlichen zwei Gründe. In ganz Europa hatte ein großes Bevölkerungswachstum eingesetzt, und selbst die rasant wachsende Industrie konnte die zuströmenden Arbeitskräfte nicht aufnehmen. Nicht nur Italiener suchten daraufhin ihr Glück im fernen Südamerika, sondern auch Deutsche, Franzosen, Schweizer oder Österreicher.

Und sie alle kamen, weil sie gebraucht und gezielt angeworben wurden. Anders als in der alten Welt mangelte es dem riesigen Land noch immer an Menschen. Sollte der Naturraum Brasilien erschlossen, besiedelt und damit gesichert werden, mussten Menschen her, die dazu bereit waren und am besten das passende Know-how mitbrachten. Wichtigstes Anforderungsprofil war, landwirtschaftlich geschult zu sein.

Denn es galt nicht zuletzt, die Arbeitskräfte zu ersetzen, auf deren Leistung der Wohlstand Brasiliens oder zumindest seiner Eliten zu dieser Zeit noch in erheblichem Maße beruhte: die Sklaven. Das britische Empire, das im 19. Jahrhundert eine ähnliche globale Vormachtstellung genoss wie die USA in der zweiten Hälfte des 20. Jahrhunderts, hatte nämlich wirtschaftlichen Druck auf die Länder Lateinamerikas aufgebaut, die Sklaverei endlich zu beenden. Am Ende war Brasilien das letzte Land Amerikas, das am 13. Mai 1888 mit dem von Prinzessin Isabel unterzeichneten »Goldenen Gesetz« *(Lei Áurea)* die Sklaverei zumindest auf dem Papier abschaffte.

Italiener waren als Einwanderer begehrt. Sie waren weiß und katholisch, was die Assimilation vereinfachte. Wenn sie dann auch noch ihre Familie mitbrachten, waren sie die idealen Kandidaten.

Eigentlich mochten die brasilianischen Behörden die Deutschen ebenfalls. Doch sie bereiteten auch Sorgen. Fanden sie in größerer Zahl auf engem Raum zueinander, schwand bei ihnen der Integrationswille. Sie konservierten Sprache und Traditionen und lebten teilweise in Parallelgesellschaften. Das sah die Obrigkeit als Bedrohung an. In den 1930er-Jahren ging Präsident Getúlio Vargas sogar so weit, Deutschstämmige zwangsassimilieren zu wollen. Er ließ Schulen, in denen auf Deutsch unterrichtet wurde, schließen und verbat Familien komplett, Deutsch zu sprechen.

Der Erfolg war freilich mäßig. Noch heute wird in einigen Orten vor allem in den südlichen Bundesstaaten Rio Grande do Sul und Santa Caterina Deutsch gesprochen (oder Dialekte wie das »Hunsrückische«, das die Nachfahren der Siedler für Deutsch halten). Dazu versucht man, deutsches Brauchtum hochzuhalten: In Pommerode und Joinville bekommt man Schweinshaxe und Schwarzwälder Kirschtorte zu kaufen, in Blumenau fand bis vor wenigen Jahren das größte Oktoberfest außerhalb Deutschlands statt.

Das *Decreto 528* von 1890 beschrieb die Grundanforderungen an Einwanderer in Brasilien in Artikel 1 folgendermaßen: Personen, die in ihrem Heimatland nicht Gegenstand von Strafverfolgung gewesen seien und die bereit und fähig seien zu arbeiten, seien völlig frei, das Land zu betreten. Ausnahmeklauseln galten für Menschen aus Afrika und Asien, die nur mit Erlaubnis des Kongresses und nach vorher genau festgelegten Kriterien ins Land gelassen werden dürften. Wer sich nicht an diese Regelung halte, hieß es weiter in Artikel 4, müsse mit Geldstrafen und dem Verlust sämtlicher Privilegien rechnen.[19]

Der brasilianische Staat beauftragte spezielle Firmen damit, in den Herkunftsländern auswanderungswillige Familien aufzuspüren und vertraglich zur Auswanderung zu verpflichten. Die dort festgeschriebenen Bedingungen waren – aus heutiger Sicht – recht abenteuerlich. Familien mussten unterschreiben, bis zu fünf Jahre lang umsonst auf den Plantagen oder den *Fazendas* zu arbeiten, bis sie die Kosten für die Überfahrt abgestottert hatten. Der Unterschied zu sklavereiähnlichen Bedingungen war klein.

Die italienischen Einwanderer dieser Jahre zog es auch wegen des deutlich gemäßigteren Klimas vornehmlich in die südlichen Bundesstaaten Rio Grande do Sul, Santa Caterina, Paraná und São Paulo. Gerade São Paulo als Zentrum des brasilianischen Kaffeeanbaus bildete einen besonderen Schwerpunkt. Zwischen 1889 und 1919, in jenem Zeitraum also, der den Höhepunkt italienischer Immigration in Brasilien markierte, sollen sich rund zwei Drittel der italienischen Einwanderer in diesem Bundesstaat niedergelassen haben.

Es gibt unterschiedliche Schätzungen, wie hoch die Zahl italienischstämmiger Brasilianer insgesamt ist. Die Bevölkerungsstatistik ist in dieser Beziehung nicht wirklich aussagekräftig, Herkunft wird vom Zensus normalerweise nicht als Kriterium abgefragt. Die italienische Botschaft in Brasilien veröffentlichte 2013 Erhebungen (oder besser Schätzungen), die von rund 30 Millionen Italobrasilianern ausgehen, also bis zu 15 Prozent der Bevölkerung. Der Soziologe Simon Schwartzmann, Ex-Chef des Statistischen Bundesamtes Brasiliens (IBGE), hat 10,5 Prozent oder 22,75 Millionen Brasilianer italienischer Abstammung errechnet. Egal, welcher Statistik man nun glauben mag – Fakt ist: Italiener waren gleich nach den Portugiesen die wichtigste Gruppe europäischer Einwanderer in Brasilien.

Es gibt einige prominente Brasilianer mit italienischen Wurzeln, die Sängerin Adriana Calcanhotto etwa oder den Formel-1-Rennfahrer Felipe Massa. Der Weltmeister-Trainer der *Seleção* von 2002, Felipe (Felipão) Scolari, hat ebenfalls italienische Vorfahren. Auch ins höchste Staatsamt schaffte es der eine oder andere Italobrasilianer, allerdings nur unter den Bedingungen der Militärdiktatur oder übergangsweise wie zuletzt Itamar Franco, der 1992 für gut zwei Jahre vom Vizepräsidenten zum Präsidenten aufrückte, nachdem der eigentliche Amtsinhaber Fernando Collor de Mello wegen Korruption abgesetzt worden war. Erst Bolsonaro war der erste Nachfahre italienischer Einwanderer, dem die Brasilianer demokratisch und in direkter Wahl ins Präsidentenamt verhalfen.

Die Jugend: Karg und kleinbürgerlich

Geboren wurde Jair Messias Bolsonaro am 21. März 1955 in Glicério im Bundesstaat São Paulo. Das knapp 5000 Einwohner zählende Örtchen ist nach dem General Francisco Glicério de Cerqueira Leite benannt, der in der Zeit, als Bolsonaros Vorfahren nach Brasilien kamen, Landwirtschaftsminister war. Glicérios Namen trägt in Rio de Janeiro im Stadtteil Laranjeiras auch eine Straße, in der samstags einer der schönsten Wochenmärkte der Stadt abgehalten wird. Ausgerechnet Laranjeiras war übrigens der einzige Stadtteil in ganz Rio, in dem Bolsonaro bei der Wahl 2018 nicht die Mehrheit holen konnte. Dort gewann sein Rivale Fernando Haddad von der Arbeiterpartei PT. Aber das nur nebenbei.

Sechs Kinder – drei Jungen und drei Mädchen – gab es in der Familie von Percy Geraldo Bolsonaro und Olina Bonturi. Jair war der zweitälteste Sohn. Die Bolsonaros galten als sehr katholisch. Seinen ersten Vornamen aber verdankt der heutige Präsident keinem Heiligen, sondern, was im fußballverrückten Brasilien gar nicht so selten ist, einem Fußballspieler: Jair Rosa Pinto, in den 1950er-Jahren Nationalspieler Brasiliens, der für Palmeiras aus São Paulo, den Lieblingsclub des Vaters, auf halblinker Position spielte und am selben Tag Geburtstag hatte wie Jair Bolsonaro. Bolsonaro lässt sich übrigens bis heute gern im Trikot von Palmeiras ablichten. Schließlich sind Fußballtrikots in Brasilien nicht nur ein beliebter Freizeitlook, sondern sie dienen Politikern auch dazu, Volksnähe zu demonstrieren.

Der Zweitname Messias geht zurück auf seine Mutter Olinda. Die Geburt ihres zweiten Sohnes war mit einigen Komplikationen verbunden. Mit dem Namen Messias – der Verheißene – wollte die fromme Frau ihre Dankbarkeit Gott gegenüber ausdrücken. Natürlich hoben Bolsonaros Anhänger diesen Zweitnamen auch im Wahlkampf immer wieder gern hervor, als Beleg seiner Gottesfürchtigkeit und als Zeichen dafür, dass er im Umgang mit seinen Mitmenschen christliche Eigenschaften und Werte verkörpere. Ein konservatives Ideal also, mit dem der Kandidat nicht nur bei Katholiken punkten sollte, sondern auch bei Wählern, die evangelikalen Pfingstkirchen nahestehen. Und das sind in Brasilien nicht wenige.

Von Nächstenliebe, Respekt und Toleranz geprägt war und ist Bolsonaros Politik aber selten – so viel darf hier schon erwähnt werden. Er selbst scheint seinem Zweitnamen keine allzu große Bedeutungsschwere beizumessen. Am Tag nach der Wahl sagte er: »Nicht ich bin der Retter des Vaterlandes. Wir alle sind es, die dieses Vaterland retten werden.«[20]

Wie genau es Bolsonaro mit dem streng gelebten Katholizismus und dem damit verbundenen traditionellen Familienbild hält, lässt sich zudem an anderer Stelle hinterfragen. Am 21. März 2013 heiratete er bereits zum dritten Mal. Seine Ehefrau Michelle gehört einer evangelikalen Pfingstkirche an. Trauen ließ sich das Paar in der evangelikalen Kirche *Assembleia de Deus* von dem bekannten TV-Pastor Silas Malafaia.

Kindheit und Jugend Bolsonaros sind wenig dokumentiert. Dem Vernehmen nach wuchs der junge Jair jedoch in sehr bescheidenen Verhältnissen auf. Die Familie zog mehrfach innerhalb des Bundesstaats São Paulo um, sie folgte gewissermaßen dem Vater immer auf der Suche nach Broterwerb. Percy Bolsonaro arbeitete als eine Art Zahnarzt. Man kann sich das eher als primitive, sehr rustikale und schmerzhafte Art der Zahnbehandlung vorstellen. Eine Ausbildung oder gar ärztliche Approbation hatte er nicht. In Campinas wurde ihm das offenbar zum Verhängnis, jemand schwärzte ihn an, die Familie musste die Stadt verlassen. Vater Percy focht das aber kaum an. Sesshaft wurde die Familie nach mehreren weiteren Stationen schließlich im Ort Eldorado im Vale do Rio Ribeira, ebenfalls im Bundesstaat

São Paulo. Dort soll der Vater seine Zahnheilkunde unbehelligt weiterbetrieben haben. Noch bis heute wohnen drei Geschwister Bolsonaros in Eldorado.

Ob sich die Ereignisse damals in Campinas tatsächlich genau so zugetragen haben, ist indes nicht sicher. Die zitierte Version stammt aus der im Jahr 2000 erschienenen Biografie *Mito ou verdade: Jair Messias Bolsonaro,* die von Flávio Bolsonaro, dem ältesten Sohn des späteren Präsidenten, verfasst wurde. Der Autor lässt dort den Eindruck entstehen, die Anzeige gegen Percy Geraldo Bolsonaro sei als eine Art politische Verfolgung zu verstehen gewesen.

Konkrete Anhaltspunkte für diese Behauptung fehlen allerdings, wie Luiz Maklouf Cavalho in dem frisch erschienenen Buch *O cadete e o capitão*[21] herausstellt. Insofern sollte man vielleicht eher von einem Versuch der Legendenbildung ausgehen: Jair Bolsonaro, Sohn eines einfachen Mannes, der nichts weiteres im Sinn hatte, als durch harte Arbeit seine achtköpfige Familie durchzubringen, habe schon früh mit ansehen müssen, was es heiße, zum Opfer politischer, und das heißt aus heutiger Sicht natürlich: mutmaßlich linker, Gegner zu werden. Nicht nur an dieser Stelle bewegt sich Flávio Bolsonaro wohl zwischen Mythos *(mito)*[22] und Wahrheit *(verdade),* wie er es im Titel seiner Biografie eher unfreiwillig bereits andeutet.

So liefert das Buch neben einigen Anekdoten und Erklärungsversuchen vor allem viel propagandistisches Material. Dieses ist in mehrerlei Hinsicht mit Vorsicht zu genießen. Denn Flávio Bolsonaro kann viele der von ihm niedergeschriebenen Geschichten nur aus Erzählungen kennen; eigene Erfahrungen scheiden, zumindest was die Kindheit seines Vaters betrifft, naturgemäß aus. Es ist also durchaus möglich bis wahrscheinlich, dass hier eine gewisse Filterung stattgefunden hat.

Insbesondere wenn man berücksichtigt, in welchem Verhältnis die beiden zueinander stehen. Flávio Bolsonaro, der aus der Ehe von Jair Bolsonaro und dessen erster Frau Rogéria stammt und 1981 in Resende zur Welt kam, ist seit 2003 selbst in der Politik. Da wurde er in Rio de Janeiro zum jüngsten Stadtrat *(Vereador)* in der Geschichte der Stadt gewählt. Dieses Mandat verteidigte er, bis er 2018 als Bundesabgeordneter in den Kongress in Brasília gewählt wurde. Gemeinsam mit den Brüdern Carlos und Eduardo bildet er zudem so etwas wie den innersten Kern innerhalb der Regierung von Jair Bolsonaro. Von einem neutralen Blick auf das Leben und Wirken des Vaters kann man da wohl kaum sprechen, eher schon von einem strategischen.

Das Herz schlägt rechts

Eine weitere kaum belegbare Behauptung stellt Flávio Bolsonaro in seinem Buch auf, wenn er erwähnt, dass sein Vater im Alter von neun Jahren von der Mutter auf eine Großdemonstration mitgenommen worden sei. Damit kann eigentlich nur der »Marsch der Familien mit Gott für die Freiheit« 1964 gemeint sein, an dem Zehn-, vermutlich sogar Hunderttausende Menschen teilnahmen. Genau genommen war es nicht ein einzelner Marsch, sondern eine Reihe von Demonstrationen, die von einigen Gruppen katholischer Frauen organisiert wurden. Die erste fand am 19. März 1964 in São Paulo statt, Zeitungsberichte schätzten damals die Zahl der Teilnehmer auf 300 000 bis 500 000. Am 2. April demonstrierten die Menschen dann in Brasiliens damaliger Hauptstadt Rio de Janeiro. Sie zogen durch die Straßen, riefen antikommunistische Parolen (»Reformen ja, aber nicht mit den Russen« oder »Rote Imperialisten raus«), und sie forderten den Rücktritt, ja sogar die Inhaftierung von »Jango« – so der Spitzname des damaligen Staatspräsidenten João Goulart.[23]

Dem Druck der Straße konnte die Regierung Goularts nicht standhalten. Zwar hatte der Präsident, ein politisches Ziehkind des Populisten und langjährigen Staatschefs Getúlio Vargas, durchaus gute politische Absichten und versuchte zum Beispiel, ein Bildungsprogramm für Analphabeten vor allem in ländlichen Gebieten zu etablieren. Doch eine enorme Inflation setzte ihn unter Druck. Besonders als in Pernambuco im Nordosten des Landes Pläne für eine Bodenreform konkret wurden – hier machten der charismatische Bauernführer Francisco Júlia und der Gouverneur des Staates, Miguel Arrães, Druck –, sahen die konservativen Kräfte das Gespenst des Kommunismus heraufziehen. Am 31. März 1964 wurde Goulart durch einen Militärputsch seines Amtes enthoben. Truppen aus Minas Gerais marschierten in Richtung Rio de Janeiro, um den Erfolg des Staatsstreiches sicherzustellen. Als Nachfolger Goularts setzte das Militär General Humberto de Alencar Castelo Branco ein.

Unterstützt wurde der Putsch von den USA, die für ihn den Codenamen *Operation Uncle Sam* benutzten. Sie hatten schon zuvor die linke Regierung in Brasilien nach Kräften bekämpft und destabilisiert. Auch in anderen Ländern Mittel- und Südamerikas, wo die USA eine Einflussnahme der Sowjetunion wähnten, mischten sie kräftig mit. Mit Kuba hatte Washington bereits einen sozialistischen Staat unmittelbar vor der eigenen Haustür. Einen weiteren, eben in Brasilien, galt es nach dieser Logik unter allen Umständen zu verhindern, schon aus Interesse an den reichhaltigen Ressourcen des Landes.

Jair Bolsonaro sieht den 31. März bis heute als einen Tag der Befreiung an, an dem es mit Hilfe der Vereinigten Staaten von Amerika gelungen sei, Brasilien davor zu bewahren, ein kommunistisches Land zu werden. Eine Teilnahme an den Demonstrationen, die den Umsturz erzwangen, würde natürlich perfekt in die Biografie eines Politikers passen, der für das Militär und die Diktatur nur lobende Worte findet und zugleich die politische Linke tief verabscheut. Wohl aus diesem Grund versucht Flávio Bolsonaro, diesen Kontext herzustellen.

Luiz Maklouf Carvalho hält es jedoch für relativ unwahrscheinlich, dass die Geschichte stimmt. Glicério liegt immerhin gut 500 Kilometer von São Paulo entfernt. Auf dem Landweg wäre das damals eine sehr lange, beschwerliche und teure Reise für die bescheiden lebende Familie gewesen, in der das Geld so knapp war, dass Vater Percy hin und wieder sogar gezwungen war, die Honorare für seine Zahnbehandlungen auch in Form von Naturalien, etwa eines Huhnes, entgegenzunehmen.

Über die damalige finanzielle Situation der Familie gibt es auch eine Anekdote von Jair Bolsonaro selbst. Er verbreitete sie im Frühjahr 2019. In den sozialen Netzwerken hatte der Präsident damals zu verstehen gegeben, dass er es keinesfalls schändlich finde, wenn Kinder hin und wieder mit anpacken müssten: »Arbeit verhilft Frauen und Männern zu Würde und Selbstachtung, da spielt das Alter keine Rolle.« In Brasilien schlugen diese Aussagen große Wellen, wurden sie doch so verstanden, als wolle der Präsident die gesetzlichen Regelungen für das Verbot von Kinderarbeit lockern. Um seinen Kritikern den Wind aus den Segeln zu nehmen, erklärte Bolsonaro daraufhin, er habe selbst im Alter von neun oder zehn Jahren auf einer *Fazenda* in Eldorado bei der Maisernte geholfen. Seht her, sollte das wohl bedeuten, auch ein Kind, das hin und wieder mal mit anpacken muss, kann doch immer noch Präsident dieses Landes werden.

Doch auch bei dieser Anekdote ist der Wahrheitsgehalt zweifelhaft. Denn Internet-User zitierten umgehend ein Interview Bolsonaros, das er 2015 gemeinsam mit seinem Bruder Renato und seiner Mutter Olinda dem Magazin *Crescer* gegeben hatte. Darin sagte der Bruder, dass der Vater es niemals zugelassen hätte, die Kinder arbeiten zu lassen. Er hätte sie vielmehr zur Schule geschickt. Wieder einmal steht Aussage gegen Aussage.

Unbestrittenes Oberhaupt der Bolsonaros war Vater Percy. Wie damals üblich im ländlichen Gebiet, lebte die konservative Familie das klassische Rollenverständnis. Deutlich schilderte das Jair Bolsonaro 2011 in einem Interview für *Folhateen*, die Jugendausgabe der Tageszeitung *Folha de São Paulo*. »Damals existierte Respekt«, sagte Bolsonaro. »Wir Kinder redeten unseren Vater mit *Senhor* an.« Vater Percy hatte die uneingeschränkte Autorität im Hause.

Dass der Vater keinen Widerspruch duldete, zeigt sich auch in einer Anekdote, die Flávio Bolsonaro in seinem Buch wiedergibt. Der junge Jair hatte demnach gerade die Aufnahmeprüfung für die Offiziersschule *Academia Militar das Agulhas Negras* (AMAN) bestanden, brachte aber dem Vater gegenüber seine Zweifel zum Ausdruck, ob dies die richtige Karriere für ihn sei. Der Vater habe jeden Einspruch barsch beiseite gewischt: »Morgen früh nimmst du den Bus nach São Paulo, und von dort fährst du nach Resende und diskutierst nie wieder über diese Sache.«

Über politische Ansichten und Einflüsse im Elternhaus Bolsonaros ist nichts Dezidiertes in Erfahrung zu bringen. Es dürfte, wie zu dieser Zeit vor allem in ländlichen Gebieten üblich, ein konservativer und vom Katholizismus geprägter Haushalt gewesen sein. Dazu passt die Beschreibung, die Jair Bolsonaro im Interview mit *Folhateen* von seiner Mutter gab. »Unsere Mutter war ein Brutapparat *(chocadeira)*«, sagte er wörtlich. »Sie gebar ein Kind nach dem anderen, erst die Jungen und dann die Mädchen.«

Die wichtigste Prägung erlebte Jair Bolsonaro während der 21-jährigen Militärdiktatur in Brasilien. Als die Militärs 1964 die Macht ergriffen, war er neun, als sie sie 1985 wieder abgaben, knapp 30. Seine ganze Jugend und Adoleszenz fiel also in diesen Zeitraum. Ob im Hause Bolsonaro über die Diktatur gesprochen oder gar diskutiert wurde, ist heute nicht mehr nachzuvollziehen.

Vom Militär fasziniert

Ein Schlüsselerlebnis, das Jair Bolsonaro politisch sehr prägen und in ihm den Wunsch aufkommen lassen sollte, sich dem Militär anzuschließen, erlebte er am 15. April 1970, also im Alter von 15 Jahren. In seiner Heimatstadt Eldorado besuchte er an diesem Tag die Schule *Ginásio Escolar de Eldorado Paulista,* als auf dem Platz in der Ortsmitte Schüsse fielen. Carlos Lamarca, ein Widerstandskämpfer, lieferte sich dort einen Schusswechsel mit der Militärpolizei, bei dem drei Personen starben. Anschließend flüchtete er. Bolsonaro soll sich in der Schule befunden haben, als die Schüsse fielen. Als er kurz darauf schnell nach Hause lief, soll er sogar die Leichen der erschossenen Soldaten gesehen haben.

Bleiben wir zunächst bei Carlos Lamarca. Dessen Lebenslauf liest sich wie aus einem Kalter-Krieg-Krimi. 1962/63 hatte er als brasilianischer Soldat im sogenannten Suez-Bataillon der UNO gedient, das in Gaza (Palästina) stationiert war. Zurück in Brasilien, erlebte er als Militärpolizist den Militärputsch von 1964 und wurde durch diesen politisiert. Mittlerweile zum Hauptmann befördert, kam er in Porto Alegre durch den Unteroffizier Darcy Rodrigues, der in der Kaserne für die politische Erziehung zuständig war, erstmals in Kontakt mit Werken von Lenin und Mao.

Anfang 1968 nahm Lamarca Kontakt zu linken Gruppierungen auf, die den bewaffneten Widerstand gegen das Militärregime befürworteten. In seiner Einheit gründete er eine kommunistische Zelle. Im September 1968 suchte er den Kontakt zu Carlos Marighella, dem damaligen Führer der kommunistischen Splitterpartei *Partido Comunista do Brasil* (PCdoB). Diese organisierte die Ausreise der Ehefrau und der beiden Söhne Lamarcas nach Kuba. Am 24. Januar 1969 desertierten Lamarca, Rodrigues und zwei weitere Soldaten, wobei sie 63 Gewehre, drei Maschinenpistolen sowie Munition mitnahmen. Sie gingen in den Untergrund. Ihre erste bewaffnete Operation fand in São Paulo statt. Lamarca überfiel eine Bank und erschoss dabei einen Wachmann.

Das herrschende Militär reagierte hochgradig nervös auf die Aktionen der Untergrundkommandos, von denen Lamarcas Gruppe nur eine unter vielen war. Um den Widerstand im Keim zu ersticken, wurden im ganzen Land engmaschig Straßensperren eingerichtet. In eine solche Straßensperre geriet an jenem 15. April 1970 anscheinend auch Carlos Lamarca.

Und damit sind wir zurück bei Jair Bolsonaro. Dieser nämlich war als Kind und als Jugendlicher viel in den Wäldern rund um Eldorado unterwegs, sei es zum Fischen oder um die Familie mit dem Sammeln von Früchten zu unterstützen. Er kannte sich also bestens in der Gegend aus. Diese Ortskenntnis bot er nun dem Militär an, das die Verfolgung von Lamarca und seiner Truppe aufnahm und auch dem Verdacht nachging, Lamarcas Truppe betreibe ganz in der Nähe im Vale do Rio Ribeiro ein Rückzugs- und Ausbildungscamp.

Es blieb beim Verdacht, gefunden wurde trotz intensiver Suche nichts. Lamarca entging der Fahndung und tauchte in Rio de Janeiro unter. Dort entführte er kurz darauf den Schweizer Botschafter Giovanni Bucher, und mit dem Diplomaten als Geisel gelang es ihm, 70 politische Gefangene vom Militärregime freizupressen. Erst ein gutes Jahr nach dem Vorfall in Eldorado konnte das Militär den Widerstandskämpfer im nordöstlichen Bundesstaat Bahia stellen. Am 17. September 1971 wurde er getötet.

Im Zusammenhang mit dem Fall Lamarca soll an dieser Stelle noch ein anderer Name erwähnt werden, weil auch er in gewisser Weise mit Jair Bolsonaro verbunden ist: Rubens Paiva. Der Spross einer wohlhabenden Familie von Großgrundbesitzern war eine Art Mäzen des Städtchens Eldorado, sponserte einmal jährlich eine große örtliche Tanzveranstaltung, und er war auch politisch aktiv: 1963 wurde er Mitglied in einer Art Untersuchungsausschuss, dessen Aufgabe es war, die Aktivitäten des antikommunistischen Thinktanks *Instituto Brasileiro de Ação Democrática* (IBAD) zu untersuchen. Diese Denkfabrik soll enge Verbindungen zum US-amerikanischen Geheimdienst CIA gepflegt haben, der zu dieser Zeit im Hintergrund maßgeblich die Fäden für den späteren Putsch zog.

Als nun Lamarca in Eldorado auftauchte, kam der als Militärkritiker und Oppositioneller bekannte Paiva schnell in den Verdacht, den Widerstandskämpfer zu unterstützen. Flávio Bolsonaro zitiert in seinem Buch seinen Vater mit der Andeutung, das Lager der Untergrundgruppe habe sich nicht von ungefähr in der Nähe der *Fazenda* Paivas befunden. Belege oder Aussagen, die diese Unterstellung stützen könnten, gibt es nicht, wie auch Luiz Maklouf Carvalho betont, ja: Es kann sie nicht geben, da ein solches Lager – wie erwähnt – nie gefunden wurde.

Wie dem auch sei: Im Laufe des Jahres 1971 verschwand Paiva plötzlich und tauchte nicht wieder auf. Lange geisterte das Gerücht umher, die Gruppe um Lamarca stecke hinter seinem Verschwinden und habe Paiva getötet, weil sie vermutet habe, dieser habe sie verraten. Auch Bolsonaro vertrat stets nachdrücklich diese These, so als er 2012 im Parlament erklärte, Paiva sei keinesfalls vom Militär ermordet worden, sondern von Linken unter dem Kommando Lamarcas. Er versuchte also, Paivas Verschwinden den Linken in die Schuhe zu schieben, um sein eigenes antilinkes Narrativ zu bedienen.

Die Wahrheit war auch hier eine andere. Wie eine von Staatspräsidentin Dilma Rousseff eingesetzte Wahrheitskommission 2013 offiziell bestätigte, wurde Paiva nach allen vorliegenden Informationen doch vom Militär umgebracht.

Als sein Enkel Chico Avelino Paiva 2014 im Parlament stellvertretend für den Großvater eine Ehrung entgegennehmen sollte, nutzte der damalige Abgeordnete Bolsonaro die Feierstunde für einen medienwirksamen Auftritt: »Rubens Paiva hat bekommen, was er verdiente, dieser schändliche Kommunist und Nichtsnutz«, sagte er und spuckte auf den Boden. Auch Lamarca lässt Bolsonaro anscheinend nicht los. Der Name des Widerstandskämpfers taucht in 33 Redebeiträgen Bolsonaros im Parlament auf.

Die kurze, aber heftige Begegnung mit der Diktatur und dem militanten Widerstand in Eldorado 1970/71 war also wegweisend für das weitere Leben Bolsonaros, wie sich an diesem Beispiel zeigt. Zum einen kam er damit erstmals mit dem Militär direkt in Berührung. Anscheinend war es einer dieser Militärs, der ihm das Prospekt für die Aufnahmeprüfung in den Militärdienst in die Hand drückte. Sein Berufswunsch stand fortan fest. Zum anderen scheint diese Episode so etwas wie eine Initialzündung gewesen zu sein für Bolsonaros fast pathologische Abneigung gegen alles, was sich politisch im linken Spektrum bewegt. Diese tiefe Aversion, gepaart mit seiner Faszination für alles Militärische, könnte man als sein persönliches Leitmotiv bezeichnen.

Ein junger Offizier mit Potenzial

Am 8. März 1973 begann für Jair Bolsonaro mit knapp 18 Jahren die Militärkarriere. Anwärter für den Militärdienst wie er mussten zunächst die Vorbereitungsschule *Escola Preparatória de Cadetes do Exército* (EsPCEx) in Campinas im Bundesstaat São Paulo besuchen. Das vorgeschaltete Auswahlverfahren war nötig, weil die Bewerberzahlen hoch waren. Bolsonaro hatte viel Konkurrenz. Neben ihm bewarben sich mehr als 11 400 weitere Anwärter.

Das Abschlusszeugnis, eines der wenigen zugänglichen Dokumente über ihn aus dieser Zeit, bescheinigte Bolsonaro gute Noten in den Fächern Zeichnen, Chemie, militärische Erziehung – im letztgenannten Fach erhielt er 78 von 100 möglichen Punkten. In moralischer und ethischer Erziehung erzielte er 65 Punkte, in Geschichte 51. Alles in allem reichte es, um einen der begehrten Plätze an der Offiziersschule AMAN in Resende zu ergattern. Flávio Bolsonaro beschreibt die Aufnahme seines Vaters nicht ohne Pathos: »Ein armer Junge, ein guter Sohn, fleißig und arbeitsam, schaffte eine Heldentat, um die ganze Familie stolz zu machen.« Aus einer Schar von angeblich

30 000 Bewerbern einen von nur 38 Plätzen zu ergattern: Für einen Jungen aus bescheidenen Verhältnissen war dies tatsächlich eine bemerkenswerte Leistung.

Die AMAN in Resende im Bundesstaat Rio de Janeiro, strategisch günstig gelegen etwa auf halber Strecke zwischen den Metropolen Rio de Janeiro und São Paulo und nahe an der Grenze zum ebenfalls wichtigen Bundesstaat Minas Gerais, ist die höchste Ausbildungsakademie Brasiliens für Offiziere des Heeres und nach eigener Darstellung die zweitgrößte Offiziersschule der Welt. Zugleich ist sie eine der ältesten Bildungseinrichtungen des Landes. Hervorgegangen ist sie aus der 1792 in Rio de Janeiro gegründeten Königlichen Akademie für Artillerie, Festungsbau und Zeichnen. Deren Gründerin war Königin Maria I. von Portugal, die in ihrem Mutterland den Beinamen »die Fromme« trug, in Brasilien aber freilich »die Verrückte« genannt wurde.

Angesichts der ehrwürdigen Geschichte der AMAN ist es gut nachvollziehbar, dass der junge Jair Bolsonaro dort am 10. März 1974 mit gehörigem Respekt einrückte. Als Kadett 531 leistete er den Eid, in dem es heißt, er gelobe, »die Befehle der Vorgesetzten, denen ich untergeordnet bin, rigoros zu befolgen, die übergeordneten Hierarchien zu respektieren und mich komplett dem Dienst für das Vaterland zu widmen. Dessen Ehre, Integrität und Institutionen werde ich mit dem Leben verteidigen.«

Der sportliche Kadett erwies sich als engagierter Offiziersanwärter. Bei seinen Kameraden erarbeitete er sich schnell den Spitznamen »*Cavalão*«, was übersetzt so viel bedeutet wie Schrank oder großes Pferd – ein Verweis auf seine ausgeprägte körperliche Fitness. Während seiner gesamten Militärkarriere nahm Bolsonaro immer wieder an landesweiten Fünfkampf-Meisterschaften teil, später wurde er sogar selbst zum Trainer der Fünfkampf-Equipe bestimmt.

Die Ausbildungsjahre verliefen anscheinend unaufgeregt. Bolsonaro verrichtete seinen Dienst und erhielt hier und da

Belobigungen, vor allem für seine sportlichen Leistungen, aber auch für seinen Diensteifer und seine Disziplin – ein Musterschüler, der sich den Regeln des Militärs unterwarf.

Der Kadett wird aufmüpfig

Bis zu einer Begebenheit, die Sohn Flávio in seinem Buch erwähnt und die – wenn sie denn so stattgefunden haben sollte – so gar nicht in das Bild des braven Kadetten Bolsonaro passen will. Allerdings würde sie einen guten Beleg hergeben für die Entschlossenheit Bolsonaros, allen Widerständen zum Trotz seine Ziele zu verfolgen. Die Anekdote besagt, dass Jair Bolsonaro im Juni 1977, also im vierten Ausbildungsjahr, unbedingt am Lehrgang für Fallschirmspringer teilnehmen wollte. Die Zulassung sei ihm aber verweigert worden. Grund sollen Zahnprobleme Bolsonaros gewesen sein.

Doch das wollte der Kadett nicht hinnehmen. Er widersetzte sich der Weisung des vorgesetzten Majors und bezichtigte den Stabsarzt, der die Diagnose gestellt hatte, der Lüge. Wohl mit Erfolg: Die Ablehnung wurde aufgehoben, und Jair Bolsonaro wurde zum Lehrgang zugelassen, den er auch erfolgreich abschließen sollte. Sein Durchhaltevermögen und die Hartnäckigkeit scheinen auch seinen damaligen Kommandeur, Almério Diniz, beeindruckt zu haben, der die Eigenschaften Bolsonaros ausdrücklich pries.

Ob Bolsonaros Befehlsverweigerung allerdings wirklich stattgefunden hat, ist ein weiterer ungeklärter Punkt in seiner Biografie. Luiz Maklouf Carvalho, der Diniz für sein Buch interviewte, hat keine Hinweise darauf gefunden. Tatsächlich wären sie beim Militär in der Personalakte sicherlich irgendwie aktenkundig geworden. Auch der heutige Oberst Júlio Fernando Pinheiro, der seinerzeit in derselben Ausbildungsklasse wie Bolsonaro war und den Luiz Maklouf Carvalho 2019 interviewte, konnte sich an kein solches Vorkommnis erinnern.

Der Präsident selbst sieht in seiner Ausbildung zum Fallschirmjäger rückblickend einen entscheidenden Wendepunkt. Durch diesen Kurs, sagte Bolsonaro im Juli 2019 bei einer Feierstunde des Militärs in der AMAN, sei seine spätere Kandidatur für das Präsidentenamt erst möglich geworden: »Für uns Fallschirmjäger gibt es keine Hindernisse.«[24]

Die Zeit in der AMAN endete für Bolsonaro am 14. Januar 1978. Seine nächste Station wurde die Artillerieschule in São Cristovão im Bundesstaat Rio de Janeiro. Aus dieser Zeit stammt die Anekdote vom *Negrão Celso* – übersetzt »der große schwarze Celso«.

Bei einer Übung der Einheit Bolsonaros, der 21. Gruppe der Artillerie, sollten die Soldaten nur mithilfe eines Seils ein Gewässer überqueren. Um der ohnehin etwas riskanten Sache einen besonderen Thrill zu verleihen, brachte einer der Ausbilder das Seil, an dem Celso Morães Luiz gerade auf die andere Seite zu kriechen versuchte, ins Schwingen. Der Soldat verlor das Gleichgewicht und fiel ins Wasser. Und er tauchte nicht mehr auf. Bolsonaro, so besagt die Geschichte, riss sich daraufhin die Uniform vom Leib und sprang ins Wasser, um den ertrinkenden Kameraden zu bergen. Man darf annehmen, dass er es als seine selbstverständliche Pflicht ansah: Einsatz für die Kameraden ist Teil des militärischen Ethos.

Interessant ist jedoch, wie Jair Bolsonaro dieses Vorkommnis Jahrzehnte später für seine politischen Zwecke instrumentalisierte. Am 5. Dezember 2018, also wenige Wochen nach der Wahl zum Präsidenten, wurde er nämlich für ebendiese Rettungstat mit einer Tapferkeitsmedaille, der *Medalha do Pacificador,* ausgezeichnet. Dass die Auszeichnung so spät erfolgte, ziemlich genau 40 Jahre nach dem Ereignis, verwundert schon.

Noch interessanter ist, dass Bolsonaro die Auszeichnung selbst beantragt hatte – und zwar nach eigenem Bekunden schon im Jahr 2012. Zu einem Zeitpunkt also, als sich ihm gegenüber die Anschuldigungen zu häufen begannen, er sei ein

Rassist.[25] Da dürfte ihm die Erinnerung daran, dass er seinerzeit einem schwarzen Soldaten das Leben gerettet habe, sicherlich sehr gelegen gekommen sein.

Geldnot macht erfinderisch

1979 bat Jair Bolsonaro um seine Versetzung nach Nioaque im südlichen Bundesstaat Mato Grosso do Sul an der Grenze zu Paraguay. Der Grund dieser zweijährigen Versetzung liegt weitgehend im Dunklen, man kann nur spekulieren. Da die Sicherung der gewaltigen Außengrenzen des Landes das zentrale Anliegen des Militärs ist, könnte man es als besonders patriotischen Akt interpretieren, wenn sich jemand freiwillig in die Peripherie begibt. Bolsonaros damaliger Kommandeur, Oberst Nivaldo Pinheiro Pinto, war voll des Lobes. Er beschrieb den jungen Offizier als »aufrichtig in seinen Äußerungen und Einstellungen, intelligent, ernsthaft, diskret und in bester körperlicher Verfassung«.

In Mato Grosso heiratete Bolsonaro am 7. Juni 1979 Rogéria Nantes Braga, seine erste Ehefrau, die die Mutter seiner drei Söhne werden sollte. Der älteste Sohn, Flávio, kam am 30. April 1981 zur Welt, kurz bevor Bolsonaros Dienstzeit in Nioaque endete.

In der Provinz kehrte Bolsonaro ein Stück weit zu seinen Wurzeln zurück. Als Kind hatte er seine Familie mit landwirtschaftlicher Tätigkeit unterstützt, er fischte und suchte im Wald nach Maracujas. In Nioaque pachtete er ein Stück Land und baute neben dem Militärdienst zunächst Reis an, was jedoch misslang. Später versuchte er es mit Melonen.

Laut einem anonymen Brief an den brasilianischen Geheimdienst SNI und den Militärgeheimdienst CiEx, den Maklouf Carvalho in seinem Buch erwähnt, soll Bolsonaro mehrere Male dabei beobachtet worden sein, wie er die Grenze nach Paraguay überquerte. Dazu muss man wissen, dass die Grenzregion Brasiliens zu Paraguay und Argentinien als Schmugglerparadies galt und gilt. Gleich hinter der Grenze finden sich Orte, in denen Händler billige Waren aus Fernost und auch gefälschte Markenartikel sehr viel günstiger als in Brasilien selbst anbieten. Entsprechend beliebt sind Abstecher dorthin.

Maklouf Carvalho führt die Sache nicht weiter aus, doch könnte das zitierte Schreiben andeuten, dass Bolsonaro in irgendeiner Form etwas mit Warenschmuggel über die Grenze zu tun gehabt haben könnte. In dem Dokument wird nur von »trazer muambas« gesprochen, also davon, »Beute herbeizuschaffen«. Möglicherweise deutet sich hier schon etwas an, was später der Militärkarriere Bolsonaros einen ordentlichen Knick verpassen sollte: die latente Geldknappheit der niederen Dienstränge aufgrund des geringen Soldes. Möglicherweise sah sich Bolsonaro nicht nur gezwungen, die Haushaltskasse mit dem Verkauf des angebauten Obstes und Gemüses aufzubessern. Vielleicht sollten die Ausflüge in das Nachbarland demselben Zwecke dienen.

Dass Jair Bolsonaro während seiner frühen Militärjahre offenbar stets knapp bei Kasse war, belegt auch eine Episode aus dem Jahr 1983. Der junge Offizier war mittlerweile von der paraguayischen Grenze in die Zivilisation zurückgekehrt. Im Bundesstaat Rio de Janeiro nahm er an der Schule für körperliche Fitness des Heeres an einer Trainer-Ausbildung teil und beendete den Kurs schließlich als Jahrgangsbester. Man merkt deutlich, wie sehr Bolsonaro versuchte, sich durch Fort- und Weiterbildung hochzuarbeiten, auch auf der Soldliste. Das war für ihn umso wichtiger, als seine Familie inzwischen weiter angewachsen war: Am 7. Dezember 1982 war sein zweiter Sohn, Carlos, auf die Welt gekommen.

Auf der Suche nach zusätzlichen Geldquellen unternahm Bolsonaro den Versuch, in seinem Urlaub sein Einkommen als Garimpeiro aufzubessern, als kleiner Goldsucher also. Im damaligen Brasilien war das nichts Unübliches: Nachdem 1978/79 ein Gutachten bekannt geworden war, dem zufolge in der Serra

Pelada im Bundesstaat Pará größere Goldvorkommen vermutet wurden, setzte ein regelrechter Goldrausch ein. Binnen weniger Jahre strömte eine halbe Million Menschen in die Region in der Hoffnung auf plötzlichen Reichtum oder wenigstens ein besseres Auskommen. Zeitweilig gehörte auch Bolsonaros Vater Percy zu denen, die mit Spaten und Spitzhacke im Tagebau standen, ohne Absicherung, ohne Abbaugenehmigung, mithin illegal und von den Behörden bestenfalls geduldet. Im Bundesstaat Bahia, wo ähnlich wie in Pará ebenfalls das Goldfieber ausgebrochen war, probierte auch Jair Bolsonaro sein Glück.

Den militärischen Vorgesetzten Bolsonaros missfiel dieses außermilitärische Engagement. Sein Kommandeur Carlos Alberto Pellegrino lobte zwar Bolsonaros intellektuelle Fähigkeiten, seine Bereitschaft zur Arbeit in Gruppen und seinen militärischen Geist. Seine Versuche, als Goldsucher das Gehalt aufzubessern, wertete er jedoch als Ausdruck von Unreife. So regte Pellegrino an, Bolsonaro solle besser in Funktionen eingesetzt werden, die seine ganze Hingabe erforderten, damit er sich auf seine militärische Karriere zurückbesinne. So kam es wohl auch: Ende 1983 wurde Jair Bolsonaro zum Hauptmann befördert. Es war der höchste Dienstgrad, den er erreichen sollte.

Ein Zeitungsartikel und die Folgen

Bislang war Jair Bolsonaro ein Soldat unter vielen mit einem unteren Offiziersdienstgrad. Im September 1986, mit 31 Jahren, wurde er jedoch mit einem Schlag landesweit bekannt. Am 3. September 1986 veröffentlichte das Nachrichtenmagazin *Veja* einen Artikel[26] mit dem Titel »Der Sold ist niedrig«. Autor des Textes: ein gewisser Hauptmann Jair Bolsonaro.

In dem einseitigen Text prangerte der Jungoffizier an, dass ein Großteil der Soldaten der brasilianischen Armee nur einen viel zu geringen Sold erhielt. Viele seiner Kameraden hätten so

O salário está baixo

Capitão Jair Messias Bolsonaro

Descontentes e sem perspectivas, os cadetes estão abandonando a Academia das Agulhas Negras

»Der Sold ist niedrig«, war 1986 ein Artikel von Hauptmann Jair Bolsonaro im Magazin Veja überschrieben.

wenig Geld, dass es ihnen kaum möglich sei, ihre Familien zu unterhalten, kritisierte Bolsonaro. Neudeutsch würde man von prekären Arbeitsverhältnissen sprechen.

»Ich mache diese Entwicklung öffentlich, damit das brasilianische Volk die Wahrheit erfährt über die große Masse der Personen, die bereit sind, dieses Volk zu verteidigen«, schreibt er im letzten Absatz des Textes. »Ich laufe Gefahr, meine eigene Karriere ernsthaft zu gefährden, aber die auferlegte Krise und die Perspektivlosigkeit, die wir antreffen, ist größer. Ich bin ein brasilianischer Staatsbürger, der seine Pflichten erfüllt, bin

Patriot, und mir wird vorbildliche Diensterfüllung bescheinigt. Trotzdem kann ich es mir nicht erlauben, von den Mindestnotwendigkeiten nur zu träumen, die einer Person meines Niveaus kulturell und sozial zustehen sollten. Ich liebe Brasilien und habe einen einwandfreien Ruf. Brasilien über alles.«

Der Zeitungsartikel ist ein Fließtext eines Interviews, das Bolsonaro *Veja* gegeben hatte. Natürlich hatte das Magazin die Brisanz des Themas erkannt, als der junge, unbekannte Offizier an sie herantrat mit dem Wunsch, sich zu dem Thema öffentlich zu äußern. Vor allem dass Bolsonaro dies nicht in einer anonymisierten Form tun wollte, sondern ganz offen seinen Namen nennen ließ, dürfte zusätzlich die Neugier der Journalisten geweckt haben. Es war aber in mehrfacher Hinsicht bemerkenswert.

Bolsonaro muss bewusst gewesen sein, dass er damit gleich gegen mehrere militärische Grundsätze verstoßen würde. 13 Jahre im Militärdienst hatte er bis zum Zeitpunkt der Veröffentlichung bereits absolviert, und gerade die Einhaltung der Disziplin war ihm immer sehr wichtig gewesen. Allem voran natürlich der unbedingte Gehorsam gegenüber Ranghöheren und Vorgesetzten, was er ja bei der Vereidigung zu Beginn seiner Karriere ausdrücklich bekräftigt hatte. Mit diesem Artikel aber probte Bolsonaro, der bei Vorgesetzten wegen seiner professionellen Dienstauffassung und seiner Ernsthaftigkeit stets große Anerkennung gefunden hatte, den Aufstand. Innerhalb des Corps verstand man den Text als Sprengsatz gegen die eigene Truppe und gegen die Politik der Regierung von Präsident José Sarney.

Zu beachten ist der Zeitpunkt, an dem Bolsonaro mit seinem Anliegen an die Öffentlichkeit trat. Das Militär hatte gerade erst die Macht im Lande abgegeben, 1984 hatten erstmals seit mehr als 20 Jahren wieder halbwegs freie Wahlen stattgefunden, an denen allerdings nur zwei Parteien teilnehmen durften. Auch wenn der Einfluss des Militärs auf die Politik anderthalb Jahre nach dem Regierungswechsel noch immer beträchtlich gewesen sein dürfte, sah Jair Bolsonaro jetzt den Moment gekommen, die Frage des Soldes, mit der er bei seinen Vorgesetzten anscheinend keinerlei Gehör gefunden hätte, öffentlich zu diskutieren.

Tatsächlich traf er einen Nerv. Er konnte durchaus für sich reklamieren, für eine große Mehrheit innerhalb des Militärs das Wort ergriffen zu haben, zumindest aus statistischer Sicht. Mehr als 90 Prozent aller Soldaten sollen zu jener Zeit in prekären wirtschaftlichen Verhältnissen gelebt haben, darunter auch die meisten Offiziers- und Unteroffiziersränge.

Für den damaligen Verteidigungsminister Leônidas Pires Gonçalves war Bolsonaros Aktion eine unzulässige Disziplinlosigkeit, und sie musste entsprechend geahndet werden. Wie Luiz Maklouf Carvalho schildert, fand die Bestrafung bereits am 2. September 1986 statt, also am Vorabend der Veröffentlichung. Offenbar war die Militärspitze vorab über den Text informiert worden.

Das Strafmaß zu bestimmen, oblag dem Kommandeur von Bolsonaros Fallschirmjägereinheit, Oberst Ary Schittini Mesquita. Der fand die Veröffentlichung des Textes in einem landesweiten Magazin ohne Kenntnis der Vorgesetzten völlig unangemessen. Auch dass sich Bolsonaro über ein Thema ausließ, das außerhalb seines Zuständigkeitsbereichs lag, und ohne das Wissen, das dazu aus seiner Sicht notwendig wäre, war in den Augen Schittini Mesquitas eine Indiskretion und eine Disziplinlosigkeit. Damit habe Bolsonaro die Ehre des Militärs verletzt und Unruhe in der Truppe erzeugt. Obendrein habe er dem Ruf der Fallschirmjägertruppe innerhalb des Militärs wie auch in der Gesellschaft Brasiliens insgesamt großen Schaden zugefügt.

Für diese lange Reihe von Verfehlungen wurde Jair Bolsonaro zu 15 Tagen Gefängnis verurteilt. Dabei soll er sogar noch mildernde Umstände erhalten haben, weil es sein erster Verstoß gegen die Regeln der Disziplin war. Das Militär bestrafte damit einzig das Handeln Bolsonaros, weil es gegen die Gebote der Hierarchie verstieß. Für den eigentlichen Inhalt des Artikels hingegen wurde er nicht bestraft.

Die von Bolsonaro angestoßene Diskussion blieb noch eine Weile im Gange. Das Magazin *Veja* legte in der Folgewoche nach mit einem Text unter dem Titel »Inhaftierung heizt Diskussion an«. Ein Foto zeigt protestierende Offiziersgattinnen an der Praia Vermelha, einem Strand im Stadtteil Urca in Rio de Janeiro. In dieser Gegend, in der auch die Gondeln hinauf zum berühmten Zuckerhut starten, liegen viele Militäreinrichtungen und -schulen. Außerdem berichtete *Veja*, Bolsonaro habe mehr als 150 Solidaritätstelegramme von aktiven und früheren Soldaten aus dem ganzen Land erhalten.

Von Bolsonaro gab es auf die Gefängnisstrafe und die anschließende Diskussion keinerlei Reaktion mehr. Er hatte sein Ziel erreicht. Das Thema war gesetzt, mehr konnte er im Moment nicht tun. Zudem wusste er natürlich, dass sein Vorpreschen ein Akt von Illoyalität war. Er akzeptierte die Strafe und saß sie ab.

In der Sackgasse

Wer aber glaubte, Jair Bolsonaro hätte aus der Interviewgeschichte seine Lektion gelernt, der wurde schon im darauffolgenden Jahr eines Besseren belehrt. Wieder spielte das Magazin *Veja* eine Rolle. Dort erschien am 28. Oktober 1987 unter dem Titel *De próprio punho*, übersetzt »Auf eigene Faust«, ein Artikel mit einem hochexplosiven Inhalt – und das im ganz buchstäblichen Sinne.

Die Reporterin Cássia Maria berichtete dort, an verschiedenen Orten der *Vila Militar* in Rio de Janeiro und auch in der Offiziersschule *Argulhas Negras* seien unter dem Decknamen *Operação Beco sem Saida*, »Operation Sackgasse«, Bombenattentate geplant worden. Es gehe immer noch um die grassierende Unzufriedenheit im Militär. Mehrere Militärs wollten mit den

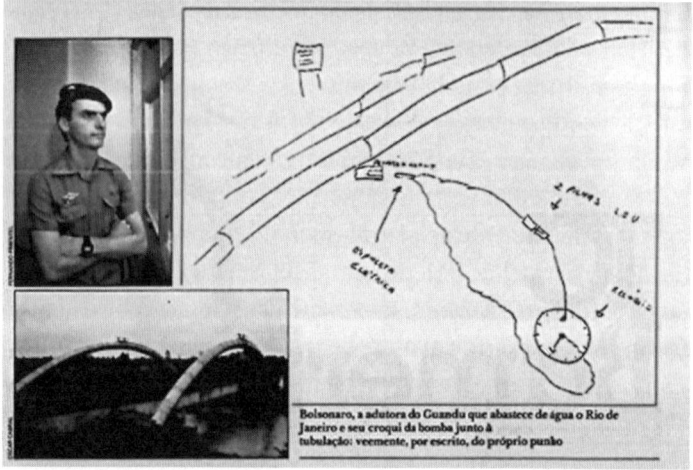

Bolsonaro, a adutora do Guandu que abastece de água o Rio de Janeiro e seu croqui da bomba junto à tubulação: veemente, por escrito, do próprio punho

Für die Skizze zum vermeintlichen Bombenanschlag soll Jair Bolsonaro (linkes Bild) verantwortlich gewesen sein, veröffentlicht in Veja, *Oktober 1987.*

Anschlägen auf drastische Art und Weise auf die unverändert prekäre wirtschaftliche Situation in der Truppe hinweisen, in der – wie jüngst von Bolsonaro angeprangert – gerade untere und mittlere Dienstgrade nach wie vor wenig verdienten. Werde den Forderungen nach einer Erhöhung des Soldes um 60 Prozent nicht nachgekommen, so die Forderung der Verschwörer, dann würden einige Bomben hochgehen.

Schon drei Tage vor der Veröffentlichung des Textes, am 25. Oktober, wurde Jair Bolsonaro abends zu seinem Kommandeur Adilson Garcia do Amaral gerufen, der ihm wutschnaubend einen Vorabdruck unter die Nase hielt. Bolsonaro bezichtigte in einem ersten Verteidigungsreflex die Reporterin der Lüge. Auch die Verbindung zu den weiteren Personen und die Kenntnis des Plans leugnete er. Doch nun entwickelte sich ein öffentlicher Schlagabtausch. Das Magazin *Veja* ging erneut in die Offensive und veröffentlichte die zusätzlich von einem Fotografen gestützten Aussagen der Reporterin, wonach sie sich mindestens vier Mal mit Bolsonaro getroffen habe. Bei einem der Treffen habe er den Anwesenden sogar dezidiert erklärt, wie man eine ferngesteuerte Bombe baut und wie diese funktioniert.

Und *Veja* hatte noch ein Ass im Ärmel. Das Blatt veröffentlichte eine handschriftliche Skizze der Orte, an denen – so zumindest die Darstellung des Magazins – die Bomben versteckt werden sollten. Es sei geplant gewesen, gleich an mehreren Stellen in Armeeliegenschaften Sprengsätze zu platzieren. Mutmaßlicher Autor der Skizze: Jair Bolsonaro.

Eines der erklärten Ziele der Aktionen scheint es gewesen zu sein, der Öffentlichkeit die vermeintliche Unfähigkeit des Verteidigungsministers vor Augen zu führen, der »keine Kontrolle mehr über die Truppe« besitze, wie das Magazin *Veja* später aus Gesprächen mit Bolsonaro zitierte. Bolsonaro sei sogar noch weiter gegangen: Er habe den Minister einen Rassisten und einen zweiten Pinochet genannt. Offenbar hatte er mit viel Unterstützung aus der Truppe und der Politik gerechnet.

Die Welle, die der Artikel schlug, war enorm. Auch wenn es zu dem Zeitpunkt, an dem *Veja* den Artikel veröffentlichte, offenbar noch keinen konkreten Zeitplan für die Attentate gab, weil das Vorhaben noch in einer frühen Planungsphase steckte, nahmen Bolsonaros Vorgesetzte den Fall sehr ernst. Sie befragten ihn allein vier Mal zu dessen Verbindungen zum Magazin und zu der Journalistin. In die Enge getrieben, bedrohte Bolsonaro bei einer Verhandlung die Reporterin gar. Durch eine Fensterscheibe hindurch soll er am 28. Dezember 1987 mit den Fingern ein Zeichen gemacht haben, als richte er einen Revolver auf Cássia Maria. Sie stellte ihn darauf zur Rede: »Soll das eine Morddohung sein?«, fragte sie ihn. Nein, habe er geantwortet. Aber es könne ihr durchaus schlecht ergehen, wenn sie bei ihrer Version der Geschichte bleibe.

Veja dokumentierte das Vorkommnis in seiner Ausgabe vom 6. Januar 1988 in einem Artikel unter der Überschrift: »Akt der

Gewalt – Hauptmann bedroht Reporterin, die aufdeckte.« Bolsonaro hatte sich mit dieser Aktion in mehrfacher Hinsicht verzockt. Das Militär glaubte ihm seine Ausreden und sein Leugnen nicht. Bolsonaro hatte aus Sicht seiner Vorgesetzten eklatant gegen das Loyalitätsprinzip verstoßen. Die »Operation Sackgasse« war zudem bereits der zweite schwere Fehltritt innerhalb nur weniger Monate. Anfang 1988 flog er aus der Truppe.

Ein Verfahren gegen Bolsonaro und seinen Kameraden Fábio Passos endete für beide glimpflich. Obwohl Spezialisten der Bundespolizei ein grafologisches Gutachten vorlegten, demzufolge Bolsonaros Handschrift mit der Handschrift auf den Anschlagsskizzen übereinstimmte, sprach das Oberste Militärgericht *(Supremo Tribunal Militar, STM)* beide Mitte 1988 frei – wenn auch nur aus Mangel an Beweisen. Bolsonaro durfte zumindest seinen Status als Hauptmann der Reserve behalten. Alles in allem hatte er also enormes Glück. Denn auch wenn der mutmaßliche Anschlagsplan nie umgesetzt wurde: Schon die Planung eines solchen Anschlags hätte als terroristischer Akt angesehen und entsprechend hart bestraft werden können.

Ironie der Geschichte: Die Forderung von 60 Prozent mehr Sold, die laut *Veja* das Ziel des Erpressungsversuchs war, wurde erreicht – und mehr als das. Die Regierung von Präsident Sarney hob die Bezüge der Soldaten sogar um 110 Prozent an. So üppig, wie die Offerte auf den ersten Blick erscheint, war sie allerdings dann doch nicht – man darf nicht vergessen, dass die Inflationsrate in Brasilien 1987 bei 363 Prozent lag.[27]

Resümiert man die Jahre, die Bolsonaro im Militär verbrachte, bieten sich zwei Schlussfolgerungen an. Zum einen ist festzustellen, dass er sich am Ende seiner aktiven Dienstzeit aus einem braven und pflichtbewussten Soldaten in einen aufmüpfigen Aktivisten verwandelte, der auch nicht davor zurückscheute, persönliche Nachteile in Kauf zu nehmen. Gleichzeitig gibt es aber Anlass zu der Vermutung, dass Bolsonaro im Laufe der Jahre erkannte, dass eine Militärkarriere zum damaligen

Zeitpunkt wirtschaftlich keine Perspektive bot. Um seine inzwischen fünfköpfige Familie durchzubringen, musste er sich andere Verdienstmöglichkeiten suchen. Doch welchen Beruf kann ein Mann ausüben, der einzig eine Ausbildung beim Militär, aber keine wirklich praktische Tätigkeit vorweisen kann?

Die Entscheidung, die Bolsonaro für sich traf, ist bekannt: Er ging in die Politik. Wie man mit radikalen Forderungen und Taten eine breite Aufmerksamkeit erlangt, hatte er beim Militär gelernt. Das Laute, Radikale und Provozierende sollte fortan sein Markenzeichen bleiben.

AUS DER KASERNE INS PARLAMENT

Achtundzwanzig Jahre Hinterbänkler

Für Neueinsteiger in der brasilianischen Politik gibt es einen einfachen und einen schweren Weg. Der einfache Weg steht allerdings nicht jedem frei, er führt über die Familie. Nehmen wir Fernando Collor de Mello, der 1989[28] zum Präsidenten des Landes gewählt wurde – ihm wurde die politische Karriere praktisch in die Wiege gelegt. Schon sein Großvater Lindolfo Collor hatte sich als Politiker hervorgetan: Als Parlamentsabgeordneter war er einer der Anführer der Revolution von 1930 und dann unter Präsident Getúlio Vargas für kurze Zeit Arbeitsminister. Vater Arnon Afonso de Farias Mello wurde 1950 Parlamentsabgeordneter, wenig später Gouverneur des Bundesstaats Alagoas und anschließend für drei aufeinanderfolgende Amtszeiten zum Senator gewählt. Für den Spross einer solchen Dynastie – und in Brasilien gibt es Dutzende von ihnen, manche reichen gar bis in die Kaiserzeit Ende des 19. Jahrhunderts zurück – ist die Bahn vorbereitet.

Jair Bolsonaro blieb nur der schwere Weg, und er begann ihn ganz unten: Er kandidierte 1988 für das Amt eines *Vereadors*, eines Stadtrates also, in Rio de Janeiro. Dafür schloss er sich zunächst der Christdemokratischen Partei (PDC) an.

Die PDC war noch recht jung, sie war erst 1985 enstanden, also nach der Diktatur. Gegründet hatte sie Paulo Maluf, der frühere Gouverneur von São Paulo. Die PDC war vor allem im Norden und Nordosten Brasiliens anzutreffen, in Rio de Janeiro spielte sie noch kaum eine Rolle. Vielleicht auch deshalb war die Partei nicht abgeneigt, es dort einmal mit Bolsonaro zu versuchen, dessen Name in der Stadt dank der Veröffentlichungen von *Veja* immerhin schon bekannt war.

Inhaltlich lagen Partei und Kandidat weit auseinander. Das Programm der PDC verortete sich irgendwo zwischen Marxismus und Liberalismus. Die Partei machte sich stark für die Würde des Menschen, befürwortete Privatbesitz, hielt die Botschaft des Evangeliums hoch und sprach sich für Frieden zwischen den Menschen unabhängig von deren Rasse aus. Auf diesem weiten Feld war auch Platz für den Hauptmann der Reserve Jair Bolsonaro. Dass er nur einige Monate vor der Wahl noch versucht hatte, den Staat mit Bombenanschlägen zu erpressen – daran störte sich offenbar niemand.

Das Mandat als *Vereador* errang Bolsonaro auf Anhieb, und zwar recht souverän. Mehr als 11 000 Stimmen erhielt Bolsonaro, das 16.-beste Ergebnis aller Kandidaten. Ein Grund war sicher die latente Unzufriedenheit der Bürger mit ihren bisherigen Volksvertretern, von denen viele im Ruf standen, sie seien korrupt und verfolgten nur ihre eigenen Ziele, statt sich für das Gemeinwohl einzusetzen. Obwohl für die kommende Legislaturperiode die Zahl der zu wählenden Stadträte von 33 auf 42 erhöht worden war, schafften nur 13 die Wiederwahl. Die Bürger wollten also neue Gesichter sehen, neue Politiker, die ihre Sache vielleicht besser machen würden.

Ein Vollblutpolitiker scheint Bolsonaro zu Beginn nicht gewesen zu sein und auch kein Ideologe, sondern eher ein Pragmatiker. Dem Neuling soll es anfangs noch schwergefallen sein, linke von rechter Politik zu unterscheiden. Relativ oft stimmte er mit den Linken, etwa wenn es um Korruptionsbekämpfung ging oder um die Zurückdrängung der Immobilienspekulanten. Häufig aber vertrat er auch damals schon radikal rechte Positionen. So sprach er sich gegen sexuelle Aufklärung in den *Favelas* und gegen die Ausgabe von Kondomen zur Geburtenkontrolle aus. Das sei Geldverschwendung.

Ratskollegen erinnern sich an Bolsonaro als inhaltlich konservativ, wenig partizipativ und relativ verschwiegen. Sieben Gesetzesinitiativen brachte er in den Stadtrat ein. Am spektakulärsten war davon wohl ein Vorschlag, Soldaten die kostenlose Benutzung der Busse zu erlauben. Bolsonaro war offenbar noch immer der Truppe sehr verbunden. Wenn er ihr schon nicht mehr direkt dienen konnte, wollte er es doch wenigstens indirekt durch seine politische Arbeit tun.

Ein weiteres »Highlight« in der politischen Frühphase Bolsonaros war seine Forderung, Verbrecher nicht in Gefängnissen einzusperren, sondern sie allein inmitten des Urwalds auszusetzen und sich selbst zu überlassen. In solchen Vorschlägen klangen schon 1989 oder 1990 die Thesen an, mit denen Bolsonaro 2018 in den Wahlkampf ziehen würde.

Als besonders ambitioniert wurde er im Stadtrat nicht wahrgenommen. »Er kam, gab seine Stimme ab und ging wieder. Er war nicht aktiv, was die Teilnahme an Projektpräsentationen anging. Wenn er zehn Mal dabei war, dann war das viel«, erinnerte sich sein Ratskollege Fernando William in einem Beitrag für die Zeitung *O Globo*. Trotzdem gelang es Bolsonaro auch als *Vereador,* gleich wieder anzuecken. In einem Zeitungsbericht warf ihm das Boulevardblatt *O Dia* vor, er habe Redebeiträge der anderen Stadträte aufgezeichnet, um sie an das Militär weiterzugeben.

Einen Verwandten im Geiste fand Bolsonaro im Stadtrat in Wilson Leite Passos. Dessen *Partido Democrático Social* (PDS) würde man vom Namen her in Europa vielleicht im sozialdemokratischen Spektrum vermuten, also in der politischen Landschaft links der Mitte. Doch in Brasilien sind Parteinamen nicht selten komplett irreführend, und so vertrat die PDS, die mit José Sarney den ersten Präsidenten nach der Diktatur stellte, in Wirklichkeit rechtskonservative Positionen.

Auch Passos war alles andere als ein Linker, er hatte die Diktatur befürwortet und sich als Leugner des Holocausts hervorgetan. Mit seiner Erfahrung auf dem politischen Parkett und seiner Eloquenz war der langgediente Politiker, der schon 1954 federführend an einem Antrag auf Amtsenthebung des damaligen Präsidenten Getúlio Vargas mitgeschrieben hatte, für den politischen Frischling Bolsonaro bei der Entwicklung seiner rechtsradikalen Ideologie ein wichtiger Orientierungspunkt.

Sprung in die Hauptstadt

Bolsonaro erkannte schnell, dass sein Wirkungskreis in Rio de Janeiro auf Dauer ziemlich begrenzt sein würde. Der Stadtrat war nicht das passende Forum für ihn, der es ja als seinen vordringlichen Auftrag verstand, die Belange des Militärs zu vertreten. Darum war es nur folgerichtig für ihn, sich bei erster Gelegenheit auf die nächsthöhere Ebene zu begeben. Wollte er seinen politischen Einfluss mehren, musste er für ein Mandat im Kongress in Brasília kandidieren. Nach nur zwei Jahren als *Vereador* schaffte es Bolsonaro tatsächlich, auf Anhieb einen Sitz in der Abgeordnetenkammer zu erobern. Trotzdem blieb seine Familie ihrer Wahlheimat Rio de Janeiro weiter verhaftet. Ehefrau Rogéria wurde nur zwei Jahre nach Jairs Aufstieg zum Abgeordneten Stadträtin in Rio. Später sollten auch die Söhne Carlos und Flávio diesen Weg nehmen.

Da in Brasilien die Legislaturperioden traditionell zum Jahreswechsel beginnen, trat Jair Bolsonaro sein neues Amt als Parlamentsabgeordneter *(Deputado)* am 1. Januar 1991 an. Es sollten insgesamt sieben aufeinanderfolgende Mandate werden – oder 28 Jahre als Abgeordneter. Über die Rolle des Hinterbänklers kam Bolsonaro lange Jahre nicht hinaus. Drei Mal, 2005, 2011 und 2017, kandidierte er für das Amt des Kammerpräsidenten. Drei Mal scheiterte er. Bei der letzten Wahl erhielt er gerade einmal vier der 513 möglichen Stimmen.

Bei der Wahl der Ausschüsse, in denen er aktiv war, zeigte sich ein gewisser inhaltlicher Schwerpunkt: Militär und Sicherheit. Bolsonaro war Mitglied in den Ausschüssen für Außenbeziehungen und für Verteidigung, und er saß in der Kommission für öffentliche Sicherheit und Bekämpfung des organisierten Verbrechens. Etwas weniger ins Bild zu passen scheint seine Mitgliedschaft im Ausschuss für Menschenrechte und Minderheiten. Über seine Haltung zu diesen Themen wird später noch mehr zu sagen sein.

Relativ bescheiden war auch seine politische Ausbeute, misst man sie daran, wie viele Vorschläge Bolsonaros tatsächlich Gehör fanden. Gerade einmal zwei Initiativen sind hier zu nennen. Im ersten Fall forderte Jair Bolsonaro 1993, die elektrischen Wahlurnen, die in Brasilien in dieser Zeit zunächst getestet und seit 1997 flächendeckend eingesetzt wurden, sollten einen Beleg ausdrucken, der das abgegebene Votum quittiert.[29] Keine dumme Idee, wenn man bedenkt, dass ein solches Wahlsystem in verschiedener Hinsicht Ansatzpunkte für mögliche Manipulationen bietet. Der Oberste Wahlgerichtshof nahm die Anregung auf und ermittelte, welche Kosten die Nachrüstung der Geräte verursachen würde. Er kam auf 1,8 Milliarden Reais, heute wären das umgerechnet rund 350 Millionen Euro. Damit hatte sich die Sache erledigt, die Anregung wurde aus Kostengründen nicht umgesetzt.

Der zweite Vorschlag, mit dem Bolsonaro einiges Aufsehen erregte, galt der Gesundheitspolitik. Sterilisierungen sollten in den Katalog der kassenärztlichen Leistungen aufgenommen werden. Dieser Vorstoß zielte vor allem auf die arme, mehrheitlich schwarze Bevölkerung in den *Favelas* ab. Da sich arme Bevölkerungsgruppen die Operation sonst nicht leisten könnten, sollte sie frei verfügbar sein, um armen Familien eine bessere Familienplanung zu ermöglichen, erklärte Bolsonaro. Stellt man einen Zusammenhang her zwischen diesem Vorstoß und Bolsonaros wiederholten verbalen Ausfällen gegen Minderheiten, insbesondere Schwarze, dann kann man durchaus unterstellen, dass Bolsonaro beabsichtigt haben könnte, auf diese Weise die Zahl der Afrobrasilianer zu reduzieren. Möglicherweise hoffte er gar, damit die Gewalt in den *Favelas* einzudämmen,[30] die in seinen Augen ja nun einmal von den Schwarzen ausging.

Auch mit diesem Vorstoß konnte Bolsonaro sich im Kongress nicht durchsetzen. Das hinderte ihn nicht, seine erstmals 1992 geäußerte Idee später immer wieder aufzugreifen, auch im Wahlkampf 2018. Sozialprogramme, wie sie die PT-Regierungen unter Lula und Dilma Rousseff aufgelegt hatten, würden die Armen nur dazu inspirieren, noch mehr Kinder in die Welt zu setzen, verkündete er. Durch Bildung die Menschen zu mehr Teilhabe zu animieren und sie in die Gesellschaft zu integrieren, sei ebenso wenig zielführend: »Es ist sinnlos, über Bildung zu sprechen, weil der Großteil der Bevölkerung nicht bereit ist, Bildung zu empfangen, und sich niemals bilden wird. Nur die Geburtenkontrolle kann uns von diesem Chaos befreien«, sagte er im Juli 2008 im Parlament.

Fliegende Wechsel

In den 28 Jahren, die er in der Abgeordnetenkammer in Brasília verbrachte, gehörte Bolsonaro nicht weniger als acht Parteien an. Dennoch zählte er keineswegs zu den notorischen Parteienhoppern. Das klingt wie ein Widerspruch. Doch in erster Linie hat es etwas damit zu tun, wie das politische System Brasiliens beschaffen ist.

Zunächst einmal muss man wissen, dass die Parteienlandschaft Brasiliens sehr viel dynamischer ist als die in Deutschland. Neu- und Umstrukturierungen, Abspaltungen und Fusionen gehören zum Alltag. Da es anders als hierzulande auch keine Fünfprozenthürde gibt, sind im aktuellen Parlament nicht weniger als 25 Parteien vertreten.

Fliegende Wechsel einzelner Politiker von einer Partei zu einer anderen sind in Brasilien ebenfalls ganz normal, ja sogar ein machtpolitisches Instrument, das gern eingesetzt wird, um innerhalb der Parlamente Mehrheitsverhältnisse kurzfristig zu verschieben. Ohne ein Votum des Souveräns, des Wahlvolkes, versteht sich. In jeder Legislaturperiode wechselt rund ein Drittel der Abgeordneten die Parteizugehörigkeit.[31] Auch wenn sich die Wähler an den Urnen für eine gewisse Kräftekonstellation im Parlament aussprechen – wie die Mandate am Ende verteilt sind, steht auf einem anderen Blatt. Viele Abgeordnete suchen immer wieder aufs Neue nach der Partei, die dem Fortschritt der eigenen Karriere am förderlichsten ist und die größte Nähe zur Macht verheißt.

Ein wenig erinnert das an den Transfermarkt beim Fußball. Je bekannter ein Politiker ist, desto mehr Wählerstimmen bringt er in die neue Partei ein. Zugleich verhilft er der neuen Partei zu mehr Renommee. Und die ideologische Ausrichtung einer Gruppierung? Sie spielt bei der ganzen Sache eher eine untergeordnete Rolle.

Bolsonaros Weg durch die Parteien begann, wie bereits erwähnt, bei der PDC. Sie fusionierte 1993 mit Teilen der ebenfalls schon genannten PDS zur Progressiven Reformpartei (PPR), aus der dann wiederum in einer Fusion mit der Fortschrittspartei (PP) die Brasilianische Fortschrittspartei (PPB) wurde. Die benannte sich 2003 noch einmal um in PP, ehe bei der vorläufig letzten Häutung 2017 daraus die Partei *Progressistas*, übersetzt »die Fortschrittlichen«, wurde. Mit mehr als 1,4 Millionen Mitgliedern[32] ist sie nach der Arbeiterpartei (PT), der PMDB und der PSDB die viertgrößte politische Kraft Brasiliens.

Diese Partei mit dem häufig wechselnden Namen, in der Bolsonaro die längste Zeit seiner politischen Karriere verbrachte, ist so etwas wie ein Königsmacher in der brasilianischen Politik. »Sie ist mächtig und stets verbündet mit dem, der in Brasilien regieren will«, beschrieb es die spanische Zeitung *El País*.[33] Zwar vermied die Partei es stets geschickt, einen eigenen Präsidentschaftskandidaten ins Rennen zu schicken, doch umso besser verstand sie sich darauf, Allianzen mit den späteren Siegern zu schließen und hinterher einen Platz an den Fleischtöpfen zu ergattern.

Als Partner ist sie beliebt, weil sie in den strategisch wichtigen Bundesstaaten Rio de Janeiro, Bahia und Paraná traditionell stark vertreten ist. Auch so erklärt sich das vielleicht überraschende Phänomen, dass die Partei, die doch eindeutig dem rechten Parteienspektrum zuzuordnen ist, es zum Koalitionspartner der linken PT in den Amtszeiten sowohl von Lula als auch von dessen Nachfolgerin Dilma Rousseff brachte. Weniger überrascht, dass sie im richtigen Moment die Seiten zu wechseln wusste und nach dem erfolgreichen Impeachment gegen Rousseff in die Regierung von Übergangspräsident Temer (PMDB) einsteigen durfte. Dort kontrollierten ihre Minister mit Gesundheit, Landwirtschaft und Städtebau drei wichtige Ressorts, die zusammen über einen Etat von rund 30 Milliarden Reais verfügten. Obendrein benannte die PP noch den Präsidenten der Bank *Caixa*.[34]

2016 untersuchte die Nichtregierungsorganisation *Movimento de Combate à Corrupção Eleitoral* (MCCE), in welchem Maße die brasilianischen Parteien im Zusammenhang mit Wahlen in Korruption verstrickt waren. Zum Maßstab nahm sie die Zahl der Politiker, die nach dem Gesetz der »*Ficha Limpa*«, der »sauberen Akte«, gesperrt waren. Bolsonaros PP lag mit damals 44 Betroffenen an sechster Stelle, hinter der PMDB mit 93, der PSDB mit 63, der PSD mit 50 Politikern und zwei weiteren Parteien, aber noch vor der Arbeiterpartei (PT) mit 42 gesperrten Mitgliedern.

Es lohnt sich, diese Statistik im Hinterkopf zu behalten. Denn 2018 sollte sich der Präsidentschaftskandidat Jair Bolsonaro im Wahlkampf damit brüsten, er verkörpere eine neue Art von Politik, die sauber sei und nicht so korrupt wie die all der vorangegangenen Regierungen. Viele Brasilianer, die sich wenig mit der Politik ihres Landes befasst hatten, glaubten darin ein Aufbruchssignal zu erkennen. Dabei hätten sie bei genauerem Hinsehen auch damals schon erkennen können, dass Bolsonaro in all den Jahren zuvor selbst ein Mitglied dieser politischen Klasse gewesen war, von der er sich nun mit so viel Verve distanzierte.

Gesucht: Die passende Partei

Einen wirklichen Parteiwechsel vollzog Bolsonaro zum ersten Mal 2016, vorbereitet hatte er ihn nach eigenem Bekunden schon seit 2014. In derselben Nacht des 26. Oktober 2014, als feststand, dass Dilma Rousseff die Stichwahl knapp gewonnen hatte, beschloss er, bei der nächsten Wahl 2018 selbst für das Präsidentenamt zu kandidieren. Die erste öffentliche Andeutung in dieser Richtung machte er schon wenige Wochen später, und es war gewiss kein Zufall, dass er es in der Offiziersschule AMAN tat, wo er einst selbst seine militärische Laufbahn begonnen hatte. Dort sagte er: »Ich stehe bereit, so Gott will, dieses Land wieder nach rechts zu rücken.«

Als Sprungbrett für die Präsidentschaftskandidatur schien ihm zunächst die Sozial-Christliche Partei (PSC) am besten geeignet, eine vor allem in der Kommunalpolitik einflussreiche Kraft. Anders als seine bisherige Partei, die von Pedro Maluf dominierte PP, verfügte die PSC über keinen Übervater, auf den die Partei zugeschnitten war. Weil aber jede politische Kraft einen halbwegs prominenten Frontmann braucht, hatte 2015 der Versicherungsunternehmer Everaldo Pereira, in Brasilien besser bekannt als Pastor Everaldo, den Vorsitz übernommen, obwohl er bei der Präsidentschaftswahl 2014 mit unter einem Prozent der Stimmen ein eher klägliches Ergebnis eingefahren hatte.

Auch wenn Everaldo 2010 noch die Arbeiterpartei (PT) unterstützt hatte, konnte sich Bolsonaro mittlerweile bei ihm eines Anti-Dilma-Kurses sicher sein. Zudem vertraten die PSC und ihr Frontmann eine ganze Reihe von Positionen, die sehr gut zum Weltbild Bolsonaros passten: Sie waren antikommunistisch, lehnten die Ehe zwischen Homosexuellen ab, stellten sich gegen Abtreibung und gegen die Lockerung der Drogengesetze und bestritten den globalen Klimawandel.

Strategisch wichtig für Bolsonaro war an der Partei aber noch etwas ganz Anderes: Die PSC war eng verbunden mit dem Milieu der evangelikalen Kirchen in Brasilien, griff deren Vorstellungen politisch auf und verarbeitete sie. Diese christlich-fundamentalistischen Wählergruppen wollte Bolsonaro für sich gewinnen. Denn spätestens seit den 1990er-Jahren gewinnen die evangelikalen Kirchen im einstmals erzkatholischen Brasilien rasant an Bedeutung und Zulauf. Inzwischen gehören rund 30 Prozent aller Brasilianer evangelikalen Kirchen an.

Über die Evangelikalen wird später noch wiederholt zu sprechen sein, denn ihr Einfluss auf die brasilianische Politik ist enorm. An dieser Stelle sei zunächst nur eine Begriffsklärung versucht: Evangelikal kann sehr unterschiedliche Bedeutungen haben.[35] Der Begriff umfasst unabhängige freikirchliche Bewegungen ebenso wie die vielfältige Pfingstbewegung und in der Bundesrepublik die Deutsche Evangelische Allianz, mit der sich rund 1,3 Millionen Gläubige verbunden wissen, von denen wiederum rund die Hälfte den evangelischen Landeskirchen angehört. Während sich hierzulande aber eine pauschale Gleichsetzung von Evangelikalen mit christlichen Fundamentalisten verbietet, trifft sie in Brasilien durchaus zu – zumindest bei den dominierenden Großkirchen. Sie wettern tatsächlich gegen Homosexualität und Feminismus und versuchen, mithilfe exorzistischer Praktiken Dämonen und den Teufel auszutreiben.

Bei vielen der evangelikalen Kirchen in Brasilien ist keine theologische Ausbildung oder gar ein Studium vonnöten. Jeder kann von heute auf morgen eine Kirche gründen und diese betreiben – steuerfrei übrigens, was die Sache noch attraktiver macht. Bei den großen Kirchen wie der *Assembleia de Deus* oder der *Igreja Universal* geschieht dies in einem regelrechten Franchise-System. Man erwirbt eine Lizenz, um unter dem jeweiligen Namen eine Kirche betreiben zu können, und zahlt dafür eine Gebühr. Dann braucht es nur noch eine schmucklose Bretterbude und ein Schild – und fertig ist die Kirche.

Allein in São Paulo, der größten Stadt Brasiliens, entstanden in den vergangenen 25 Jahren 2433 neue Kirchen. Wo immer im

Land sich Neuankömmlinge in den Armenvierteln an den Rändern der Städte niederlassen – mindestens eine der zahlreichen evangelikalen Kirchen ist meist schon da. Manchmal stellt sie das einzige bisschen Infrastruktur überhaupt dar.

Evangelikale Pfingstkirchen breiten sich in Brasilien rasant aus, die Evangelische Zentralstelle für Weltanschauungsfragen (EZW) in Berlin spricht von einer »christlichen Trendreligion«. Beim Zensus 2010 bezeichneten sich 26,6 Millionen[36] Brasilianer als evangelikal, was damals einem Bevölkerungsanteil von rund 15 Prozent entsprach. In einer Umfrage des Meinungsforschungsinstitut Datafolha bezeichneten sich 2016 bereits 29 Prozent der Brasilianer als evangelikal. Das Statistische Bundesamt Brasiliens (IBGE) geht inzwischen davon aus, dass es 2030 mehr Anhänger evangelikaler Kirchen als Katholiken geben könnte.[37]

Auf die Pfingstkirchen kommt es an

Der Zugang zu diesem Milieu und zu diesem Wählerpotenzial war von strategischer Bedeutung für jeden, der in Brasilien nach der Macht strebte, und Bolsonaro hatte das perfekt verstanden. Es gelang ihm jedoch nicht, eine wirklich enge Bindung zwischen ihm und der PSC herzustellen. Schnell machte die Partei deutlich, dass sie nicht bereit sein würde, Bolsonaros Präsidentschaftswahlkampf zu finanzieren. Bolsonaro verlor daraufhin genauso schnell das Interesse an ihr und wandte sich 2017 der National-Ökologischen Partei (PEN) zu.

Auch sie kam seinem Anforderungsprofil sehr nahe: Erst 2012 gegründet, stand die Partei für Konservatismus ebenso wie für einen strammen brasilianischen Nationalismus, für Antikommunismus und einen Antiglobalisierungskurs. Und ebenso wie die PSC war auch diese Partei evangelikal ausgerichtet. In der Öffentlichkeit wurde PEN oft als Abkürzung für *Pentecostais,* übersetzt: die Pfingstkirchler, interpretiert – eine klare Referenz an die Evangelikalen. Auch die PEN hätte also durchaus das passende Vehikel für Bolsonaros Präsidentschaftskandidatur abgeben können.

Nicht zuletzt mit dem Ziel, den Überläufer Bolsonaro für sich zu gewinnen, war die Partei sogar bereit, die alte Identität weitgehend abzulegen und ihren eigentlichen Markenkern, den ökologischen Ansatz, aus dem Parteinamen zu entfernen: 2017 benannte sie sich um in *Patriota* und schlug einen sehr viel härter konservativen und nationalistischen Kurs ein. Die Partei witterte ein gutes Geschäft. Zu diesem Zeitpunkt, gut ein Jahr vor dem Wahltermin, lag Bolsonaro bereits in den meisten Umfragen auf Rang zwei. Selbst wenn er nicht Präsident geworden wäre, hätte die Partei mit ihm als Zugpferd darauf hoffen können, zwischen 50 und 70 Sitze im Parlament zu erringen. Sie hätte mit einem Schlag zu den Großen in Brasiliens Politik gehört.

Doch völlig risikolos war die Allianz mit Bolsonaro für die Partei dann doch nicht. Für die alte PEN-Führung hätte es womöglich bedeutet, sich dem ganzen Bolsonaro-Clan auszuliefern. Mit Jair Bolsonaro wären schließlich auch die im Windschatten des Vaters aufstrebenden Söhne Flávio, Eduardo und Carlos in die Partei übergewechselt.[38] Obwohl alles bereit schien, platzte die Hochzeit zwischen *Patriota* und Bolsonaro zum Jahreswechsel 2018. »Ich war bereits Verlobter, jetzt bin ich wieder der Freund«, wurde Bolsonaro zitiert.[39]

Gründe nannte offiziell niemand, spekuliert wurde viel. Etwa, dass *Patriota*-Chef Adilson Barroso nicht bereit gewesen sei, alle Forderungen der »Gruppe Bolsonaro« zu erfüllen. Es soll um Posten in strategisch wichtigen Bundesstaaten wie Minas Gerais gegangen sein. Die innerparteiliche Macht komplett aus der Hand zu geben – dazu war Barroso doch nicht bereit.

Bolsonaro indes hatte vorgesorgt. Er war offenbar seit geraumer Zeit zweigleisig gefahren und hatte Verhandlungen mit der Sozialliberalen Partei (*Partido Social Liberal*, PSL) aufgenommen.

Die fristete bis dahin ein äußerst bescheidenes Dasein. 2014 hatte sie ein einziges Mandat im Kongress in Brasília errungen. Durch Bolsonaro bekam sie einen enormen Popularitätsschub und sicherte sich bei der Wahl im Oktober schließlich 52 Sitze in der Abgeordnetenkammer und vier im Senat. Damit stieß sie in Sphären vor, die bis dahin allein den großen Parteien PT, DEM, PMDB oder PSDB vorbehalten waren.

Programmatisch galt die PSL als etwas gemäßigter als *Patriota*. Rechtsgerichtet war aber auch sie. Zu ihren ideologischen Leitlinien zählten ein brasilianischer Nationalismus, ein sozialer Konservatismus und Antikommunismus, aber eben auch ein wirtschaftlicher Liberalismus und ein Bekenntnis zum Föderalismus.

Ein nicht unbedeutender Teil der PSL hegte große Bedenken gegen eine Kandidatur Bolsonaros im Namen ihrer Partei, und auch viele Verbündete, die in dem sozialliberalen Bündnis *Livres* mit der PSL kooperiert hatten, wandten sich ab. Ziel der Bewegung hatte es sein sollen, eine »politisch moderne, transparente und saubere Kraft zu schaffen«, wie es Elena Landau ausdrückte, die unter Präsident Fernando Henrique Cardoso (1995–2002) Direktorin der Entwicklungsbank BNDES war. Mit diesen Grundsätzen war in ihren Augen eine Kandidatur Bolsonaros nicht vereinbar. PSL-Präsident Luciano Bivar aber dachte anders, und Bolsonaro wurde im Juli 2018 offizieller Kandidat der Partei für das Präsidentenamt.

Ein Anschlag entscheidet die Wahl

Seinen Wahlkampf gründete Bolsonaro auf eine rechtspopulistische Polarisierung, wie sie auch in Deutschland nicht mehr unbekannt ist. Er inszenierte sich als Führer des »Wir«, der Aufrichtigen, des Volkes, gegen »die dort«: das politische Establishment, die alten Parteien, die Eliten, die Medien – und im Lager seiner Feinde verortete er praktisch alle, die für eine weltoffene und tolerante Gesellschaft eintraten. Die Selbstdarstellung als Opfer hätte lächerlich erscheinen können, doch sie kam bei vielen Wählern an. Dafür sorgte spätestens ein Zwischenfall, der die heiße Phase des Wahlkampfes entscheidend beeinflussen sollte.

Die *Breaking News* kamen am 6. September 2018, nachmittags zwischen 16 und 17 Uhr. Auf den Fernsehapparaten in vielen Bars und Warteräumen war eben noch ein Fußballspiel zu sehen gewesen. Nun aber schalteten die Menschen überall um auf die Nachrichtensender. In Juiz da Fora, einem Regionalzentrum im Bundesstaat Minas Gerais, hatte es ein Attentat auf den Präsidentschaftskandidaten Jair Bolsonaro gegeben. Der Kanal *Globo News* zeigte ein ums andere Mal die immer gleiche, offensichtlich mit einem Mobiltelefon aufgezeichnete Videosequenz. Zu sehen ist, wie sich der Kandidat Bolsonaro, bekleidet mit einem T-Shirt in den Nationalfarben Gelb und Grün mit der Aufschrift »Meine Partei in Brasilien«, auf den Schultern seiner Anhänger triumphal durch die Innenstadt tragen lässt. Doch plötzlich ist sein Gesicht schmerzverzerrt, er hält sich den Bauch, sackt zusammen. Aus dem frenetischen Jubel wird nervöse Hektik. Die Aufzeichnung bricht ab.

Es sind nur wenige Sekunden, doch der TV-Sender bringt sie in Endlosschleife, während der Moderator versucht, die bis dahin bekannten Fakten über den Anschlag zusammenzukratzen. Viele sind es nicht, doch der Täter ist immerhin gefasst und identifiziert. Es handelt sich um einen 40-jährigen Mann namens Adélio Bispo de Oliveira. Er hat Bolsonaro ein Messer in den Bauch gerammt.

In seinen Vernehmungen durch die Bundespolizei behauptet der offensichtlich verwirrte Mann, er sei »von Gott geschickt« worden. Später werden Ärzte die Diagnose stellen, er sei geisteskrank. Die Ermittler vernehmen laut Medienberichten mehr als 100 Personen und sichten mehr als 4000 Dateien, die sie auf den Mobiltelefonen und dem Computer des Verdächtigen fanden. Sie kommen zu dem Schluss, der Angreifer sei ein Einzeltäter und habe offenbar im Alleingang den Anschlag geplant und verübt.

Während die Polizei noch mit Hochdruck ermittelt, schießen die Spekulationen ins Kraut. Kurz nach der Festnahme melden sich gleich vier Anwälte, die die Verteidigung übernehmen wollen. Wie kann jemand, der aus einfachen Verhältnissen zu kommen scheint, so viel Geld besitzen, um sich gleich vier Verteidiger leisten zu können? Gibt es da eine mögliche Verbindung zur organisierten Kriminalität? Der Verdacht fällt auf das *Primeiro Comando da Capital* (PCC) aus São Paulo, eine der mächtigsten Drogenhändlerbanden des Landes. Das PCC hätte zweifellos genug Geld für Anwälte zur Verfügung, und ein Motiv wäre auch denkbar: Jair Bolsonaro hatte im Wahlkampf immer wieder angekündigt, er werde als Präsident die Kriminalitätsbekämpfung zu einem seiner zentralen Anliegen machen.

Doch nicht für alle klang dies plausibel. Einige Anhänger Bolsonaros vermuteten eine klar politisch motivierte Tat. Sie spekulierten über eine Verbindung des Attentäters zur linken Partei PSOL, einer Abspaltung von der PT. Adélio Bispo de Oliveira soll Jahre zuvor einmal das Büro des PSOL-Kongressabgeordneten Jean Wyllys besucht haben. Wyllys gehört zu den ganz wenigen Politikern in Brasilien, die sich offen zu ihrer Homosexualität bekennen. Für Bolsonaros Anhänger[40] taugte er damit doppelt zum Feindbild.

Tatsächliche Belege für eine politisch motivierte Tat gab es nicht einmal ansatzweise. Doch die einmal in die Welt gesetzten Mutmaßungen und Gerüchte waren nicht wieder einzufangen. Sie waberten weiterhin durch das Internet und wurden auf Pro-Bolsonaro-Plattformen und in unzähligen Whatsapp-Gruppen am Leben erhalten. Für Jean Wyllys wäre die daraus entstandene Spirale aus immer aggressiveren, sich gegenseitig hochputschenden Kommentaren beinahe zum Verhängnis geworden. Er erhielt massive Beschimpfungen und Morddrohungen. Nach der Wahl Bolsonaros sah er sich genötigt, aus Brasilien zu flüchten. Er ging nach Berlin.

Wie tief Brasilien zum Zeitpunkt des Attentats in verschiedene Lager gespalten war, zeigte sich daran, dass Bolsonaro-Gegner ebenfalls munter Verschwörungstheorien unter das Wahlvolk streuten. Paulo Pimenta, Politiker der Arbeiterpartei (PT), erklärte: »Bolsonaro wurde bisher als ein arroganter Kerl wahrgenommen, gewalttätig, großmäulig und dumm. Nach dieser Episode wurde er zum Opfer.« Damit ließ Pimenta die Möglichkeit offen, dass es sich gar nicht um ein wirkliches Attentat, sondern um eine geschickte Inszenierung gehandelt haben könnte. Auch der inhaftierte Lula meldete Zweifel an, als er verlauten ließ, es sei ja überhaupt kein Blut zu sehen gewesen.

Ein auf Youtube verbreitetes Video mit dem Titel *A Facada no Mito* (Messerangriff auf den »Mythos«; wie Bolsonaro von seinen Anhängern genannt wird) reihte einige Zeit nach der Wahl mehr als 57 Minuten lang vermeintliche Ungereimtheiten im Zusammenhang mit dem Anschlag aneinander. Das Video wurde mehr als 1,2 Millionen Mal angesehen.[41] Immerhin erklären die Macher gleich zu Beginn, dass es sich bei der Darstellung um eine »Interpretation der realen Fakten«[42] handle. Es gebe in Brasilien Menschen, die tatsächlich glaubten, das Attentat habe niemals stattgefunden, obwohl es live im Fernsehen zu sehen war, schrieben die Journalisten Thiago Bronzatto und Marcela Mattos in einem *Veja*-Artikel zum Jahrestag des Anschlags. Und es gebe andere, die gern eine linke Verschwörung sehen wollten.

Die Polizeiermittlungen lieferten weder zu der einen noch zu der anderen Version die passenden Fakten. Auch anderthalb Jahre nach der Tat sind keine entscheidenden Erkenntnisse mehr hinzugekommen. Für den Wahlkampf 2018 wären sie ohnehin zu spät gekommen. Die Rezeption des 6. September 2018 verselbstständigte sich, Fakten spielten anscheinend keine Rolle mehr. Ein »Krieg der Desinformation«, wie es das Magazin *Veja* ausdrückte, war längst im Gange.

Verschwörungstheorien allerorten

Nun sind politische Attentate und darauffolgende Verschwörungstheorien ja im Grunde nichts Neues, es gibt sie seit der Antike. Eines der markantesten Beispiele der jüngeren Geschichte war sicher der Mordanschlag auf US-Präsident John F. Kennedy 1963 in Dallas. Brasilien hat in dieser Frage seine eigene Historie aufzuweisen. Der Anschlag auf Bolsonaro war nicht der erste Anlass, bei dem versucht wurde, eine Straftat politischen Gegnern in die Schuhe zu schieben. Oftmals sollte die politische Linke zum Buhmann gemacht werden. Zwei Beispiele:

Am 30. April 1981 explodierten im Stadtzentrum von Rio de Janeiro zwei Autobomben, die eine in einem Umspannwerk, die andere in unmittelbarer Nähe des Messezentrums *Riocentro*. Dort fand zu dem Zeitpunkt eine Veranstaltung zum Tag der Arbeit statt. Unter den rund 20 000 Besuchern wurden auch einige Aktivisten militanter linker Gruppierungen vermutet. Den Medien wurde ein Bekennerschreiben einer Gruppierung namens *Comando Delta* zugespielt. Dieses sollte die Journalisten auf die Fährte einer linken Untergrundbewegung führen.

Wie sich jedoch herausstellte, steckten hinter dem Anschlag nicht irgendwelche Linksradikalen, sondern Teile der Armee selbst. Sie waren wenig begeistert, dass die damalige Militärregierung damit begonnen hatte, ihren eisernen Griff zu lockern und peu à peu den Übergang in ein demokratisches System einzuleiten. Der Anschlag sollte Druck auf die Regierung erzeugen, ihre Redemokratisierungspläne noch einmal zu überdenken. Zwei Soldaten deponierten einen Sprengsatz in einem Sportwagen am *Riocentro*. Einer von ihnen kam ums Leben, als die Bombe vorzeitig explodierte. Eine echte Aufklärung der Geschehnisse erfolgte erst fast 30 Jahre später.

Eine ähnliche Episode gab es 1989, als der Unternehmer Abílio Diniz, Gründer der landesweiten Supermarktkette *Pão de Açucar* und lange Zeit eine der reichsten und einflussreichsten Persönlichkeiten Brasiliens, plötzlich verschwand. Obwohl er bereits am 11. Dezember entführt worden war, wartete die Polizei lange mit der Veröffentlichung der Nachricht. Erst am 16. Dezember lancierte sie die Mitteilung an die Medien, dass offenbar die linke Arbeiterpartei (PT) hinter der Entführung stecke. Die Medien verbreiteten die vermeintlich zuverlässige Information der Behörden natürlich bereitwillig weiter. Und all das genau am Vorabend der entscheidenden zweiten Runde der Präsidentschaftswahl, in der sich der konservative Fernando Collor de Mello und der linke Gewerkschafter Luiz Inácio Lula da Silva von der PT gegenüberstanden. Es ging um eine grundlegende Richtungswahl.

Der Plan, einen Stimmungsumschwung gegen die PT zu erzeugen, ging auf. Es kam, wie es sollte: Collor de Mello gewann die Wahl am 17. Dezember 1989, Lula kam immerhin noch auf knapp 47 Prozent der Stimmen. Ohne die Stimmungsmache gegen ihn wäre er vermutlich neuer Präsident geworden.

Der entführte Diniz tauchte am 19. Dezember wieder auf. Zwei kanadische Studenten hatten ihn etwas mehr als eine Woche lang in einem Erdloch gefangen gehalten, um Lösegeld zu erpressen, mit dem sie angeblich die sandinistische Bewegung in Nicaragua unterstützen wollten. Wie die Ermittler einräumen mussten, hatte es keinerlei Verbindung zur PT gegeben. Verloren war die Wahl für die Partei aber trotzdem. Im Kampf gegen Lula war im Zweifelsfall jedes Mittel recht – das war die Botschaft, von der sich knapp 30 Jahre später auch Richter Sérgio Moro leiten lassen sollte.

Der unaufhaltsame Aufstieg

Für Jair Bolsonaro war das Attentat vom 6. September 2018 natürlich eine entsetzliche Tragödie. Durch den Messerstich war eine Vene beschädigt worden, Bolsonaro hatte viel Blut verloren und wäre wohl um ein Haar seinen Verletzungen erlegen. Zwar erholte er sich erstaunlich schnell wieder, wobei ihm seine militärische Disziplin und seine gute körperliche Verfassung sehr geholfen haben dürften. Doch auch später noch musste er mehrere Male zur Nachbehandlung ins Krankenhaus.

Wahlkampftaktisch aber hätte ihm nichts Besseres passieren können. Durch die gesteigerte Aufmerksamkeit nach dem Attentat vervielfachte sich seine Medienpräsenz. Bilder vom Krankenbett Bolsonaros gingen um die Welt. Zu sehen war ein geschwächter Kandidat mit Sauerstoffmaske, der in die Kamera sein persönliches *Victory*-Zeichen macht: einen abgespreizten Daumen und Zeigefinger, die er wie eine Schusswaffe hält – abgeleitet übrigens vom *Lula-L*, bei dem ebenfalls Daumen und Zeigefinger im rechten Winkel abgespreizt werden, wobei allerdings der Zeigefinger senkrecht nach oben zeigt.

Von nun an gab es in den sozialen Netzwerken täglich Grußworte des Kandidaten, Bilder vom Krankenbett, Bilder von seinen ersten Schritten auf dem Flur. Bolsonaros Medienpräsenz wuchs, die Followerzahlen überstiegen die seiner Konkurrenten um Längen. Bolsonaro erhielt Genesungswünsche und Grußbotschaften und antwortete mit Fotos und Videos. Er wusste ja nur zu gut, wie wichtig Emotionen und Inszenierung den Brasilianern sind. Nicht umsonst sind die mit Abstand beliebtesten TV-Sendungen die allabendlichen Seifenopern, *Telenovelas* genannt. Die Bedürfnisse des Medienwahlkampfs bediente Bolsonaro perfekt.

Am klassischen Wahlkampf konnte er natürlich nicht mehr teilnehmen, er war viel zu geschwächt. Allerdings schien ihm das auch wenig auszumachen. In TV-Duellen und Talkshows hatte er bis dahin ohnehin keine besonders überzeugende Figur abgegeben. In den ersten Elefantenrunden, also TV-Shows, zu denen alle Kandidaten eingeladen wurden, hatte sich nicht selten die Kritik der Konkurrenten auf ihn konzentriert. Konfrontiert mit Fakten und inhaltlichen Fragen, hatte er sich ein ums andere Mal beinahe um Kopf und Kragen geredet. Kurzum: Hätte Bolsonaro am klassischen Wahlkampf teilnehmen müssen, hätte ihm das vermutlich eher geschadet als genutzt. Und das wusste er.

Also blieb er ruhig im Krankenbett und ließ sich auch nicht hetzen, als es ihm bereits wieder sichtlich besser ging. Die Umfragewerte gaben ihm recht. Vor dem Attentat hatten ihm die Meinungsforscher noch etwa 22 Prozent der Stimmen vorhergesagt. Nun aber zog er anscheinend unaufhaltsam davon und konnte sich sogar leise Hoffnungen machen, gleich in der ersten Runde und ohne Stichwahl Präsident zu werden.

Bolsonaro gelang sogar ein echter Mediencoup. Nach mehreren Wochen im Krankenhaus ohne öffentliche Auftritte kündigte er an, wegen seines noch sehr angeschlagenen Gesundheitszustandes werde er nicht wie ursprünglich vorgesehen am letzten großen TV-Duell des Nachrichtensenders *Rede Globo* teilnehmen. Stattdessen gab er ein eineinhalbstündiges Exklusivinterview für *Record TV*. Der Privatsender, der dem Gründer der evangelikalen Universalkirche, Edir Macedo, gehört, ersparte Bolsonaro jegliche kritischen Fragen, entsprechend vorteilhaft konnte er sich präsentieren. Das Interview wurde am selben Abend und zeitgleich mit dem Duell der anderen Kandidaten ausgestrahlt.

Bolsonaro hatte begriffen, dass er kaum mehr die Unterstützung der klassischen etablierten Medien benötigte, um sich öffentlich darzustellen, zumal die Journalisten im Verlauf des Wahlkampfes immer kritischer mit dem immer populärer werdenden Kandidaten umgegangen waren. Um sein Publikum zu erreichen, brauchte Bolsonaro keinen *Globo*-Medienkonzern mehr, keine Zeitungen wie die *Folha de São Paulo* oder den *Estado de São Paulo*, die in seinen Augen und in denen seiner

Anhänger kein anderes Ziel verfolgten, als seine Präsidentschaft zu verhindern. Lieber verließ er sich auf die sozialen Medien, die sich für ihn viel leichter steuern ließen. Und auf einen Sender wie *Record TV.*

Unheilige Allianz mit den Evangelikalen

Um die Evangelikalen für sich zu gewinnen, setzte Bolsonaro auch auf Symbole und Emotionen. Bereits 2016 war er extra nach Israel gereist, um sich im Fluss Jordan ein zweites Mal taufen zu lassen – diesmal von Pastor Everaldo, dem Parteichef seiner damaligen Partei PSC. Auch zu anderen führenden Köpfen der Pfingstkirchen hielt er engen Kontakt, so zu Silas Malafaia von der *Assembleia de Deus,* der zu einem seiner frühen Förderer wurde. Konvertiert ist Bolsonaro allerdings nie: Mit einem Fuß weiter im Katholizismus verhaftet, hält er sich auch den Zugang zur nach wie vor größten Glaubensgemeinschaft Brasiliens offen.

Inhaltlich verbiegen musste sich Bolsonaro nicht, um die evangelikalen Wortführer für sich zu gewinnen. Ihre Wertvorstellungen waren von seinen eigenen nicht weit entfernt. Im Wahlkampf wetterte er gegen Schwule, LGBT und Transsexuelle, immer mit dem Verweis darauf, dass allein die klassische Familie mit Vater, Mutter und Kindern die einzig wahre und gottgefällige Weise des menschlichen Zusammenlebens sei. Alternative Lebensformen verglich er mit Krankheiten oder bezeichnete sie gar als Bedrohung der Gesellschaft, die tradierte Formen verdrängen wollten. Mit diesen Botschaften gewann Bolsonaro bei der Wahl am Ende mehr als 70 Prozent der Stimmen aller Evangelikalen. Seine Rechnung ging also auf.

DIE MEHRHEIT WÄHLT RECHTS

Brasilien will den Wechsel

Am 14. Oktober 2018 setzte sich Bolsonaro im ersten Wahlgang mit rund 47 Prozent der Stimmen weit von allen Rivalen ab. Am 28. Oktober trat er zur Stichwahl gegen den PT-Kandidaten Fernando Haddad an. Nicht einmal eineinhalb Stunden nach Schließung der letzten Wahllokale stand das Ergebnis fest: Jair Messias Bolsonaro lag uneinholbar vorn, er würde der 38. Präsident von Brasilien werden. 57 797 847 Stimmen wurden für ihn abgegeben, das entsprach einem Wähleranteil von 55,13 Prozent. Einen so klaren Vorsprung hatte es bei den Wahlen in der Vergangenheit nur selten gegeben.

Anzumerken ist an dieser Stelle allerdings, dass bei dieser Wahl die Zahl der Nichtwähler und derer, die eine ungültige Stimme abgaben, so hoch war wie noch nie zuvor. 30,87 Prozent der wahlberechtigten Brasilianer stimmten weder für Bolsonaro noch für Haddad. Sie fühlten sich durch keinen der beiden Kandidaten politisch repräsentiert.

Schaut man sich an, wo welcher Kandidat vorn lag, wird sofort der Graben deutlich, der die brasilianische Gesellschaft durchzieht. In fast allen großen Städten gewann Bolsonaro deutlich.[43] In Florianópolis, Hauptstadt des Bundesstaates Santa Catarina im Süden Brasiliens, holte er 84 Prozent der Wählerstimmen, in Vitória (Espirito Santo) sogar 87 Prozent. In Curitiba (Paraná), wo die Ermittlungsbehörde des *Lava Jato* ansässig ist, waren es 76 Prozent. In São Paulo,[44] der größten Stadt Brasiliens und der gesamten Südhalbkugel, stimmten knapp

68 Prozent für Bolsonaro, in Rio de Janeiro 67 Prozent. Insgesamt stimmten 94 Prozent der reichsten Wahlkreise Brasiliens mehrheitlich für Jair Bolsonaro.

Bei Fernando Haddad war es genau umgekehrt. In 90 Prozent der ärmsten Bezirke gaben die Wähler ihre Stimmen mehrheitlich dem PT-Kandidaten. Diese Verteilung lässt sich auch geografisch gut zuordnen. Der Süden und der Südwesten des Landes, die Hochburgen der Industrie, der Sojabauern und der Rinderzüchter in den Bundesstaaten Rio Grande do Sul, Santa Caterina, São Paulo, Rio de Janeiro, Minas Gerais und Mato Grosso also, wählten mehrheitlich Jair Bolsonaro, während der wirtschaftlich abgehängte Nordosten (Bahia, Pernambuco, Pará) Haddad favorisierte. Wer das Wahlergebnis nach den Koordinaten »reich gegen arm« beurteilt, liegt also sicherlich nicht ganz falsch. Aber die politische Realität des Jahres 2018 in Brasilien war komplexer.

Ohne Lula ist die Linke chancenlos

So war der Sieg Bolsonaros zunächst einmal die Niederlage der Arbeiterpartei. Spätestens seit August war die Partie für die PT verloren. Für den inhaftierten Lula gab es keinen Ausweg mehr, die Partei stand plötzlich ohne Spitzenkandidaten da, wovon aber – wenn überhaupt – nur sie selbst überrascht war. Und auch sonst hatte die Partei einfach zu viel falsch gemacht.

In Ermangelung einer echten Alternative hatte die PT voll auf ihren Frontmann und dessen Image als Volkstribun gesetzt. Auch im Frühjahr 2018 noch, als das Urteil gegen ihn in zweiter Instanz sogar verschärft wurde, machte die Parteiführung keinerlei Anstalten, ihre Personalentscheidung zu überdenken. Lula blieb Gesicht und Inhalt der Kampagne. Diese zielte komplett darauf ab, die gute alte Zeit der Präsidentschaft Lulas zu beschwören. Der Slogan lautete *Brasil feliz de novo* – »Brasilien endlich wieder glücklich«. Durch die Erinnerung an die Sozialprogramme der PT-Regierungen sollte die Begeisterung all jener wieder entfacht werden, die Lulas Politik einen sozialen Aufstieg zu verdanken hatten. Einen »Dankbarkeits-Wahlkampf« nannten das Maurício Moura und Juliano Corbellini in ihrem Buch *A Eleição Disruptiva*.[45]

Zugleich versuchte die PT, das Korruptionsstigma, das ihr seit dem *Mensalão*-Skandal und den *Lava-Jato*-Ermittlungen anhaftete, loszuwerden oder das eigene Versagen zumindest ein Stück weit zu relativieren. Klar, wir haben betrogen und geschmiert, aber schaut her, wir haben mit dem Geld auch viel für euch getan,[46] gab sie ihren Anhängern zu verstehen. Zu einem *mea culpa* oder personellen Konsequenzen war die Partei nicht bereit.

Der Preis dafür war, dass sie in der politischen Landschaft weitgehend isoliert blieb. Die PT war »verbrannt«. Selbst die anderen linken Präsidentschaftskandidaten Marina Silva, Ciro Gomes, Guilherme Boulos und sogar Ex-Präsident Fernando Henrique Cardoso, der sich ebenfalls gegen Bolsonaro gestellt hatte, vermieden es daraufhin tunlichst, ihre Anhänger in der Stichwahl zur Unterstützung von Fernando Haddad aufzurufen.

Erst ganz allmählich, mehr als ein Jahr nach der verlorenen Wahl, waren vereinzelt selbstkritische Stimmen aus den Reihen der PT zu hören. Eine dieser Wortmeldungen kam von Cristovam Buarque, Ex-Senator und Ex-Bildungsminister unter Präsident Lula. Die PT, so Buarque, sei zu lange in ihrer Forderung nach der Freilassung Lulas gefangen geblieben. Sie habe sich damit selbst ihrer potenziellen Bündnispartner beraubt.

Buarque verortet die Schuld für den Sieg Bolsonaros jedoch nicht allein bei seiner eigenen Partei. Er fasst den Zeitrahmen seiner Analyse weiter und bezieht außer den Jahren der PT-Regierungen auch die Zeit der Präsidentschaft von Fernando Henrique Cardoso (1995–2002) mit ein. Dessen PSDB, die PT und dazu noch die PMDB hätten mehr als zwei Jahrzehnte lang in unterschiedlichen Konstellationen und Kräfteverhältnissen das Land quasi durchgängig regiert. Obwohl sie aber aufeinander angewiesen gewesen seien, hätten diese Kräfte es nicht verstanden, eine Identität, eine Utopie für Brasilien zu entwickeln.

»PMDB und PT haben sich die ganze Zeit wie Feinde verhalten und nicht wie Partner bei der Aufgabe, die Zukunft des Landes neu auszurichten«, sagte Buarque in einem Interview mit der Zeitung *O Globo*.[47] Am Ende habe es außer der Parole »Weg mit Bolsonaro« nichts gegeben, wofür die drei Parteien gemeinsam hätten einstehen können. »Es ist wichtig zu akzeptieren, dass wir Fehler gemacht haben«, so Buarque. »Hätten wir keine gemacht, hieße der Präsident heute nicht Bolsonaro.«

Bolsonaro sammelt die Enttäuschten ein

Zur Ehre von Fernando Haddad ist zu sagen, dass er das Dilemma zumindest erkannte und gegenzusteuern versuchte. Seine Idee, eine »vereinigte Linke« aufzubieten ohne einen Spitzenkandidaten der PT, blieb in der Partei ungehört. Auch die potenziellen Koalitionspartner lehnten dankend ab. Marina Silva, einst Umweltministerin unter Lula, begründete ihre Weigerung mit der mangelnden Selbstkritik der PT und bezweifelte, dass eine solche Allianz zur Achse einer wahrhaft demokratischen Alternative werden könne.

Stattdessen ging es weiter wie gehabt. Ersatzkandidat Haddad besuchte Lula anfangs noch regelmäßig im Gefängnis, um sich wahlkampftaktische Instruktionen abzuholen. Der neue PT-Slogan lautete nun *Lula é Haddad*, »Lula ist Haddad«. Damit ließ sich Haddad, immerhin ein erfahrener Politiker, der Oberbürgermeister der größten Stadt Brasiliens, São Paulo, gewesen war, zu einer Politmarionette degradieren. Bei einem Wahlkampfauftritt in Florianópolis ging er sogar so weit, auf der Bühne die Stimme Lulas zu imitieren.[48]

Ein weiterer schwerer Fehler der PT war es, keine klare Stellung gegenüber der Regierung von Nicolas Maduro in Venezuela zu beziehen. Dass Maduro sein Volk unterdrückt und quasi wie ein Diktator regiert, dürfte inzwischen breiter Konsens sein. Seine Politik hätte demnach zumindest ein paar deutliche Worte der Missbilligung seitens der PT verdient gehabt. Doch dazu kam es nicht, im Gegenteil.

Unter Lula und auch unter Dilma hatten die Regierungen der Arbeiterpartei stets freundschaftliche und auch wirtschaftlich enge Beziehungen mit anderen linken Regierungen in Lateinamerika gepflegt: mit Präsident Evo Morales in Bolivien, mit Kuba und auch mit Chávez in Venezuela. Nun ging die PT-Vorsitzende Gleisi Hoffmann sogar so weit, Chávez' Nachfolger Maduro öffentlich zu verteidigen. Damit lieferte sie dem rechten Lager um Bolsonaro im Wahlkampf eine Steilvorlage. Denn zumindest in konservativen Kreisen der brasilianischen Bevölkerung gibt es eine weit verbreitete Urangst, eine linke Regierung könne ihr Land in ein sozialistisches Regime vom Schlage Venezuelas oder Kubas verwandeln. Diese doch recht abstrakte Bedrohung schien durch Gleisi Hoffmanns Erklärungen plötzlich reale Züge anzunehmen.

Die Episode zeigt, wie sehr die PT den Zeitgeist ignorierte oder vielleicht auch nur übersah. Spätestens seit den Massenprotesten 2013 hatte sich die Stimmung im Land verändert. Die Unzufriedenheit war groß, die Klagen über schlechte Infrastruktur, schlechte Bildung, Korruption, zunehmende Gewalt in den Städten und über Politiker, die Politik an den Bedürfnissen der Bürger vorbei machten, wurden immer lauter. Die PT hatte einfach abgewirtschaftet. Wer an ihrer Stelle die neue bestimmende Kraft im Lande werden wollte, musste nur eines tun: Er musste die ganzen Unzufriedenen einsammeln. Und genau das gelang Bolsonaro besser als allen anderen.

Der Hoffnungsträger der Underdogs

Dem Kandidaten Bolsonaro kam zugute, dass er in Brasilien weithin als Outsider oder Exzentriker wahrgenommen wurde, obwohl er doch schon 28 Jahre lang Abgeordneter in Brasília war. Dass er oft hilf- bis ahnungslos wirkte, wenn er in Talkshows mit Sachfragen konfrontiert wurde, tat seiner Glaubwürdigkeit bei der Bevölkerung keinen Abbruch. Wie ein Bulldozer ging er auf seine Gegner los. Seine klare und einfache Sprache, seine groben Polemiken, ja selbst seine permanenten rassistischen und homophoben Ausfälle interpretierten seine Anhänger als Zeichen von Authentizität.

Bolsonaro unternahm auch keine besonderen Anstrengungen, die Mitte der Gesellschaft zu erreichen. Er hatte es nicht nötig, denn sie kam im Grunde von ganz allein zu ihm. Die anderen Parteien trieben sie ihm praktisch in die Arme.

Das ausufernde mediale Trommelfeuer mit fast täglich neuen Korruptionsenthüllungen hatte bei vielen Bürgern den Wunsch nach jemandem aufkommen lassen, der den Laden mit einem eisernen Besen auskehren würde. Wirklich viele Kandidaten standen dafür nicht zur Verfügung. Bolsonaro machte es sich zunutze, dass sich der Groll der Brasilianer nicht mehr nur auf eine Partei – die PT – richtete, sondern inzwischen praktisch dem gesamten politischen Establishment galt, seit nach der Arbeiterpartei auch Parteien wie die PMDB und die PSDB in den Fokus der Korruptionsermittler gerückt waren.

Moura und Corbellini sehen in dieser Entwicklung die Entstehung eines neuen »dynamischen Pols«. Statt des klassischen Disputs PT kontra PSDB sprechen sie vom Gegensatz *Lulismus* gegen die »Partei *Lava Jato*«,[49] der die klassische Polarisierung ersetzt habe. Dabei habe diese »Partei *Lava Jato*« davon profitiert, dass sie relativ diffus eine ganze Reihe von Gruppierungen bündelte und somit für viele Menschen mit ihren ganz unterschiedlichen Sorgen und Bedürfnissen anschlussfähig erschien.

Über die Bedeutung der Evangelikalen für den Wahlausgang in Brasilien ist schon an mehreren Stellen gesprochen worden. Bolsonaro brachte indes noch zahlreiche weitere Wählergruppen hinter sich, die – in größerem oder kleinerem Maße – seinen Triumph ermöglichten. Da sind die Viehzüchter, die in ihrem Drang, neue Weideflächen zu gewinnen, Amazonien abbrennen. Sie sehen in Bolsonaro einen Verbündeten, dem ökologische Skrupel ebenso fremd sind wie ihnen.

Ähnliches gilt für die *Garimpeiros*, die kleinen und in der Regel illegalen Goldsucher, die ebenfalls ohne Rücksicht auf andere Menschen und auf die Natur den Amazonasraum wirtschaftlich für sich nutzbar zu machen versuchen. Mittlerweile haben viele von ihnen Spaten und Spitzhacke durch Kleinbagger ersetzt, was jedoch die Zerstörung der Natur nur beschleunigt und großflächiger macht. Anfang der 1990er-Jahre wurde die Zahl der *Garimpeiros* auf rund 400 000 geschätzt, heute dürften es infolge des Bevölkerungswachstums und der Wirtschaftskrise deutlich mehr sein. Ein beachtliches Wählerpotenzial für einen Kandidaten, der sich mit ihnen versteht.

Bolsonaro kannte die Lebenssituation der *Garimpeiros*, wie bereits erwähnt, aus eigener Anschauung. 1986 hatte er – damals nur ein kleiner Hauptmann, der durch einen Zeitungsartikel zu einer gewissen Bekanntheit gelangt war – auch einen Brief von den Goldsuchern erhalten, in dem sie ihn um Unterstützung baten. »Der Goldsucher ist ein Mensch und sollte nicht länger behandelt werden wie ein Wesen dritter oder vierter Klasse«,[50] schrieben sie. Seinerzeit konnte Bolsonaro ihnen natürlich nicht helfen. Von einem Präsidenten Bolsonaro aber durften die *Garimpeiros* tatsächlich Unterstützung erwarten.

Die Sehnsucht nach Sicherheit

Ein Wählersegment, das für Bolsonaro wie für jeden seiner Mitbewerber von ungleich größerer Bedeutung war, waren die Afrobrasilianer. An dieser Stelle ein kleiner Exkurs:

Mehr als die Hälfte der Brasilianer hat afrikanische Wurzeln. Auch wenn Brasilien das Image von Liberalität und Toleranz pflegt: Das vom deutschen Exilanten Stefan Zweig idealisierte Land der »völligen Gleichstellung von Schwarz und Weiß und Braun und Gelb«, in dem es »keine Farbgrenzen, keine Abgrenzungen, keine hochmütigen Schichtungen«[51] gibt, war es nie. Sicher wurde in Brasilien im ethnischen Schmelztiegel während der letzten Jahrhunderte kräftiger gerührt als in den USA, und große Konflikte blieben aus. Doch ohne Diskriminierung, Gewalt und Unterdrückung ging es keineswegs ab. Daten des Statistischen Bundesamtes Brasiliens (IBGE) zeigen auch, dass es bis heute zum Beispiel nur wenig Eheschließungen zwischen Schwarzen und Weißen gibt, dass Schwarze immer noch schwieriger Arbeit finden oder in Ämter und Würden gelangen und dass sie oft weniger Lohn erhalten. Immer noch sind in der mehrheitlich afrobrasilianischen Stadt Salvador nur fünf Prozent der Studenten Schwarze.[52]

Auch wenn es in Brasilien natürlich keine offizielle Rassentrennung gibt wie einst in Südafrika zur Zeit der Apartheid: Eine ausgeprägte soziale Trennung besteht allemal. Es existiert eine kleine reiche bis sehr reiche Oberschicht, eine dünne und fragile Mittelschicht und eine sehr große Unterschicht, und allzu oft verlaufen die Trennlinien dieser Schichten entlang ethnischer Linien. Die Soziologen Karina Maldonado-Mariscal und Boike Rehbein bringen es auf den Punkt: »Noch im heutigen Brasilien besteht eine starke Korrelation zwischen Hautfarbe und sozialer Klasse. Auch wenn die Hautfarbe weder rechtlich noch im Alltag ein explizites Merkmal der sozialen Klassifikation ist, haben die Nachkommen der Sklaven nie die Ressourcen erwerben können, die für einen Erfolg in der kapitalistischen Gesellschaft erforderlich sind. Das gilt auch für das kulturelle Kapital, also Bildung, Benehmen und kulturelle Güter.«[53]

Mit dieser Realität muss jeder Politiker umzugehen wissen, der in Brasilien nach oben gelangen will. Ob er sie anerkennt, leugnet oder auch rechtfertigt, bleibt nicht ohne Auswirkungen auf seinen Erfolg an den Wahlurnen.

Was nun Bolsonaro angeht, könnte es auf den ersten Blick scheinen, als hätte er bei schwarzen Wählern nicht die Spur einer Chance – so sehr hatte er in der Vergangenheit immer wieder verbal gegen sie ausgeteilt. Selbst im Wahlkampf hielt er sich mit herablassenden, ja offen rassistischen Bemerkungen nicht zurück. Bei einer Veranstaltung im Freizeitclub *Clube Hebráico* in Rio de Janeiro erzählte er, er habe in seiner Heimatregion im Vale de Ribeira einen *Quilombo* besucht, eine Siedlung der Nachkommen von früheren Sklaven. »Der leichteste der Männer afrikanischer Abstammung wog sieben *Arrobas* (umgerechnet mehr als 100 Kilogramm – d. Verf.). Damit ist er nicht einmal mehr zur Fortpflanzung zu gebrauchen«[54], sagte Bolsonaro.

Provokationen wie diese leistete sich Bolsonaro ein ums andere Mal. Die Richtung ist klar: Schwarze sind übergewichtig und faul. Allerdings blieb diese Entgleisung im Gegensatz zu vielen anderen nicht ungeahndet: Ein Gericht verurteilte ihn zu einer Geldstrafe von 50 000 Reais, umgerechnet rund 10 000 Euro. Schließlich ist Rassismus in Brasilien seit 1951 strafbar.

Wie aber erklärt es sich dann, dass dieser Jair Bolsonaro in der Stichwahl die absolute Mehrheit gewinnen und damit offenkundig auch Millionen Stimmen schwarzer Wähler gewinnen konnte? Zumindest zwei Elemente sind hier zu nennen. Das eine ist wieder die Macht der Religion: Viele Schwarze Brasilianer sind empfänglich für die Heilsversprechen der evangelikalen Kirchen. Und hält ihre Kirche Bolsonaro für wählbar, sehen viele über seinen Rassismus hinweg.

Das andere ist abermals das Thema der Gewalt. Während Brasiliens Mittelschicht in ihr vor allem eine Bedrohung ihres Wohlstands sieht, ist Gewalt in den *Comunidades,* den vor allem von Schwarzen bewohnten Armenvierteln, allgegenwärtig und tatsächlich lebensbedrohend – ob sie nun von kriminellen Banden ausgeht oder von der Polizei selbst. Mehr als 60 000 Tote durch Gewalttaten verzeichnet das Land im Jahr. Bolsonaros Versprechen, die Kriminalität einzudämmen, traf hier auf offene Ohren.

Mit seiner Vergangenheit als Militär verfügte er auf diesem Feld über einen echten Trumpf. So hilflos, wie sich die bisher Regierenden bei der Bekämpfung der Gewalt gezeigt hatten, erschien das Militär plötzlich wieder als eine ernsthafte ordnungspolitische Option. Bereits vor und während der Olympischen Spiele in Rio de Janeiro 2016 war das Militär eingesetzt worden, um für die öffentliche Sicherheit zu sorgen. Anfang 2018 hatte Interimspräsident Temer abermals den Notstand ausgerufen und Soldaten losgeschickt.

Die Brasilianer, die die Erinnerungen an die Militärdiktatur eigentlich noch lebhaft in Erinnerung hatten, begannen, sich an die neuerliche Militärpräsenz zu gewöhnen. Folter und Unterdrückung während der Diktatur schienen vergessen. Befürchtungen, es nahe ein neues autoritäres Kapitel in der brasilianischen Geschichte, fanden wenig Gehör. Das Militär mit seinen klassischen Werten von Ordnung und Prinzipien präsentierte sich als eine attraktive Alternative zur verlotterten Politelite, als eine Art moralische Reserve, die die Scherben in der Gesellschaft wieder zusammenkehren würde.

Bolsonaro, der sich in Interviews gern als *capitão* (Hauptmann) ansprechen ließ, benutzte bevorzugt den Plural »wir«, wenn er vom Militär sprach – ganz so, als sei er weiterhin ein Teil davon. Mit Hamilton Mourão hatte er zudem einen pensionierten General zu seinem Vizepräsidentschaftskandidaten gemacht. Die Botschaft war eindeutig, und sie kam bei den Wählern an.

Whatsapp und Co. entscheiden die Wahl

Eine ganz entscheidende Rolle im Wahlkampf spielten die sozialen Medien. Nie zuvor hatte sich ein Wahlkampf so sehr auf die virtuelle Ebene verlagert wie diesmal. Was Bolsonaro betrifft, blieb ihm im Grunde genommen auch gar keine andere Wahl, als auf die neuen Medien zu setzen. Im klassischen Medium Fernsehen kam er lange nur ganz am Rande vor, weil die Sendezeit, die den Kandidaten für ihre Werbespots zugestanden wird, sich an den Ergebnissen ihrer Parteien bei den vorangegangenen Wahlen bemisst. Bolsonaro standen pro Tag gerade einmal acht Sekunden Gratis-Sendezeit zu, während beispielsweise Geraldo Alckmin von der PSDB, der von einer breiten Koalition unterstützt wurde, gleich mehrere Minuten senden durfte.

Bolsonaro machte aus der Not eine Tugend und richtete seine gesamte Kommunikationsstrategie auf den Messenger-Dienst Whatsapp aus. Es ist sicher nicht vermessen zu behaupten, dass das Whatsapp-Netzwerk den Präsidentschaftswahlkampf 2018 in Brasilien entschieden hat. Auch die PT-Vorsitzende Gleisi Hoffmann räumte nach der Niederlage ihrer Partei kleinlaut ein, Whatsapp als Meinungsmacht weit unterschätzt zu haben.

Tatsächlich ist Whatsapp in Brasilien *das* Medium schlechthin. Der Messenger-Dienst wird von 90 Prozent der Brasilianer genutzt, auch weil anders als beispielsweise in Deutschland das Datenvolumen bei den Kosten keine Rolle spielt. Brasilianer telefonieren kaum, sie schicken einander Sprachnachrichten. Bestenfalls das Fernsehen erreicht so viele Menschen wie Whatsapp, aber nur in der Summe aller Kanäle. Sieht man sich die einzelnen Sender an, bietet kein einziger eine solche Marktabdeckung.[55]

Im Gefolge von *Lava Jato* waren für die Präsidentschaftswahlen neue Regeln erlassen worden. So durften die Parteien erstmals keine Spenden von Unternehmen für die Finanzierung ihrer Kampagnen mehr annehmen. Bolsonaro jedoch fand bereitwillige Unterstützer, die den Verboten trotzten oder sie zumindest umgingen. Luciano Hang von der Warenhauskette *Havan* spendete viel Geld für Whatsapp-Kampagnen, die sich gezielt gegen die Arbeiterpartei PT richteten und für Bolsonaro warben, und er war nicht der Einzige. Wurde Jair Bolsonaro daraufhin mit Vorwürfen der illegalen Wahlkampffinanzierung konfrontiert, konnte er leicht alles abstreiten. Er habe nun mal keine Kontrolle über seine Unterstützer, ließ er dann verlauten.

Nicht allein die enorme Reichweite machte Whatsapp für Bolsonaro so interessant und so nützlich. Es war auch die Art und die Auswahl von Informationen, die dort verbreitet wird. Persönliche Präferenzen der einzelnen Nutzer spielen eine viel größere Rolle als in den klassischen Medien. Man spricht in diesem Zusammenhang von einer »Filterblase«, die nur bestimmte Nachrichten hereinlässt und alles, was die eigene Position infrage stellen könnte, draußen lässt. In diesen Kommunikationsstrukturen verschwimmen die Grenzen von Wahrheit und *Fake News* nur allzu leicht.

Das Neue an *Fake News,* so erklärt es die Medienforscherin Amélie P. Heldt vom Hans-Bredow-Institut in Hamburg, ist »die massenhafte und zum Teil automatisierte Verbreitung von erfundenen Nachrichten oder von Tatsachen, die zumindest nicht vollkommen der Wahrheit entsprechen oder in irreführenden Kontexten dargestellt werden. Dabei wirkt der Netzwerkeffekt des Internets: Wenn Menschen Inhalte mit ihren jeweiligen Kontakten und womöglich plattformübergreifend teilen, geben sie ihnen ein hohes Verbreitungspotenzial. Hier wird also die Infrastruktur des Internets und der Informationsintermediäre genutzt, um möglichst schnell viral zu wirken. Desinformationskampagnen und Falschinformationen können anhand technischer Mittel vereinfacht oder weiter gestreut werden, aber dies ist keine sine qua non Voraussetzung für die Arbeit derjenigen, die versuchen, auf intransparente Art und Weise den politischen Diskurs zu beeinflussen.«[56]

Beispiele aus jüngster Zeit für *Fake News* sind leicht zu finden. Vor dem Brexit-Referendum 2016 zogen EU-Gegner mit einem roten Doppelstockbus durch das Vereinigte Königreich, auf dessen Seitenwand in großen Lettern stand: »Wir schicken 350 Millionen Pfund pro Woche zur EU. Lasst uns stattdessen den NHS (das staatliche Gesundheitssystem – d. Verf.) finanzieren – stimmt für den Austritt!« Dass die Zahlen nicht stimmten, wurde schon im Laufe des Wahlkampfs eindeutig nachgewiesen. Ihre Wirkung aber hatte die Botschaft trotzdem, eine Mehrheit der Briten stimmte am Ende für den EU-Austritt ihres Landes. Auch im US-Präsidentschaftswahlkampf im selben Jahr spielten *Fake News* eine wichtige Rolle. Besonders das republikanische Wahlkampfteam tat sich dabei hervor, um die demokratische Gegenkandidatin Hillary Clinton zu diskreditieren. Auch hier mit Erfolg, Donald Trump gewann die Wahl.

In Brasilien zeigten sich vor allem Menschen aus den unteren sozialen Schichten besonders empfänglich für das, was an Informationen – oder eben Falschinformationen – in Whatsapp-Gruppen verbreitet wurde. Sie erhielten das volle klassische Programm: gefälschte Fotos, Verschwörungstheorien, manipulierte Umfragen, Attacken auf traditionelle Medien wie etwa gefälschte Internetseiten, die bekannten Portalen zum Teil täuschend echt nachgebaut worden waren. Die Angriffe richteten sich gegen Vertreter der LGBT-Szene oder gegen Kulturschaffende, die sich politisch für die Gegenseite positionierten. Manche Botschaften waren ganz simple, unverhohlene Wahlempfehlungen – in der Regel anonym.

Auch Jair Bolsonaro selbst wurde gelegentlich Opfer von *Fake News*. So kursierten nach dem Attentat auf ihn Gerüchte, er sei gar nicht mit einem Messer angegriffen worden. In Wirklichkeit liege er in einem Krankenhaus, weil er an Krebs erkrankt sei. Die meisten Falschnachrichten aber richteten sich gegen die Linke im Lande.

Besonders tat sich dabei die 2014 von dem früheren Englischlehrer Allan dos Santos gegründete rechtskonservative Plattform *Terça Livre* hervor, die als Flaggschiff der mit Bolsonaro verbundenen alternativen Medien fungierte. Sie verbreitete im Wahlkampf, der PT-Präsidentschaftskandidat Fernando Haddad pflege Kontakte zu einer Gang in Bahia. Natürlich war das erstunken und erlogen, aber die Story erreichte eine breite Öffentlichkeit.

Die Stunde der alternativen Medien

Bolsonaro wusste die propagandistische Hilfe zu schätzen, die *Terça Livre* ihm bot. Er belohnte dos Santos mit exklusivem Material wie zum Beispiel einer Homestory aus seinem Wohnsitz in Barra da Tijuca in Rio de Janeiro. Bei Bolsonaros Amtseinführung am 1. Januar 2019 gehörte dos Santos zu einer Handvoll auserwählter Medienvertreter, die sich während der Feierlichkeiten völlig frei im Präsidentenpalast bewegen durften.

In anderen, über Whatsapp vieltausendfach verbreiteten Nachrichten hieß es über den PT-Kandidaten Haddad, er wolle die Straffreiheit für Kindesmissbrauch durchsetzen und verteidige den Inzest. Als Urheber der letztgenannten *Fake News* wird Olavo de Carvalho verdächtigt, einer der geistigen Väter der neuen Rechten in Brasilien zu sein. Er selbst bezeichnet sich als Philosoph, obwohl er nie ein solches Studium an einer Universität absolviert hat. Carvalho bildete sich autodidaktisch in komparativer Religionswissenschaft, Philosophie, Logik, Symbolik und Astrologie aus. Seit mehreren Jahrzehnten lebt er in den Südstaaten der USA.

Von dort aus verbreitet er seine kruden Thesen, etwa, dass Pepsi-Cola seinen Süßstoff aus abgetriebenen Föten herstellt, dass die Inquisition von den Protestanten erfunden wurde und dass der Klimawandel nicht etwa vom Menschen verursacht wurde, sondern in Wirklichkeit eine marxistische Verschwörungstheorie sei. Als Journalist und Essayist wirkt er in einer weitverzweigten Szene und verbreitet Homophobie, Rechtsradikalismus, christlichen Fundamentalismus und Diktaturverherrlichung. Halbwegs klardenkende Menschen würden Carvalho und seine Szene keines ernsthaften Gedankens würdigen, sollte man meinen.

Bei Jair Bolsonaro und dessen Familie genießt Carvalho indes höchstes Ansehen, er gilt sogar als eine Art ideologischer Guru des Präsidenten. Als einer der Ersten verpasste er Bolsonaro das Etikett eines Präsidentschaftskandidaten, der nicht einfach mit anderen Bewerbern im Wettstreit steht, sondern »gegen das System« antritt. Carvalho gehörte dann sogar zum engeren Zirkel der Regierungsdelegation, die Bolsonaro Anfang März 2019 zu seinem Antrittsbesuch bei US-Präsident Trump begleiten durfte. Mit am Tisch saß dort übrigens ein gewisser Stephen Bannon, früherer Chefstratege im Trump-Wahlkampf, Chef des rechtsextremen Internetportals *Breitbart* und so etwas wie der selbsternannte Anführer der globalen rechtsradikalen Bewegung *The Movement*. Bannon wiederum hat Bolsonaros Sohn Eduardo zum Anführer dieser Bewegung für Südamerika erklärt. So schließen sich die Kreise.

Jair Bolsonaros eigener Beitrag zu diesem Wahlkampf der neuen Art in Brasilien war seine einfache, verständliche und sehr unakademische Sprache. Die Politologen Moura und Cabellini sprechen von einer »Memefizierung der Politik«, die spanische Soziologin Esther Solano benutzt den Begriff *Direita Pop*, übersetzt »Rechter Pop«. Damit beschreibt sie einen, wie sie sagt, »perversen Effekt« der Sprache: Die Menschen seien nicht mehr in der Lage, Hassbotschaften als solche klar zu identifizieren. Stattdessen nähmen sie die antidemokratischen Botschaften auf, als wären sie etwas Cooles, Unterhaltendes.[57] Damit zielte Bolsonaros Wahlkampf dann durchaus auch auf die Mittel- und Oberschicht und verfestigte die dort ohnehin weit verbreitete Anti-PT-Haltung.

Moura und Corbellini[58] haben Wirkung und Funktion von Whatsapp analysiert und sehen in dem Netzwerk eine »mediale

B-Ebene«, auf die Außenstehende wenig Zugriff haben, während sie denen, die diese Gruppen lenken, ein hohes Mobilisierungspotenzial bietet. Whatsapp werde zu einem emotionalen Ort und »Kristallisationspunkt von Vorurteilen und Vorlieben. Ein Universum, in dem man schnell das Gefühl dafür verlieren kann, was wahr und was falsch ist und wo echte Argumente an Bedeutung verlieren.«

Das Problem verschärft sich noch, wenn automatische Programme in Anwendung gebracht werden. Ein sogenannter Crawler beschafft im Internet Telefonnummern, aus diesen werden Gruppen gebildet. Dass Whatsapp Gruppen mit mehr als 286 Personen nicht zulässt, ist dabei kein Problem – man kann ja einfach weitere Gruppen einrichten. Jede in einer Gruppe gepostete Nachricht erreicht 286 potenzielle Leser, und teilen sie eine Nachricht mit ihren eigenen Kontakten, vergrößert sich der Kreis der Empfänger praktisch von selbst.

Die passenden »Nachrichten« für diese Art von Kampagne sind schnell erstellt, und sie kosten kaum Geld. Für ein paar Hundert Euro lassen sich recht professionelle Youtube-Videos produzieren. Kostenlose Apps wie beispielsweise *Fake Reporter* verlangen nur ein paar Handgriffe und rudimentärste HTML-Kenntnisse, und schon ist eine echt erscheinende Nachrichtenseite fertig.

In einem Interview mit BBC Brasil schildert Claudio Martins von der Vereinigung brasilianischer Psychiater, was beim Teilen von Nachrichten – und eben auch von *Fake News* – im Gehirn eines Menschen abläuft.[59] Ein Glücksgefühl werde freigesetzt, ganz ähnlich dem, das Abhängige beim Drogenkonsum verspüren. Der Nachrichten-Teiler habe das Gefühl, Träger einer echten Neuigkeit zu sein. Das erwecke in ihm das Bedürfnis, der erste zu sein, der sie weiterverbreitet. Dieses Phänomen ist nicht wirklich neu. Früher nannte es sich einfach Tratsch und Klatsch.

Erschwerend kommt hinzu, dass das Themenfeld der Politik vielfach kein klares Wahr oder Falsch, Ja oder Nein kennt.

Wie bei der Religion oder beim Fußball ist vieles eine Frage des Glaubens. Und dieser Glaube kann eine gewisse Blindheit kreieren, der mit Sachargumenten kaum beizukommen ist.

Wird die eigene Religion oder der favorisierte Fußballclub angegriffen, aktiviert dies Verteidigungsreflexe. Diesen Mechanismus kennen und nutzen auch die Macher von politischen *Fake News*. Wenn Bolsonaros Team verbreitete, eine PT-geführte Regierung wolle Brasilien in einen sozialistischen Staat vom Schlage Venezuelas oder Kubas verwandeln, appellierte es an Emotionen und Ängste der Wähler. Im Kampf um die Meinungs- und Deutungshoheit in den sozialen Netzwerken war jedes Mittel recht.

Die Posts in den sozialen Netzwerken waren immerhin noch eher eindeutig und plakativ. Die brasilianische Rechte arbeitete und arbeitet aber auch mit sehr viel perfideren Mitteln. Die Produktionsfirma *Brasil Paralelo* hat einen Streamingdienst für vermeintliche Dokumentationen etabliert – eine Art Netflix-Kanal für eine alternative Wirklichkeitswahrnehmung, um es vorsichtig zu formulieren. Man könnte auch von einem verschwörungstheoretischen Propagandakanal erster Kategorie sprechen. Beiträge über das Werk Olavo de Carvalhos erzielen dort besonders gute Einschaltquoten. Gleiches gilt für einen als Dokumentation bezeichneten Film *1964*, der den damaligen Militärputsch in einen Akt der Befreiung umdeutet. *Fake News*, Geschichtsrevisionismus, Geschichtsklitterung: Der Kampf um die Meinungshoheit in Brasilien findet auf vielen Ebenen statt.

Auch wenn das Urteil vielleicht hart klingt: Vielen Brasilianern ist der kritische Umgang mit den auf sie einwirkenden Informationen fremd. Weite Teile der Bevölkerung muss man als digital unmündig bezeichnen. Diesen medialen Analphabetismus nutzte Bolsonaro geschickt aus. Früher als alle anderen erkannte er die Reichweite und die manipulativen Besonderheiten von Whatsapp. Auch in den anderen sozialen Netzwerken war er seinen Konkurrenten meilenweit voraus.

DER PRÄSIDENT JAIR BOLSONARO

Macht ist Familiensache

Am Neujahrstag 2019 trat Jair Bolsonaro sein Amt als Staatspräsident Brasiliens an. Seine Regierung hatte er praktisch im Alleingang gebildet. Auf seine Partei musste er wenig Rücksicht nehmen, einen großen und seit Jahren aufeinander abgestimmten Parteiapparat mit eigenen Ansprüchen gab es praktisch nicht. Und anders als in der brasilianischen Politik üblich war Bolsonaro auch nicht gewillt, die Besetzung der Ministerien mit seinen potenziellen Koalitionspartnern auszuhandeln oder irgendwelche Kompromisse einzugehen. Stattdessen diktierte er seine Mannschaft *top down* wie in einer militärischen Befehlskette und schuf so vollendete Tatsachen.

Einen bemerkenswerten Coup landete Bolsonaro mit der Ernennung von Bundesrichter Sérgio Moro zum Justizminister. Er beförderte Moro gleich noch zum Superminister, indem er ihm auch die Zuständigkeit für die Innere Sicherheit übertrug. Zu einem späteren Zeitpunkt erhielt Moro auch noch die Zuständigkeit für die Bundespolizei *Policia Federal*.

Ebenfalls für Aufsehen sorgte Bolsonaros zweiter Superminister, Paulo Guedes. Für den Ökonomen und Mitbegründer einer Investmentbank wurden die Ministerien Wirtschaft und Finanzen zusammengelegt, um ihm bei schwierigen anstehenden Reformen ein einfacheres ressortübergreifendes Regieren zu ermöglichen. Guedes hatte in den 1970er-Jahren in Chicago studiert und sich dort zum Anhänger des Neoliberalismus entwickelt. Anschließend war er beratend für Chiles Diktator

Augusto Pinochet tätig. Ebenso wie seinerzeit in Chile wollte Guedes nun auch in Brasilien die Märkte öffnen und deregulieren – eine Idee, die vor allem von den Unternehmern begrüßt wurde.

Bolsonaro verließ sich in Wirtschaftsfragen nahezu blind auf Guedes. Wann immer man ihn im Wahlkampf nach seinen Plänen, Projekten oder Programmen gefragt hatte, um die Wirtschaft wieder flott zu bekommen, hatte er aus seiner Ahnungslosigkeit keinen Hehl gemacht, sondern auf seinen künftigen Minister verwiesen. Ein politischer Quereinsteiger, ein Außenseiter wie er selbst, der dem Ruf seines Landes folge: So präsentierte er Guedes in der Öffentlichkeit. Seine eigene Rolle verstand er offenbar darin, die richtigen Menschen zusammenzuführen, mit denen nicht nur ein gradueller Wandel, sondern ein Bruch mit der Vergangenheit möglich sein würde – so wie es die Brasilianer sich wünschten.

Dieses Verständnis von Politik und ihren Mechanismen teilt Bolsonaro mit vielen Populisten in aller Welt. Zugrunde liegt ihm ein tiefes Misstrauen gegenüber anderen Politikern und selbst engen Verbündeten. Politische Fragen werden zuerst in einem ganz kleinen Kreis erörtert, hier werden die Strategien festgelegt. In Brasilien gibt es dabei eine Besonderheit: Der innerste Kreis der Macht ist Familiensache. Er besteht aus Jair Bolsonaro und seinen drei Söhnen Flávio, Carlos und Eduardo.

Eine vergleichbare Konstellation ist in den USA zu beobachten, wo Präsident Donald Trump seine Kinder mit wichtigen Beraterpositionen ausstattete. Anders als dessen Tochter Ivanka oder Schwiegersohn Jared Kushner wurden die Bolsonaro-Söhne allerdings bei den Wahlen im Oktober 2018 selbst in politische Ämter gewählt. Der Familienclan ist die Regierung innerhalb der Regierung. Brasilien ist, um es mit den Worten der von Bolsonaro erst geförderten und dann abservierten PSL-Politikerin Joice Hasselmann zu sagen, eine *Filhocracia*, eine Herrschaft der Söhne.

Titelseite des Magazins Carta Capital *vom 27. Februar 2019.*

Flávio, Carlos und Eduardo haben für Bolsonaro eine klare strategische Funktion. Zunächst ist es ihre Aufgabe, die Spannung im Lande hochzuhalten, also den im Wahlkampf aufgebauten Konflikt zwischen Links und Rechts am Schwelen zu halten. Sie sollen die Kritiker ihres Vaters attackieren und schwächen. Das Politmagazin *Carta Capital* wählte für die Titelseite seiner Ausgabe vom 27. Februar 2019 ein sehr treffendes Bild. Es zeigte den dreiköpfigen Höllenhund Zerberus mit den Köpfen der Söhne Carlos, Flávio und Eduardo. Der Titel: »Ein Pitbull mit drei Köpfen«.

Der ständige Vertreter: Flávio Bolsonaro

Schauen wir uns die Söhne einmal genauer an. Flávio (geboren 1981), der Erstgeborene, wird vom Vater auch »01« *(zero um)* genannt. Er ist seit Beginn der Legislaturperiode Senator in Brasília und hat damit von den drei Brüdern das höchste politische Amt inne. Im Oberhaus des Parlamentes ist der gelernte Rechtsanwalt die »ständige Vertretung« des Präsidenten, er führt für den Vater die Gespräche mit den wichtigen *Bancadas* – den Evangelikalen, der Großgrundbesitzer- und der Waffenlobby –, er beschafft Mehrheiten.

Sein Mandat gewann Flávio Bolsonaro im Bundesstaat Rio de Janeiro mit mehr als 4,3 Millionen Stimmen. Zuvor war er in Rio 15 Jahre lang, von 2003 bis 2018, Abgeordneter der gesetzgebenden Versammlung des Bundesstaates. Er ist also schon sehr lange im politischen Geschäft. Diese Vergangenheit scheint ihn inzwischen jedoch einzuholen. Der Antikorruptionsbehörde (COAF) fielen dubiose Zahlungen an einen früheren Fahrer auf. Sie nährten den Verdacht, Bolsonaro junior stehe kriminellen Milizen nahe, die in weiten Teilen des Stadtgebiets von Rio de Janeiro Schutzgelder erpressen, Schwarzhandel betreiben und auch vor Morden nicht zurückschrecken.

Und das ist nicht die einzige Affäre, in die Flávio Bolsonaro verwickelt ist. So gibt es Vorwürfe, die PSL habe auch in seinem Verantwortungsbereich in Rio de Janeiro Strohmänner als Kandidaten aufgestellt, um öffentliche Wahlbeihilfen zu kassieren. Die Affäre erlangte ein solches Ausmaß, dass selbst Justizminister Sérgio Moro höchstpersönlich forderte, die Vorwürfe umgehend aufzuklären. Flávio Bolsonaro wiederum hat einen Gesetzentwurf vorbereitet, der es Strafermittlern künftig verbieten soll, Ermittlungsdaten der COAF zu verwenden.

Im Dezember 2019 wurden nun Vorwürfe publik, dass Flávio Bolsonaro in einem Schokoladenladen in Rios Stadtteil Barra da Tijuca Geldbeträge in Millionenhöhe gewaschen haben soll. Die Negativschlagzeilen um Sohn »01« häufen sich.

Der Mann fürs Grobe: Carlos Bolsonaro

Der Mann fürs Grobe im Hause Bolsonaro ist jedoch nicht Flávio, sondern der Zweitgeborene: Carlos, geboren 1982, »02« *(zero dois)* genannt und von seinem Vater auch gern als sein persönlicher Pitbull bezeichnet. Er ist der erste Personenschützer des Vaters und lässt niemanden in den familiären Nukleus eindringen. Das zeigte sich schon am Tag des Amtsantritts von Jair Bolsonaro: Als der neue Präsident am 1. Januar 2019 mit der First Lady in einem Rolls Royce durch Brasília fuhr, das Auto umringt von joggenden Personenschützern, saß Carlos Bolsonaro auf dem Rücksitz des Präsidenten-Cabrios.

Obwohl er eigentlich gewählter Stadtrat von Rio de Janeiro ist, fungiert Carlos Bolsonaro als inoffizielles Sprachrohr des Präsidenten. Er ist der Social-Media-Stratege der Familie. Carlos ist eine der Schlüsselfiguren der sogenannten *milícia digital* und des *gabinete de ódio,* der digitalen Miliz und des Kabinetts des Hasses, die Jair Bolsonaro im Internet den Rücken freihalten. Er hält den Kontakt zu den alternativen Medien und Medienschaffenden wie zum Beispiel zu Allan dos Santos und dessen Plattform *Terça Livre,* er sorgt in den sozialen Netzwerken für ein Netz von Verbündeten und bedient die ebenso treuen wie fanatischen Fans des Präsidenten.

Im Internet agiert Carlos Bolsonaro oft laut und aggressiv. Nicht selten legt er sich auch mit hochrangigen Amtsträgern in der Regierung an, sobald er den Eindruck hat, sie wollten am Image seines Vaters kratzen. Eher zahm und wortkarg gibt er sich hingegen in der klassischen Politikwelt. Ähnlich wie seinerzeit sein Vater beteiligt er sich an seinem eigentlichen Arbeitsplatz in der gesetzgebenden Versammlung von Rio de Janeiro nur wenig an den Debatten und Diskussionen. Das brachte ihm unter den Abgeordnetenkollegen einen wenig schmeichelhaften Spitznamen ein. Sie nennen ihn »Hello Kitty« – wie die vor allem bei kleinen Mädchen beliebte Comicfigur, die keinen Mund hat und nie etwas sagt.

Carlos war der erste Bolsonaro-Sohn, der seinem Vater in die Politik folgte. Dabei lernte er schon früh, Emotionen beiseite zu lassen. Für sein erstes Abgeordnetenmandat kandidierte er im Jahr 2000 gegen seine eigene Mutter, Rogéria. Sie war zum

Beginn von Jair Bolsonaros Karriere ihrem Mann in die Politik gefolgt und hatte ebenfalls ein Mandat als Stadträtin gewonnen. Doch die Ehe ging auseinander. Anscheinend benutzte Jair Bolsonaro daraufhin die Kandidatur von Sohn Carlos dazu, seine Ex-Partnerin auszubooten, und der Plan ging auf. Das familiäre Verhältnis blieb dadurch jedoch auf Jahre sehr belastet.

Der inoffizielle Außenminister: Eduardo Bolsonaro

Sohn Nummer drei ist Eduardo Bolsonaro, geboren 1984. Er zog 2015 zum ersten Mal in die Abgeordnetenkammer in Brasília ein. Bei der Parlamentswahl 2018 wurde er in seinem Wahlkreis in São Paulo mit 1,8 Millionen Stimmen wiedergewählt – so viele Stimmen hatte vor ihm noch kein brasilianischer Abgeordneter je erhalten. Die PSL-Fraktion machte ihn zu ihrem Vorsitzenden, obendrein übernahm er im Unterhaus des Parlamentes den Vorsitz in den Ausschüssen für äußere Angelegenheiten und für nationale Sicherheit. Für den Vater nimmt Eduardo Bolsonaro vor allem Aufgaben auf dem internationalen Parkett wahr.

Unternimmt der Präsident wichtige Auslandsreisen – etwa in die USA, nach Israel oder zum Wirtschaftsforum in Davos –, reist Eduardo stets im Tross des Vaters mit und ist bei allen Gesprächen mit im Raum. Als Jair Bolsonaro und Donald Trump sich bei ihrem ersten Treffen zum klassischen Shakehands-Bild entgegenbeugten, saß Eduardo neben seinem Vater, was Trump dazu verleitete zu fragen, wer denn der junge Mann dort sei.

Nach den Vorstellungen von Jair Bolsonaro hätte Eduardo eigentlich brasilianischer Botschafter in Washington werden sollen. Daraus wurde jedoch nichts: Der Senat, der der Ernennung hätte zustimmen müssen, lehnte ab und verwies auf die mangelnde fachliche Qualifikation des Präsidentensohnes für das Amt. Eduardo musste daheim in Brasilien bleiben. Auch von dort aus steht er jedoch in enger Verbindung mit der vor allem in den USA aktiven Alternativen Rechten *(Alt-Right)* um Stephen Bannon, den Gründer der Nachrichtenplattform *Breitbart* und früheren Wahlkampfberater von Donald Trump. Eduardo Bolsonaro trifft sich regelmäßig mit Bannon und gilt inzwischen als der führende Kopf von dessen neuer rechten Bewegung *The Movement* in Südamerika.

Eduardo ist in Brasilien auch immer dann gefragt, wenn es seinem Vater darum geht, bestimmte Themen stimmungsmäßig auszuloten, Grenzen des Sagbaren zu überschreiten und Tabus zu brechen. Wenige Tage vor der ersten Wahlrunde, am 21. Oktober 2018, zitierten ihn brasilianische Medien mit dem Satz, dass es ein Leichtes wäre, das Oberste Bundesgericht zu besetzen und zu schließen. Es brauche dazu lediglich einen Hauptmann und einen Gefreiten. Zufällig war dieser Flirt mit der Diktatur mit Sicherheit nicht. Eher ging es wohl darum, einmal in die Bevölkerung hineinzuhorchen, wie groß die Bereitschaft sein könnte, gegebenenfalls Grundstrukturen der Demokratie gegen autoritärere Strukturen einzutauschen.

Der Nachzügler: Jair Renan Bolsonaro

Flávio, Carlos und Eduardo sind nicht Jair Bolsonaros einzige Kinder. Komplettiert wird der Familienclan durch den deutlich jüngeren Jair Renan, geboren 1998, der Bolsonaros Ehe Nummer zwei mit Ana Cristina Siqueira Valle entstammt, sowie die Tochter Laura, geboren 2010, deren Mutter Jair Bolsonaros aktuelle Ehefrau ist, Michelle Bolsonaro. Über seine Tochter sagte Bolsonaro einst: »Ich habe fünf Kinder. Es waren vier Männer, aber beim fünften hatte ich eine kleine Schwäche, und es kam eine Tochter.« Ein Satz, der heftige Reaktionen auslöste,[60] denn nicht jeder mochte glauben, dass Bolsonaro wirklich nur einen Scherz machen wollte.

Laura ist inzwischen immerhin groß genug, um ihren Vater auf Auslandsreisen zu begleiten. Jair Renan dagegen tritt mittlerweile selbst öffentlich auf. In einem im Mai 2020 in sozialen Netzwerken publizierten Video nannte er ebenso wie sein Vater die Corona-Pandemie ein »Grippchen« und rief seine Follower auf, die Empfehlung der Gouverneure, die Bürger sollten daheim bleiben, einfach zu ignorieren.[61] In einem anderen Beitrag machte er sich über Homosexuelle und Menschen mit Behinderungen lustig. Sohn »04« scheint drauf und dran zu sein, in die Fußstapfen seiner großen Brüder zu treten.

Autoritäre Träume

Die Sehnsucht Jair Bolsonaros nach einem gänzlich anderen politischen System wird auch von seinen Söhnen geteilt. Demokratische Institutionen wie der Kongress oder der Oberste Gerichtshof sind ihnen lästig, also gilt es, sie schon einmal verbal sturmreif zu schießen. »Auf demokratischem Wege«, erklärte im September 2019 Carlos Bolsonaro in einer Twitter-Nachricht,[62] »werden die Veränderungen, die Brasilien will, nicht in dem Tempo geschehen, das wir wollen.« Mit anderen Worten: Ohne Demokratie könnte Brasilien viel schneller so umgebaut werden, wie es der Präsident für richtig halte.

Eduardo Bolsonaro unternahm Ende Oktober in einem Youtube-Interview einen weiteren Vorstoß in Richtung autokratischer Strukturen. Angesichts von massiven Protesten gegen die konservative Regierung in Chile erklärte er, sollte sich die Linke in Brasilien ähnlich radikalisieren, könnte ein *AI-5* eine Möglichkeit sein. Der Aufschrei war enorm, denn die Abkürzung steht für *Ato Institucional Numero Cinco*. Eines der insge-

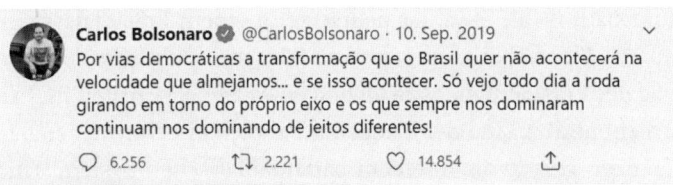

Carlos Bolsonaro ✔ @CarlosBolsonaro · 10. Sep. 2019

Por vias democráticas a transformação que o Brasil quer não acontecerá na velocidade que almejamos... e se isso acontecer. Só vejo todo dia a roda girando em torno do próprio eixo e os que sempre nos dominaram continuam nos dominando de jeitos diferentes!

💬 6.256   🔁 2.221   ♡ 14.854   ⬆️

Carlos Bolsonaro beklagt in diesem Tweet die Demokratie als lästig und zeitraubend und dass die Veränderungen, die Brasilien wolle, auf demokratischem Wege länger brauchen, als er wolle.

samt 17 Institutionellen Dekrete, mit denen die Militärdiktatur (1964–1985) unter Umgehung der Verfassung grundlegende Gesetze erließ, ohne dass eine juristische Überprüfung stattfinden durfte.

Der *AI-5* war erlassen worden, nachdem ein Parlamentsabgeordneter im September 1968 die Bevölkerung dazu aufgerufen hatte, als Zeichen des Protestes gegen das Regime nicht an den Feiern zum Unabhängigkeitstag teilzunehmen. Die erzürnten Militärs griffen mit aller Härte durch: Alle nicht-militärischen Abgeordneten verloren ihr Mandat. Die Regierung erhielt das Recht, die Presse zu zensieren. Die Armee wurde ermächtigt, jederzeit und überall »Interventionen« durchzuführen, sofern sie der »nationalen Sicherheit« dienlich waren, also praktisch immer. Zudem ermächtigte das Dekret die Militärs dazu, alle verfassungsmäßigen Garantien auszusetzen, womit die weitverbreitete Praxis der Folter offiziell legitimiert wurde. All das verbindet sich in Brasilien mit der Abkürzung *AI-5*. Und in diese Traditionslinie stellte sich Eduardo Bolsonaro.

Die Partei wird lästig

Sieht man sich an, welche enorme Rolle die Bolsonaro-Söhne in der politischen Praxis ihres Vaters spielen, fällt umso mehr ins Auge, dass ein anderer Akteur nur ganz am Rande in Erscheinung tritt: die Partei des Präsidenten nämlich, mit deren Mandat er immerhin zur Wahl angetreten war. Sicherlich lässt sich anmerken, dass das politische System Brasiliens ganz anders aufgebaut ist als etwa das deutsche. In einem Präsidialsystem, wo das Staatsoberhaupt von den Bürgern direkt gewählt wird und der Präsident nicht zwingend eine eigene Mehrheit im Parlament besitzt, sind der Macht der Parteien ohnehin viel engere Grenzen gesetzt als in einem parlamentarischen System. Und trotzdem: Die Art und Weise, wie sich Jair Bolsonaro über seine eigene Partei hinwegsetzte, ist zumindest in Brasilien praktisch beispiellos.

Um zur Wahl antreten zu können, hatte sich Bolsonaro, wie bereits erwähnt, zunächst um die Partei *Patriota* bemüht – und sich dort einen Korb geholt. Die Führung befürchtete, der Bolsonaro-Clan könnte sich die Partei einfach einverleiben. Ersatzweise wandte er sich daraufhin an die PSL, eine ebenso kleine und auf dem großen politischen Parkett ebenso unerfahrene Partei. Die Absicht war klar: Bolsonaro suchte eine Partei, die er ganz auf seine Person zuschneiden konnte. Statt parteiinternen Diskursen schwebte ihm eine Befehlskette wie beim Militär vor. Sollte es ihm gelingen, die Söhne Flávio, Carlos und Eduardo auf entscheidende Machtpositionen zu hieven, konnte er eine solche Partei nach Gutdünken führen und kontrollieren, ohne auf Widerstand Rücksicht nehmen zu müssen.

Genau dieses Schicksal traf nun die PSL. Zwar wurde sie bei der Wahl mit einer großen Zahl von Abgeordnetenmandaten belohnt. Doch zugleich stürzte sie in existenzbedrohende interne Konflikte.

Als Erster musste Gustavo Bebianno dran glauben. Der Anwalt und enge Vertraute von Jair Bolsonaro war gleichzeitig mit ihm im März 2018 in die PSL eingetreten, stieg schnell zum stellvertretenden Parteivorsitzenden auf und wurde Staatssekretär in der neuen Regierung. Nach nur wenigen Wochen jedoch warf ihn Bolsonaro aus dem Amt.

Anlass dafür war die bereits erwähnte Affäre um die PSL-Scheinkandidaturen in Rio de Janeiro. Bebianno hatte sich mit Carlos Bolsonaro angelegt und die Verantwortung für die Unregelmäßigkeiten von sich selbst auf den Präsidentensohn geschoben. Das ließ der nicht auf sich sitzen und nannte Bebianno per Twitter öffentlich einen Lügner. Der Staatssekretär wurde gefeuert. Obwohl man in Brasília keinesfalls zimperlich ist im politischen Umgang, sorgte die Sache für Ärger und Kritik. Bolsonaro solle seine Söhne zurückpfeifen, forderten einige Parlamentarier.

Für Jair Bolsonaro, der mit dem Versprechen angetreten

war, mit der Korruption in der Politik aufzuräumen, kam der Konflikt zur Unzeit. Er hatte noch gar nicht richtig begonnen zu regieren – von Weihnachten bis zum Ende des Karnevals Mitte Februar sind in Brasilien Sommerferien, und das öffentliche Leben ruht weitgehend –, da hatte seine Partei bereits den ersten Skandal zu verkraften. Denn Bebianno nahm seine Niederlage nicht einfach klaglos hin, sondern er trat verbal nach. »Bolsonaro sollte eine Partei nur mit seinen Söhnen gründen. Er respektiert nichts und niemanden. Die Familie Bolsonaro sorgt sich ausschließlich um die Familie Bolsonaro und nicht um Brasilien«, erklärte er.[63]

Mit einigen Monaten Abstand meldete sich Bebianno noch einmal zu Wort. In der in London erscheinenden Zeitung *The Guardian* zog er im Januar 2020[64] ein niederschmetterndes Fazit des ersten Jahres der Amtszeit Bolsonaros.

»Die Art, wie sich der Präsident verhält, ist desaströs. Gemessen an den positiven Erwartungen, die ich vor den Wahlen hatte, war es für mich darum ein enttäuschendes Jahr«, schrieb Bebianno. »Es gibt zwei unterschiedliche Personen: Der Hauptmann Jair Bolsonaro ist jemand, den ich sehr respektierte und den ich schmerzlich vermisse [...]

Aber der Präsident Bolsonaro ist eine Enttäuschung, der sein Land betrügt und vieles von dem, was er im Wahlkampf versprochen hat. [...] Er hat damit begonnen, sich als eine Art mythologische, von Gott gesegnete Größe zu sehen. Er ist sehr arrogant geworden und hört auf niemanden mehr. Sie können mit ihm in 99 Dingen einer Meinung sein, aber wenn sie in einem Punkt anderer Meinung sind, darüber diskutieren und eine andere Sichtweise anbieten, dann werden sie als Verräter angesehen.« Bolsonaros Regierung sei zu einer »Sekte von Fanatikern« verkommen. Der Präsident sei »umgeben von Radikalen, und er hat vor allem und vor jedem Angst. Er hat ständig Angst, betrogen zu werden. Darum ist er so aggressiv. Er hat Angst vor Journalisten, und er hat Angst vor Politikern.«

Wenige Wochen später war Bebianno tot. In der Nacht zum 14. März 2020 erlag er einem Herzanfall. Am selben Tag veröffentlichte die *Folha de São Paulo* letzte Äußerungen des einstigen Bolsonaro-Vertrauten, die sich wie ein politisches Testament lesen: »Alle, die zu arbeiten versuchen, enden mit einem Schuss in den Rücken. Brasilien muss erst noch erkennen, wer Bolsonaro und seine kleinen Jungs sind.«

Bebianno war nicht der Einzige in der PSL, der des autokratischen Führungsstils der Bolsonaros überdrüssig geworden war. Die Taktik des Präsidenten, jeden Widerspruch in den eigenen Reihen durch die Söhne abblocken und wegbügeln zu lassen, ging immer weniger auf. Parteigründer Luciano Bivar stellte sich den Machtbestrebungen des Präsidentenclans in den Weg und legte sich vor allem mit Flávio Bolsonaro an. Der versuchte daraufhin, Bivar zu entmachten, doch vergeblich. Der Bruch wurde unvermeidlich.

Doch was für ein Bruch war das: Eduardo Bolsonaro verblieb in der Partei und verschanzte sich in seiner Position als Fraktionsvorsitzender. Die PSL wollte ihn loswerden, versuchte ihn rauszuwerfen, doch er klagte sich zurück. Lediglich Jair und Flávio Bolsonaro traten aus und gründeten eine eigene Partei, in der sie fortan auf keine fremden Befindlichkeiten mehr Rücksicht nehmen mussten.

Aliança pelo Brasil, »Allianz für Brasilien«, nennt sich diese neue Partei des Präsidenten. Das sieben Seiten dünne Parteiprogramm[65] liest sich wie ein Positionspapier radikalreligiöser Antiglobalisierer. Ein Absatz fordert »Respekt gegenüber Gott und der Religion« (der christlichen natürlich), ein anderer wettert gegen Abtreibung und die sogenannte Genderideologie. Die Partei bekennt sich zum freien Markt und bekundet ihr Interesse an verstärktem Austausch mit den USA, Großbritannien, Italien, Polen, Ungarn und Israel – durchweg Ländern, in denen (rechts)konservative Populisten den Ton angeben.

Man könnte das Programm auch zusammenfassen als

Kampfschrift gegen alle Andersdenkenden, deren Weltbild sich nicht mit dem konservativen Weltbild Bolsonaros deckt. Parteilinie ist, was der Präsident selbst beziehungsweise seine Söhne vorgeben. Allerdings lässt der große Run von Unterstützern und Fans, die um Aufnahme in die Partei bitten, auf sich warten. Von den 53 Kongressabgeordneten der PSL folgten nur zwölf Bolsonaro in die neue Partei. Und an den Wahlen des Jahres 2020 wird die *Aliança* gar nicht erst teilnehmen dürfen. 492 000 Unterschriften von Unterstützern hätte sie beim oberstem Wahlgerichtshof STE bis Ende Februar nachweisen müssen, um zugelassen zu werden. Zu diesem Zeitpunkt konnte sie aber gerade einmal gut 66 000 Unterschriften vorzeigen.[66]

Die Säulen der Regierung: Militärs, Evangelikale, Lobbyisten

Auf politik- und verwaltungserfahrene Parteikader konnte oder wollte Bolsonaro sich beim Regieren also nicht stützen. Ersatz fand er bei seinen alten Freunden in den Streitkräften. Noch nie zuvor, nicht einmal in Diktaturzeiten, haben in Brasilien so viele Militärs Ministerposten besetzt wie heute – und wie man es auch dreht, diesmal demokratisch legitimiert. Die meisten von ihnen sind nicht mehr im aktiven Dienst, also Ex-Generale, 65 Jahre und älter. Die »guten alten Zeiten«, von denen Bolsonaro so schwärmt, kennen sie also noch aus eigener Erfahrung.

Gleich sieben ehemalige Militärs gehörten zu Bolsonaros Startaufstellung. Da ist zunächst sein Vizepräsident, Ex-General Hamilton Mourão. Seine Militärkarriere begann, wie die von Bolsonaro, in der Militärakademie AMAN. Während seiner aktiven Zeit war Mourão Militärattaché in Venezuela, mehrere Jahre lang war er im Amazonasgebiet stationiert. Er kennt sich damit in zwei Themenbereichen bestens aus, die für Bolsonaro und Brasilien von zentraler politischer Bedeutung sind: Amazonien und die Zustände im Nachbarland Venezuela, das für Bolsonaro eine Art Klassenfeind darstellt. Erwähnung verdient, dass Mourão über indigene Wurzeln verfügt – ein absolutes Novum in einer brasilianischen Regierung.

Mourão hatte vor der Wahl angekündigt, dass er als Vizepräsident keine dekorative Rolle spielen wolle. Er forderte für sich einen ebenbürtigen Platz neben dem Präsidenten und kündigte an, mit diesem als Einheit auftreten zu wollen. Das gelang in der Folgezeit aber nur bedingt. Mourão erweckte eher den Eindruck, der etwas besonnene Teil des Führungsduos zu sein. Mehrfach übernahm er es, die verbalen Ausreißer und Aussetzer seines Präsidenten einzufangen und zu relativieren.

Das sollte aber nicht darüber hinwegtäuschen, dass er und Bolsonaro ideologisch weitgehend im Gleichschritt marschieren. Wie Bolsonaro hat auch er eine positive Meinung über die brasilianische Militärdiktatur. Wie sein Chef verehrt auch Mourão den einstigen Geheimdienstchef Carlos Alberto Brilhante Ustra, der Gefangene systematisch foltern ließ. Oberst Ustra, so Mourão, sei für ihn ein »Held«.[67]

Im Bolsonaros Wahlkampf war zunächst ein anderer Ex-General als möglicher Vizepräsidentschaftskandidat gehandelt worden: Augusto Heleno, der als aktiver Militär zuletzt das *Comando Militar da Amazonia* (CMA) in Manaus befehligte, einen der großen Truppenverbände, die strategisch über das ganze Land verteilt stationiert sind. Am Ende wurde er Minister für Nationale Sicherheit. Heleno gilt als einer der einflussreichsten Strategen im Kabinett.

Bei Heleno sind mehr Kompetenzen gebündelt als selbst bei Vizepräsident Mourão. Sein Ministerium fungiert quasi als strategische Leitungs- und Koordinationseinheit. Heleno ist auch praktisch alles unterstellt, was er (beziehungsweise das Militär) benötigt, um ohne lästiges Kompetenzgerangel die Amazonasregion schnell und nachhaltig erschließen, sichern und ausbeuten zu können. Ein alter Traum der Streitkräfte ist damit in Erfüllung gegangen.

Wenig überraschend ist, dass Bolsonaro auch das Verteidigungsressort an einen früheren General vergeben hat: Fernando Azevedo e Silva. Aber auch zwei weitere Ressorts, die für die strategische Erschließung und Sicherung des Landes von zentraler Bedeutung sind, wurden ehemaligen Militärs unterstellt: Infrastrukturminister wurde Tarcísio Gomes de Freitas, das Ministerium für Bergbau und Energie ging an Bento Albuquerque. Das Regierungssekretariat, also die zentrale ministerielle Schnittstelle, wurde mit der Doppelspitze Carlos Alberto dos Santos Cruz und Luiz Eduardo Ramos Baptista versehen, auch sie sind Offiziere. Mitte Februar 2020 wurde auch noch Walter Souza Braga Netto von Bolsonaro als neuer Stabschef im Präsidialamt eingesetzt – Militär Nummer acht in der Regierung. Damit ist der strategisch wichtige Führungskreis des Kabinetts nahezu komplett von Militärs besetzt.

Interessenverbände werden gut versorgt

Eine weitere gesellschaftliche Gruppierung, auf die sich Bolsonaro stützt, sind die Evangelikalen. Im Wahlkampf hatte er – wie bereits besprochen – von ihnen viel Unterstützung erfahren. Nach seinem Triumph beanspruchten sie folgerichtig einen beträchtlichen Teil vom Machtkuchen. Und Bolsonaro gewährte ihnen ihre Belohnung.

Die Pastorin Damares Alves wurde Ministerin für Familien und Menschenrechte – ein Kernressort aus evangelikaler Sicht. Hier fallen Entscheidungen, die unmittelbar die Familien betreffen, aber auch Themen wie gleichgeschlechtliche Beziehungen und LGBT sind dort angesiedelt. Präsidialamtsleiter wurde (bis zu seiner Ablösung durch den Ex-General Braga) der Lutheraner Onyx Lorenzoni. Tourismusminister Marcelo Álvaro Antônio gehört der *Igreja Maranata* an, Generalstaatsanwalt André Luiz Mendonça ist Presbyterianer, Luiz Eduardo

Ramos, Chef der Regierungsverwaltung, ist Baptist. Bolsonaro platzierte nicht nur fünf Evangelikale in der vordersten Verwaltungsriege – er schaffte es sogar, die größten Unterströmungen abzudecken. Auch die *Bancada* profitierte. Bolsonaro hat dem überparteilichen Zusammenschluss der evangelikalen Abgeordneten eine Art Fraktionsstatus in Aussicht gestellt. Damit könnte die *Bancada* dann ganz direkt und ohne Umwege eigene Gesetzesvorschläge einbringen.

Auch für die Agrarlobby im Parlament fand Bolsonaro eine zufriedenstellende Personalie. Sein Vorgänger, Interimspräsident Michel Temer, hatte das Landwirtschaftsressort mit Blairo Maggi besetzt, einem der weltweit größten Sojaproduzenten. Bolsonaro wählte für dieses Amt nun Tereza Cristina Corrêa da Costa Dias aus, um die Großgrundbesitzer bei Laune zu halten. Als Anführerin der einflussreichen *Bancada Ruralista* hatte sie sich bereits zuvor im Kongress für Gesetze eingesetzt, die »kontrollierte Abholzungen« im amazonischen Regenwald erlaubten. Durch ihre Unterstützung des Einsatzes von Pestiziden in der Landwirtschaft, die sie gern mit Medikamenten in der Humanmedizin vergleicht, hat sich Tereza Cristina in Brasília den Spitznamen »Muse des Gifts« erworben. Seit sie dem Agrarressort vorsteht, hat die Regierung bereits mehr als 50 zusätzliche Pestizide für den Ackerbau zugelassen. In der brasilianischen Landwirtschaft werden heute mehr Pestizide verwendet als sonst irgendwo auf dem Globus, darunter auch Substanzen, die in der EU nicht oder nicht mehr zugelassen sind. All das ist ganz im Sinne Bolsonaros, der den Umweltschutz für eine lästige Ideologie hält.

Zu Beginn hatte Bolsonaro sogar noch überlegt, das Landwirtschaftsministerium als übergeordnete Behörde mit dem Umweltministerium zu verschmelzen. Angekündigt wurde dies als ein Schritt zur Kabinettsverkleinerung, als ein Beitrag zur Kostenersparnis und für mehr Effizienz im aufgeblähten Verwaltungskörper. Doch weltweit hagelte es Proteste, und dieses eine Mal wich Bolsonaro zurück. Der Regenwald am Amazonas wurde nicht der Landwirtschaft untergeordnet. Zumindest äußerlich behielt das Umweltministerium seine Autonomie. Ressortchef wurde der Anwalt Ricardo Salles, einer der Gründer der ultrarechten Bewegung *Endireita Brasil*. Salles war nur kurze Zeit zuvor in erster Instanz verurteilt worden wegen Amtsmissbrauchs in seiner damaligen Funktion als Umweltsekretär von São Paulo. Dass sich Bolsonaro trotzdem gerade für ihn entschied, spricht Bände.

Brasilien über alles

Beim Blick auf diese zivilen Minister stellt sich durchaus die Frage, ob die Generäle im Kabinett Bolsonaro nicht sogar den »harmloseren«, den gemäßigten Teil der Regierung stellen. Dabei ist einer der Scharfmacher noch gar nicht erwähnt worden: Außenminister Ernesto Araújo. Der Karrierediplomat übernahm sein Amt mit der Maßgabe, er wolle Brasilien und die Welt von der »Ideologie des Globalismus« befreien. Araújo ist nicht nur ein Fan Donald Trumps, sondern auch ein vehementer Gegner des Klimaschutzes, den er für eine »marxistische Ideologie« hält. Damit befindet er sich ganz auf der Linie Bolsonaros.

Nimmt man den Übergangspräsidenten Temer einmal aus, dann waren die letzten Präsidenten vor Bolsonaro allesamt in mehr oder minder starkem Maße Verfechter des Multilateralismus in der internationalen Politik. Nicht so der aktuelle Staatschef. Statt Brasilien als integralen Teil funktionierender Staatenbünde zu verstehen und so den Einfluss und die Reputation des Landes auszubauen, verfolgt Bolsonaro eine Strategie nationaler Isolation. Im Wahlkampf hatte er selbst einen möglichen Austritt aus der UNO nicht rundheraus ausgeschlossen.[68]

Brasil acima de tudo, »Brasilien über alles« – das Wahlkampfmotto kündete auch außenpolitisch von einer neuen Marschrichtung. Internationale Verpflichtungen sieht Bolsonaro als politischen Ballast an. Bemühungen für den Klimaschutz versteht er als Hemmnis für Wachstum und wirtschaftliche Entwicklung. Ebenso wie Donald Trump in den USA verkündete er, sich nicht länger an die Vorgaben des Pariser Klimaabkommens gebunden zu fühlen. Doch während sich die USA tatsächlich offiziell aus dem Kreis der Vertragsstaaten verabschiedeten, vollzog Brasilien diesen Schritt – bisher jedenfalls – nicht. Die Regierung zog es vor, das Abkommen zu ignorieren.

Wenig Begeisterung bringt Bolsonaro auch für den 1991 gegründeten südamerikanischen Staatenbund Mercosul auf. Dessen Nutzwert für Brasilien als weitaus größten und wirtschaftlich stärksten Partner erscheint ihm als begrenzt. Hinzu kommen große ideologische Unterschiede zwischen den jeweiligen Regierungen, die ein vertrauensvolles Miteinander erschweren.

Beim Nachbarn Argentinien immerhin, dem zweiten großen Partner im Mercosul, fand Bolsonaro bei seinem Amtsantritt mit Marcelo Macri einen Präsidenten vor, der in der Ökonomie ähnliche Ansätze verfolgte wie sein eigener Wirtschaftsminister Paulo Guedes. Vier Jahre lang hatte Macri versucht, durch Marktliberalisierung die Geschicke seines Landes zum Besseren zu wenden. Er strich Subventionen, versuchte Reformen durchzusetzen und besorgte sich beim Internationalen Währungsfonds den größten Kredit, den dieser je gewährt hatte: 57 Milliarden Dollar. Alles vergebens. Dafür trieb Macri mit seiner Politik die ohnehin schon hohe Verschuldung noch weiter nach oben. Als er Ende 2019 abgewählt wurde, übergab er seinem Nachfolger Alberto Ángel Fernández ein Land, das – wie zuletzt erst beim Staatsbankrott 2001 – kurz vor dem Kollaps und einer Hyperinflation stand.

Die Probleme der nach Brasilien zweitgrößten Volkswirtschaft Südamerikas strahlen auf die Nachbarländer aus. Doch stärker als die Einsicht, wirtschaftlich aufeinander angewiesen zu sein, scheint bei Bolsonaro die politisch-ideologische Fixierung zu sein. Gewiss, Fernández provozierte ihn auch, als er noch am Wahlabend eine eher linke Grußbotschaft zum großen Nachbarn schickte, in der er die Freilassung des ebenfalls linken Ex-Präsidenten Lula da Silva aus der Haft forderte. Doch Jair Bolsonaro ging prompt auf die Provokation ein und ließ sich zu der Aussage hinreißen, Argentinien habe »schlecht gewählt«. Das Verhältnis der beiden Nachbarländer ist seither nicht nur dann angespannt, wenn brasilianische und argentinische Fußballteams gegeneinander antreten. Brasilien verfolgt wirtschaftliche Interessen, die Argentinien wenig gefallen, und strebt zum Beispiel eine Senkung der Ausfuhrzölle für Produkte aus dem Mercosul-Raum an.

Angesichts der wachsenden Spannungen in der Region stellt sich auch die Frage, was die nach mehr als 20 Jahren Verhandlungen zwischen der EU und dem Mercosul erzielte Einigung über die Grundzüge eines Freihandelsabkommens eigentlich praktisch bedeuten wird. Für die Regierung Bolsonaro könnte es jedenfalls schwerer werden, ihre wirtschaftspolitische Ausrichtung zu definieren. Neben China und den USA gewönne dann eine dritte Wirtschaftsgroßmacht Zugang zum brasilianischen Rohstoffmarkt. Interessenskonflikte scheinen da nicht ausgeschlossen.

Ruhig geworden ist es seit Bolsonaros Regierungsübernahme auch um den Interessenverbund BRICS. Die Abkürzung beschreibt den Zusammenschluss der Schwellenländer Brasilien, Russland, Indien, China und Südafrika. Innerhalb des Bundes haben Interessenkonflikte zugenommen, die Bedeutung des Blocks als wirtschaftliche Vereinigung nahm hingegen ab.

Die ursprüngliche Arbeitsteilung bei Gründung der Staatengruppe kurz nach der Jahrtausendwende (damals noch ohne Südafrika als BRIC) wies China in der Weltwirtschaft die Rolle des industriellen Fertigers zu, Indien war der Dienstleister, Brasilien der Agrar- und Rohstofflieferant und Russland der Öl- und Gasproduzent. Das gilt im Wesentlichen bis heute, doch die

Vorzeichen haben sich gewandelt. Indien und China haben ihre Partner abgehängt, ihr Anteil an der Weltwirtschaft ist enorm gewachsen. Russland, Südafrika und Brasilien dagegen haben verloren. Brasilien und Südafrika sind nach Krisenjahren Regionalmächte geblieben und weltwirtschaftlich von allenfalls regionaler Bedeutung.

Brasilien befindet sich unter Bolsonaro zudem in einem Interessenskonflikt. Der Schwerpunkt der neuen Außenpolitik liegt auf einem guten Verhältnis zu den USA. Zum grundlegenden Selbstverständnis der BRICS aber gehörte auch, der US-amerikanischen Dominanz in der Weltwirtschaft und -politik etwas entgegenzusetzen. Zudem liegen die USA immer wieder im Clinch mit China, dem wichtigsten Handelspartner Brasiliens.

Im November 2019 trafen sich die Staatschefs der fünf Länder nach einer längeren Pause wieder – diesmal in Brasília. Im Wahlkampf hatte Bolsonaro noch laut über die chinesische Expansion in Brasilien geschimpft. Jetzt zeigt er sich dankbar dafür, dass chinesische Energiekonzerne mitgeholfen hatten, dass die jüngste Ausschreibung von Ölfeldern nicht vollständig zum Fiasko geworden war. Xi bot zudem einen milliardenschweren Investitionsfonds für brasilianische Infrastrukturprojekte an.

Brasilien ist also auf ein gutes Verhältnis sowohl zu China als auch zu den USA angewiesen. Ein schwieriger Balanceakt, den die Regierung Bolsonaro zu vollziehen hat, will sie nicht zerrieben werden zwischen den Supermächten, die ihrerseits beide großes Interesse am Rohstoffreichtum Brasiliens und an seinem Markt von 210 Millionen Menschen haben.

Trump zeigt die kalte Schulter

Das Verhältnis Brasiliens zu den USA verdient eine gesonderte Betrachtung, denn für Bolsonaro und seine Politik spielt es eine zentrale Rolle. Viele Parallelen tun sich auf, wenn man ihn und seinen US-amerikanischen Kollegen Donald Trump miteinander vergleicht. Grundverschieden sind zwar ihre persönlichen Werdegänge: Bolsonaro stammt, wie bereits beschrieben, aus einfachen Verhältnissen, schlug eine Militärlaufbahn ein, um voranzukommen, und musste sich seine Position durchaus erkämpfen. Anders als Trump entstammt er keiner Oberschichtfamilie.

Beide sind jedoch bis ins Mark Populisten. Beide gelangten durch einen schmutzigen, aber gerade dadurch erfolgreichen Wahlkampf ins Amt. Beide setzten bei ihrem Aufstieg vor allem auf die sozialen Netzwerke. Und ganz offensichtlich gibt es zwischen der Politik des Einen und der des Anderen große inhaltliche Überschneidungen.

Als Sinnbild dafür, wie eng Bolsonaro sich Trump verbunden fühlt, kann ein Video dienen, das sein Sohn Eduardo im Februar 2019 auf Twitter und Facebook veröffentlichte. Es zeigt einen Empfang in einem Saal des *Trump International Resort* in Miami: Fototapete in Wildwestromantik mit Weidezaun und Sonnenuntergang, davor Musikinstrumente, Menschen mit Cowboyhüten und natürlich die US-Fahne. Auf der Bühne steht die frühere Celebrity-Reporterin Toni Holt Kramer, Gründerin der Trump-Unterstützerinnen-Gruppe *Trumpettes*. Sie hat Gleichgesinnte in das Hotel eingeladen. Unter den Gästen: Eduardo Bolsonaro.

Kramer begrüßt Bolsonaro jr. als den Sohn eines Mannes, der »die Welt verändern wird«. Bolsonaro bedankt sich brav für die warmen Worte, spielt den Ball zurück und kommt sogleich auf Trumps Lieblingsprojekt zu sprechen, die Abriegelung der Grenze zu Mexiko. »Baut diese Mauer, wir Brasilianer unterstützen euch!«, ruft er. Nicht dass die US-Regierung dieses Zuspruchs aus Brasilien bedurft hätte. Wichtig ist die Botschaft zwischen den Zeilen: Geopolitisch will sich die zweitgrößte Demokratie Amerikas an die Seite des großen Bruders stellen – egal wie unpopulär dessen Politik bei den anderen Staaten auf dem Kontinent auch sein mag.

Der Zeitpunkt für diese Anbiederung war gut gewählt. Während die südamerikanischen Länder noch darüber stritten, wie sie auf die beunruhigende Entwicklung in Venezuela reagieren sollten, suchte Brasiliens neue Regierung demonstrativ die Nähe zu Trump – inhaltlich, politisch und persönlich. Seinen ersten Antrittsbesuch absolvierte Bolsonaro denn auch folgerichtig im März 2019 in Washington. Zur Delegation gehörten nicht nur Außenminister Araújo, sondern auch Sohn Eduardo.

Sonderlich erfolgreich war der erste Auftritt des neuen Präsidenten auf großem diplomatischem Parkett jedoch nicht. Bolsonaro wirkte tapsig und unbeholfen, und das Magazin *Carta Capital* verglich ihn in seiner Berichterstattung mit der Comicfigur Pateta – deutschen Disney-Fans besser bekannt als Goofy, der tolpatschige, treudoofe Freund und Helfer von Micky Maus. Die inhaltliche Ausbeute der Gespräche war bescheiden. Während Brasilien ankündigte, die Visa-Vorschriften für US-Amerikaner zu lockern, kamen von Trump vor allem Absichtserklärungen. So deutete er an, die USA könnten in naher Zukunft einige ihrer Satelliten von der brasilianischen Abschussbasis im Bundesstaat Maranhão aus in den Orbit schießen. Passiert ist bis heute nichts.

Hoffnungen machte sich die brasilianische Seite immerhin, als Trump versprach, er werde sich für eine Aufnahme Brasiliens in den Kreis der OECD einsetzen. Schließlich ist die OECD nicht nur ein loser Zusammenschluss von Staaten, die hin und wieder in diversen Tests das Abschneiden ihrer Schüler vergleichen. Sie gilt vielmehr als Club reicher, fortgeschrittener Länder, und eine Mitgliedschaft in dieser Vereinigung ist ein Gütesiegel, das für gewisse Standards in Politik, Wirtschaft und Gesellschaft bürgt. Für Brasilien, einstmals Entwicklungsland, mittlerweile zum Schwellenland aufgestiegen, hätte die Aufnahme in die OECD einen erheblichen Prestigegewinn bedeutet.

Obendrein hätte sie für Brasilien einige handfeste Vorteile

geboten. Laut Ilan Goldfajn, früherer Chef der brasilianischen Zentralbank, kann eine OECD-Mitgliedschaft durchaus dabei helfen, Schulden zu reduzieren oder für Kredite bessere Konditionen auszuhandeln. Gerade nach einer langen wirtschaftlichen Krise wie der just durchlebten wäre die Aufnahme in die OECD ein Signal der Ermunterung an noch unschlüssige Investoren gewesen, ihre Zurückhaltung zu überwinden. Genau diese Investitionen hätten für das Land sehr wichtig sein können.

Schon Bolsonaros Vorgänger Temer hatte sich sehr um die OECD-Mitgliedschaft bemüht und auch aus diesem Grund verstärkt die Nähe der USA und Europas gesucht – ganz bewusst in Abgrenzung zu seinen eigenen Vorgängern Lula und Dilma Rousseff, die der BRICS-Gruppe und den Beziehungen zu sozialistisch regierten Ländern Lateinamerikas wie Bolivien, Venezuela und Kuba hohe Priorität eingeräumt hatten. Brasilien, sollte das bedeuten, wollte lieber der Ärmste unter den Reichen sein als der Reichste unter den Armen. Doch als die OECD im Oktober 2019 tatsächlich zwei neue Mitglieder aufnahm, war die Ernüchterung umso größer: Die Organisation vertröstete Brasilien abermals, und zusammen mit Rumänien durfte stattdessen Argentinien aufrücken – ausgerechnet der Erzrivale aus dem Süden.

Für Bolsonaro war diese Entscheidung, die nicht ohne Zustimmung der USA gefallen sein konnte, eine diplomatische Backpfeife. Tatsächlich hatte er alles nur Denkbare getan, um in Washington Sympathiepunkte zu sammeln. Als Donald Trump die US-Botschaft in Israel nach Jerusalem verlegte, war Brasilien gleich nach Guatemala sogar das zweite Land, das dem Vorbild der USA zu folgen versprach – aller internationalen Kritik an Trumps Entscheidung zum Trotz. Anerkennung gewann Bolsonaro damit nicht. Die ganze Sache wirkte eher wie ein unbeholfener Versuch des Präsidenten, international am großen Rad mitzudrehen. Bolsonaro ruderte inzwischen zurück: Statt mit einer Botschaft will er es erst einmal mit einem Handelsbüro in Jerusalem versuchen.

Die ganze Macht und Unberechenbarkeit Trump'scher Politik bekam Brasilien dann im November 2019 zu spüren. Im Handelskriegs mit Peking hatte Washington die Ausfuhren von US-amerikanischem Soja nach China gestoppt, und China hatte daraufhin still und leise begonnen, diese Ausfälle durch Lieferungen aus Argentinien und Brasilien zu kompensieren. Als Trump davon Wind bekam, watschte er die beiden größten Länder Südamerikas ab, als seien sie kleine Jungen. Weil sie amerikanischen Farmern geschadet hätten, würden fortan die Aluminiumimporte aus beiden Ländern mit Strafzöllen belegt. Eine enge Freundschaft mit den USA, wie Bolsonaro sie sich erträumt, sieht irgendwie anders aus.

Noch mehr Korruption, noch mehr Gewalt

Eine militärlastige Regierung, ein nationalistischer Politikansatz – nichts davon hielt die Mehrheit der Brasilianer davon ab, mit großem Optimismus auf die neue Regierung zu blicken. Sie hofften vor allem, es werde ihr gelingen, die Gewalt einzudämmen – so wie es Bolsonaro im Wahlkampf versprochen hatte.

Gewalt ist ein zentrales Problem der brasilianischen Gesellschaft. 2017 erreichte die Zahl der gewaltsamen Tötungen einen Höchststand. Rund 64 000 Personen wurden getötet. Nachdem Bolsonaro die Regierung übernommen hatte, gingen die Zahlen tatsächlich zurück. Ein Minus von 20 Prozent verzeichnete das Justizministerium 2019 im Vergleich zum Vorjahr. Bolsonaro verbuchte diesen Erfolg natürlich für sich als unmittelbare Auswirkung erfolgreicher Politik. Doch so einfach und so eindeutig ist die Sache nicht.

Zum einem war der Negativrekord 2017 nicht zuletzt ein Produkt des Konflikts zwischen den beiden rivalisierenden Drogenkartellen *Comando Vermelho* (CV) und *Primeiro Comando da Capital* (PCC), der genau zu diesem Zeitpunkt seinen Höhepunkt erreichte. In der Wirtschaftsflaute hatten beide versucht, ihre Reviere zu vergrößern, mitunter auf Kosten des jeweils anderen. Als Bolsonaro die Regierung übernahm, hatte sich die Lage bereits etwas beruhigt. Zum anderen hatte auch schon die Interimsregierung von Michel Temer einige Reformen eingeleitet, um die Gewalt zurückzudrängen. Auch diese zeigten eine gewisse Wirkung.[69]

Bolsonaros Politik hingegen ist darauf angelegt, eher noch mehr Gewalt hervorzurufen. Nur ein toter Bandit sei ein guter Bandit, könnte sein Credo lauten. Deshalb besteht sein primärer Politikansatz darin, Gewalt mit noch mehr Gewalt zu bekämpfen. So lockerte er die bestehenden Gesetze, um den Bürgern den Kauf von Waffen zu erleichtern. Diese Maßnahme zielte allerdings gar nicht in erster Linie auf die Großstädte, in denen nach wie vor die Mordraten extrem hoch sind. Es waren vor allem die Großgrundbesitzer, die sich freuten: Sie konnten nun noch leichter aufrüsten, um noch brutaler gegen tatsächliche oder vermeintliche Landbesetzer, aber auch gegen Umweltschützer vorgehen zu können.

Auch die Polizei ist gehalten, im Namen der Gewaltprävention vermehrt Waffengewalt einzusetzen. Der bloße Verdachtsfall genügt, um den Waffeneinsatz zu rechtfertigen. Was das bedeutet, demonstriert der rechtskonservative Gouverneur von Rio de Janeiro, Wilson Witzel. Zur Verbrechensbekämpfung, von ihm großspurig als »Krieg gegen Drogen« bezeichnet, setzt der frühere Richter in den *Comunidades,* den Armenvierteln, zunehmend Scharfschützen ein, die auf weite Entfernung mutmaßliche Verbrecher gezielt töten sollen. In den dicht besiedelten Gebieten, wo sich ein Großteil des öffentlichen Lebens auf offener Straße abspielt, kommt es dabei immer wieder zu schrecklichen Unfällen mit unschuldigen Zivilisten. Oft sind auch Kinder unter den Opfern.

Darüber hinaus lässt Witzel Hubschrauber über den *Comunidades* kreisen, um Verbrecher ausfindig zu machen. Auch aus der Luft wird geschossen. Diese brachiale Taktik hat Folgen. Die Gesamtzahl der Getöteten mag zurückgegangen sein. Die Zahl derjenigen, die durch Polizeikugeln starben, steigt jedoch. 2019 erreichte sie in Rio de Janeiro ein 20-Jahres-Hoch.[70]

Neben den rivalisierenden Drogengangs und der Polizei gibt es in Rio de Janeiro noch einen dritten, allerdings weniger sichtbaren Akteur, von dem immer wieder Gewalt ausgeht: die sogenannten Milizen. Dabei handelt es sich um lose Gruppierungen von aktiven oder ehemaligen Polizisten, Feuerwehrleuten oder Verwaltungsmitarbeitern. Teils arbeiten sie auf eigene Rechnung, teils stellen sich in den Dienst der Drogenbanden, versorgen diese mit Informationen über geplante Polizeioperationen oder schauen einfach weg, wo sie die Bürger schützen sollten.

In etwa einem Drittel aller Stadtbezirke Rio de Janeiros kassieren sie Schutzgelder. In manchen Gegenden kontrollieren sie das Geschäft mit den Gasflaschen, die für die Küchenherde benötigt werden – ein lukrativer, in Monopolgebiete aufgeteilter Markt, der fast genauso umkämpft ist wie der Drogenmarkt. Die Milizen versorgen die Einwohner auf Wunsch mit Kabelfernsehen, Strom oder Wasser – alles illegal und gegen Gebühr, versteht sich.

Weil die Milizen aber in ihren Revieren den Bürgern die Drogenbanden vom Leib halten und bei ihren Geschäften in der Regel auch weniger rabiat und brutal zu Werke gehen, sind sie bei der Bevölkerung etwas besser gelitten als diese. »Viele dieser Gruppen wurden zunächst von den Anwohnern unterstützt, weil sie die Drogengangs bekämpfen«, heißt es in einer Analyse des Fachportals *Insight Crime*. »Doch dann wurden sie selbst kriminell und betätigten sich im Drogenhandel, der Schutzgelderpressung und anderen Feldern der organisierten Kriminalität.«[71]

Es muss nicht wirklich verwundern, dass diejenigen, die in der Stadt für Sicherheit sorgen sollen, selbst zum Sicherheitsproblem geworden sind. Die Gehälter von Polizisten wurden über Jahre auf einem niedrigen Niveau gehalten. Wenig Geld, und das in einem Job, der ein erhebliches Gesundheitsrisiko birgt – da kann man das Interesse an Zusatzeinnahmen leicht nachvollziehen.

Der Mordfall Marielle Franco

Wie eng organisierte Kriminalität, Ordnungsmacht und Politik in Brasilien miteinander verwoben sind, zeigt exemplarisch ein Fall, der das Land bis heute bewegt: der Mord an Marielle Franco, Politikerin der Linkspartei PSOL, gewählte Stadträtin von Rio de Janeiro und Menschenrechtsaktivistin. Das Verbrechen ereignete sich bereits ein knappes Jahr vor der Regierungsübernahme durch Bolsonaro. Trotzdem ist hier der richtige Platz, dieses Thema aufzugreifen. Denn dieser Mord beschäftigt die Brasilianer bis heute, und nach und nach kommen Details ans Licht, die auch die Frage aufwerfen, was der heutige Präsident und seine Familie mit der ganzen Sache möglicherweise zu tun haben.

Marielle Franco war am Abend des 14. März 2018 auf dem Weg nach Hause, als ihr Auto plötzlich im Stadtteil Estácio von einem anderen Fahrzeug ausgebremst und zum Anhalten gezwungen wurde. Mehrere Personen sprangen aus dem Fahrzeug heraus und eröffneten das Feuer. Neun Schüsse fielen, Marielle Franco und ihr Fahrer Anderson Gomes waren auf der Stelle tot. Praktisch auf offener Straße hingerichtet. Bezeugt wurde der Ablauf von einer dritten Person im Auto, die wohl nur deshalb überlebte, weil der weiße Kleinwagen getönte Fensterscheiben hatte und die Angreifer Franco und ihren Fahrer allein wähnten. Diese dritte Person, möglicherweise eine der Mitarbeiterinnen Francos, ist bis heute zu ihrem eigenen Schutz nicht öffentlich identifiziert worden.

Schon wenige Tage nach der Tat stand fest, dass die Schüsse aus einer Polizeipistole abgegeben worden waren. Auch wenn eindeutige Beweise fehlen: Die Vermutung liegt nahe, es könnte sich um einen gezielten Racheakt an der Politikerin gehandelt haben. Marielle Franco hatte immer wieder öffentlich die Polizeiwillkür angeprangert. Erst wenige Tage vor ihrem Tod hatte sie das in der Stadt auch als »Todesbrigade« bekannte 41. Bataillon der Militärpolizei beschuldigt, ohne Grund Kinder umgebracht zu haben.

Die Kaltblütigkeit des Verbrechens wirkte selbst für die an Gewalt gewohnten Einwohner Rios wie ein Schock. Sie verstanden den Mord als deutlichen Fingerzeig in Richtung von Menschenrechtsaktivisten wie Marielle Franco: Wer die Sicherheitskräfte öffentlich an den Pranger stellt, lebt gefährlich. Darüber hinaus war die Bluttat allerdings auch eine Warnung an das Militär, das offiziell für die Sicherheit in Rio de Janeiro zuständig war, seit Übergangspräsident Temer im Februar 2018 per Dekret diese sogenannte Militärintervention angeordnet hatte. Steckt doch bitte eure Nase nicht allzu tief in unsere Angelegenheiten hinein. Lasst besser alles so, wie es ist, lautete die Botschaft.

Marielle Franco war nicht nur eine engagierte Lokalpolitikerin. Sie war zudem Schwarze, Lesbe, Feministin und stammte aus dem *Favela*-Komplex Maré. Damit verkörperte sie so ziemlich alles, was den überwiegend konservativen weißen Politikern in Rio und ganz Brasilien unbequem und lästig ist. Sie musste sterben, weil sie mit ihrer Kritik den Mächtigen zu nahe gekommen war und allmählich gefährlich zu werden begann. Ihre Witwe Mónica Benício brachte es auf den Punkt: »Es war ein politischer Mord.«[72]

Marielle Francos Tod rüttelte die Brasilianer wach. Die Politikerin wurde zum Symbol für die vielen Tausend meist schwarzen Brasilianer, die jährlich durch (Polizei-)Gewalt ums Leben kommen. Eine ganze Bewegung entstand, die dafür sorgte, dass

Die Adresse markiert den Ort, an dem Marielle Franco ermordet wurde. Text: (1979–2018) Stadträtin, Verteidigerin der Menschenrechte und Minderheiten, feige hingerichtet am 14. März 2018.

ihr Name im öffentlichen Bewusstsein präsent blieb. *Marielle vive,* »Marielle lebt«, *Quem matou Marielle e Anderson?,* »Wer tötete Marielle und Anderson?«, lauten die Losungen, die auf Kundgebungen zu hören und auf Häuserwänden zu lesen sind. Und: *Quem mandou matar Marielle? –* »Wer hat den Befehl gegeben, Marielle zu töten?«

Ein Straßenschild mit dem Namen Marielle Francos, das das mit dem deutschen *Postillon* vergleichbare Satireportal *Sensacionalista* druckte, wurde zum Verkaufsschlager und zugleich zum Symbol des Kampfes. Der Politiker Rodrigo Amorim, ein Freund von Flávio Bolsonaro, der 2018 für dessen (damalige) Partei PSL ins Regionalparlament von Rio de Janeiro einzog, zerbrach auf einem Wahlkampfmeeting ein solches Schild unter dem Jubel seiner Anhänger.[73] Noch heute sollen die Bruchstücke in seinem Abgeordnetenbüro wie eine Trophäe in einem Bilderrahmen ausgestellt sein. Im Herbst 2020 will Amorim für das Amt des Oberbürgermeisters von Rio de Janeiro kandidieren.

Die Spur führt zu den Milizen

Wer aber hatte tatsächlich den Mord an Marielle Franco befohlen? Die Spuren führten schnell in die Richtung der Milizen. Als Hauptverdächtigen identifizierten die Ermittler einen früheren Polizisten, der mittlerweile eine wichtige Rolle in der Miliz *Escritório do Crime* spielen soll: Fabrício Queiroz. Der aber gilt als langjähriger Freund der Familie Bolsonaro. Mit Vater Jair stand er bereits in den 1980er-Jahren in Verbindung, von 2000 an war er als Fahrer und Leibwächter für Flávio Bolsonaro tätig.

Eine Verbindung gab es offenbar auch zwischen Flávio Bolsonaro und dem damaligen Chef von *Escritório do Crime*, Adriano Magalhães da Nóbrega. Dieser war Offizier der Polizei-Sondereinheit BOPE, ehe er wegen Verbindungen zu der Miliz unehrenhaft entlassen wurde. Bolsonaro junior hatte Nóbrega einst für eine Verdienstmedaille vorgeschlagen. Obendrein war Nóbregas Mutter im Abgeordnetenbüro von Flávio Bolsonaro angestellt und genoss anscheinend dessen besonderes Vertrauen. Sie soll sogar Prokura für das Abgeordnetenkonto gehabt haben.

Genau von diesem Konto war in der Vergangenheit Geld an Queiroz überwiesen worden – von Januar 2016 bis Januar 2017 insgesamt rund 1,2 Millionen Reais in kleinen Tranchen à 2000 Reais, wie das Magazin *Istoé* im Januar 2019 enthüllte. Wie inzwischen bekannt wurde, setzten die Milizen dieses aus der Staatskasse stammende Geld ein, um Grundstücke zu erwerben. War das Flávio Bolsonaro egal? Seinen Anwälten jedenfalls nicht, denn sie versuchten mehrfach, die Ermittlungen zu stoppen.[74] Man darf also davon ausgehen, dass er wusste, welche Leute da in seinem unmittelbaren Umfeld agierten.

Grundsätzlich scheinen die Milizen in seinen Augen jedoch nichts Schlimmes zu sein. »Eine Miliz ist nichts anderes als eine Gruppe von Polizisten, Militärs und anderen, die von einer gewissen Hierarchie und Disziplin geprägt ist und danach strebt, das Schlimmste aus dem Schoß der Gesellschaft zu tilgen: die Verbrecher«, sagte er einmal in einer Rede.[75]

Welche Rolle Nóbrega beim Mord an Marielle Franco gespielt hat, wird kaum noch zu ermitteln sein. Im Februar 2020 stürmten Spezialkräfte der Militärpolizei ein Landhaus in der Gemeinde Esplanada im Bundesstaat Bahia, in dem er sich versteckt hatte. Es habe ein Feuergefecht gegeben, hieß es in Medienberichten. Nóbrega wurde erschossen. Das Haus soll übrigens dem Lokalpolitiker Gilson Lima von der PSL gehört haben. Für Francos Partei PSOL und für ihre Witwe Mónica Benício ist klar, dass Nóbrega gezielt ausgeschaltet wurde, ehe er zu den eigentlichen Hintermännern der Tat hätte führen können.

Die Ermittlungen aber gehen weiter, inzwischen hat die Bundespolizei den Fall übernommen. Der öffentliche Druck ist weiterhin groß, es müssen Ergebnisse her. Seit März 2019 sitzt ein weiterer Ex-Polizist in Haft, ein gewisser Ronnie Lessa. Der aber stand nicht nur in Kontakt mit Nóbrega, sondern er war auch fast so etwas wie ein Nachbar der Bolsonaros: Ebenso wie der heutige Präsident wohnte auch er in dem Luxuskondominium *Vivendas* im Stadtteil Barra da Tijuca. Wie konnte sich ein unehrenhaft entlassener Polizist eine solche Millionenimmobilie leisten?

Jair Bolsonaro sah sich bemüßigt, umgehend jegliche Verbindung zu Lessa abzustreiten. Dabei blieb er auch, als Medien berichteten, dass sein vierter Sohn, Renan Bolsonaro, mit der Tochter Lessas befreundet gewesen sei.

Die Privilegien der Richter

Im Wahlkampf hatte sich Bolsonaro wie der letzte aufrechte Politiker aufgeführt. Diesen Mythos galt es auch als Präsident zu pflegen, schon gar, als derart fragwürdige Verbindungen wie die zu den Verdächtigen im Mordfall Marielle Franco publik wurden. Derjenige, der das Bild des gegen alle Anfechtungen gefeiten Staatschefs gewissermaßen von Berufswegen zu pflegen hatte, war Justizminister Sérgio Moro, der ehemalige Richter im Fall *Lava Jato*. Moro hatte damals stets angegeben, er werde niemals in die Politik gehen. Seinen Sinneswandel erklärte er nun damit, dass er den Kampf gegen die Korruption jetzt an höchster Stelle fortführen wolle.

Zu tun gab es sicherlich genug: In Sachen Korruptionsbekämpfung tritt Brasilien bestenfalls auf der Stelle. Die Vetternwirtschaft ist auch unter Bolsonaro weit verbreitet. Es gibt Indizien, die darauf hindeuten, dass auch im Umfeld seiner eigenen Familie schwarze Kassen gepflegt wurden oder noch immer werden. Der Finanzaufsicht fielen verdächtige Transaktionen auf: Von einem Konto, das einem ehemaligen Leibwächter des Präsidentensohnes und Senators Flávio Bolsonaro gehört, flossen größere Summen (die Rede ist von rund 40 000 Reais) unter anderem auf ein Konto der künftigen First Lady Michelle Bolsonaro. Es besteht also zumindest Erklärungsbedarf.

Von *Lava Jato* war indes in den ersten anderthalb Jahren der Bolsonaro-Regierung kaum noch etwas zu hören. Die Organisation *Transparency International* schreibt in ihrem Länderbericht vom November 2019 sogar, es stehe zu befürchten, dass die Erfolge des *Lava Jato* nur kurzfristig gewesen seien. Brasilien rangiert nach wie vor auf Platz 106 der aktuellen Rangliste der Organisation und damit im weltweiten Vergleich nur in der unteren Hälfte. Auch in Südamerika reicht es nur für einen Platz im unteren Mittelfeld.

Moro hielt auch die Füße still, als eine ganze Reihe seiner Kabinettskollegen in die Schlagzeilen gerieten. Laut Medienberichten haben oder hatten von Bolsonaros 22 Ministern mindestens neun Probleme mit der brasilianischen Justiz. Offenkundig nahm es der Saubermann Moro nicht mehr ganz so genau mit den rechtlichen Bestimmungen wie in der Zeit, als er und seine Justizkollegen im Fall *Lava Jato* bewiesen, dass sie, wenn es darauf ankam, einen wichtigen regulativen Gegenpol zur Politik darstellen konnten.

Im gewöhnlichen Alltagsgeschäft schienen persönliche Motive und die Sicherung von Privilegien dann doch über dem großen Ganzen zu stehen. Das zeigte sich, als die Justiz selbst Mittelpunkt eines Skandals war. Es ging um einen großflächigen Missbrauch einer Zuschusszahlung für Richter. Richter gehören zwar in Brasilien nicht zu den Höchstverdienern, werden aber vergleichsweise gut entlohnt: In einem Land, in dem 90 Prozent der Bevölkerung im Schnitt 1100 Reais verdienen, zirka 250 Euro also, kassieren sie pro Monat maximal 33 500 Reais, umgerechnet 8000 Euro. Trotzdem gewährte ihnen Brasiliens Nationaler Justizrat (CNJ) viele Jahre lang einen Wohnkostenzuschuss als Sonderzahlung, den sogenannten *auxilio moradia.*

Rund 4400 Reais (rund 1000 Euro) sollte jeder Richter bekommen, dessen Arbeitsort nicht zugleich der Wohnort war. Das Magazin *Veja* enthüllte schon im April 2018, zu den Begünstigten habe ausgerechnet auch der damalige Bundesrichter Sérgio Moro gehört. Und das, obwohl er an seinem Arbeitsort im südbrasilianischen Curitiba ein eigenes Haus besitzt und folglich gar keine zusätzliche Dienstwohnung benötigte. Ein Fall von Subventionsbetrug also.

Damit kam der Stein ins Rollen. Überall im Land wurden Fälle bekannt. Die *Folha* berichtete über den Fall eines Richters, der allein in São Paulo Besitzer von 30 Appartements sein soll und trotzdem den Zuschuss erhielt. Der Wohnzuschuss, so stellte sich heraus, war eher die Regel als die Ausnahme. Allein an den 81 Bundesgerichten haben 18 000 Richter und eine ähnliche Zahl öffentlich beschäftigter Anwälte den Zuschuss bekommen. Kátia Abreu, Ex-Ministerin und Ex-Senatorin, nannte den Wohnkostenzuschuss in einem Interview mit dem Magazin *Exame* »unangemessen«, ja »eine Art von Korruption«.[76] Eliana Calmon, Ex-Präsidentin des Obersten Landesgerichts (STJ), ging sogar noch weiter. Die Zahlungen seien eine ernsthafte Gefahr für die Glaubwürdigkeit der Justiz, erklärte sie. Für Richter dieses Schlages sei der Begriff *bandidos de toga* angemessen: »Banditen in Roben«.

Nimmt man Wohnzuschüsse und andere Aufwandsentschädigungen zusammen, wurden allein 2017 rund eine Milliarde Reais (umgerechnet 250 Millionen Euro) an die Richter ausbezahlt, wie die *Folha de São Paulo* vorrechnete. Und das, während in Schulen, Krankenhäusern und Polizeistationen Angestellte teilweise monatelang auf ihr Gehalt warten musste.

Auch wenn Exekutive und Judikative in Brasilien grundsätzlich getrennt sind, hätten der Staatspräsident – aktuell also Jair Bolsonaro – und sein Justizminister – also Sérgio Moro – durchaus Möglichkeiten gehabt, den Laden aufzuräumen. Es wäre ihnen ein Leichtes gewesen, dem Missbrauch Einhalt zu gebieten. Doch das geschah nicht, und man darf fragen, warum nicht.

Es scheint eine unausgesprochene Übereinkunft in der brasilianischen Politik zu geben, gewisse Privilegien, die sich die Justiz genehmigt, nicht anzuprangern. Umgekehrt sieht die Justiz nicht allzu genau hin, wenn sich die Politiker aus den öffentlichen Geldern bedienen. So stehen beide Kräfte in einem gewissen Abhängigkeitsverhältnis zueinander, und keine der beiden Seiten hat ein Interesse daran, Transparenz zu schaffen. Im Gegenteil: Der Verdacht steht im Raum, Bolsonaro komme es sehr gelegen, die Justiz von sich abhängig zu machen. Im Bedarfsfall könnte er nämlich auch erwarten, dass die Richter gegebenenfalls wohlwollend über manches hinwegsehen.

Kulturkampf gegen Links

Als Jair Bolsonaro am 1. Januar 2019 sein Amt antrat, gehörte zu seinen Gästen auch der ungarische Premier Victor Órban. Er war der einzige anwesende Staats- oder Regierungschef eines EU-Landes. Ein Zufall war das nicht, denn Bolsonaro fühlt sich mit Órban eng verbunden. Auch im Programm seiner heutigen

Partei *Aliança pelo Brasil* erwähnt er Ungarn ausdrücklich als eines der Länder, mit denen man sich künftig in politischen Fragen verstärkt austauschen wolle.

Das hat System. Bolsonaro sieht sich ebenso wie der ungarische Premier inmitten eines Kulturkampfes gegen alles Linke. Vor allem in Bezug darauf, wie sie den Kulturbetrieb beeinflussen, gehören Órban und seine Fidesz-Partei zur Avantgarde der neuen rechtskonservativen Regierungen in Europa und darüber hinaus. Bolsonaro kann sich von ihnen noch einiges abgucken.

In einem Interview mit der Körber-Stiftung erklärte die ungarische Soziologin Éva Kovács: »Für die ungarische Regierung ist es bereits störend, wenn in den Geistes- und Sozialwissenschaften nur unabhängige Fragestellungen formuliert werden. Da gibt es einen regelrechten Kulturkampf. Die Órban-Regierung findet, dass ihre Weltsicht auf Themen wie Familie, Migration oder Demokratie in der Wissenschaft nicht ausreichend berücksichtigt wird.«[77]

In Órbans Ungarn riskieren Künstler, Kulturschaffende oder Wissenschaftler, die nicht linientreu sind, dass ihnen die Finanzierung entzogen wird, oder sie werden gleich entlassen. So forderte unlängst Parlamentspräsident László Kövér, einem Studiengang für Gender Studies die Mittel zu streichen. Genderstudien seien ein Experiment auf geistiger Basis, das der Eugenik der Nationalsozialisten ähnele, so Kövérs Argumentation. Zudem seien sie ein Angriff auf das klassische Familienbild.

Órban weiß zudem, wie man den Diskurs in einer Gesellschaft nach rechts verschiebt. Von der »Abwehr der Flüchtlingsinvasion«, der Verteidigung christlicher Werte und der nationalen kulturellen Identität ist es bei ihm bis zu antisemitischen Verschwörungstheorien um die Person von George Soros und zur Verschärfung von Gesetzen, die Hilfe für Flüchtlinge praktisch kriminalisieren, nur noch ein kleiner Schritt.

Der ungarische Premier verfolgt einen klaren Plan: Er will das Land zu einer Autokratie umbauen, in der sich alle Macht in seiner Person zentriert. Dabei ist er weit vorangekommen. Als im Frühjahr 2020 die Corona-Pandemie ausbrach, nutzte er die Gelegenheit, um das Parlament zu entmachten – und die Abgeordneten stimmten der eigenen Entmachtung sogar zu, was dem Ganzen ein legales und demokratisches Mäntelchen umhängte.

Órban, der mit Unterbrechungen bereits 14 Jahre in Ungarn regiert, vertritt nicht lediglich einen illiberalen Politikstil, sondern er wendet sich gegen die Demokratie und ihre Prinzipien an sich. Das kann auch ohne echte Mehrheiten funktionieren, wenn man sich nur geschickt anstellt und in kleinen Schritten vorgeht. Im Parlament verfügt der Premier über eine Zweidrittelmehrheit, die es ihm erlaubt, quasi durchzuregieren. Die Medien sind weitgehend unter seiner Kontrolle, die Zivilgesellschaft hat er marginalisiert.

Lieber Diktator als Präsident

Was Órban in Ungarn durchexerziert, ist für Bolsonaro eine Art Vorbild. Auch er selbst favorisiert zur Sicherung seiner Macht eine autoritäre Regierungsform. »Bolsonaro möchte nicht Präsident sein, sondern Diktator«[78] lautet der Titel eines Essays, den der brasilianische Politologe Hélio Doyle im April 2020 veröffentlichte. Darin definiert er die Ziele des politischen Projekts Bolsonaros und seiner Söhne als Versuch, die demokratischen Institutionen auszuhebeln, seinen Einfluss auf Legislative und Judikative zu erhöhen und die Informationskanäle zu kontrollieren. Zwar sieht sich der Präsident mit einer ganzen Reihe von Faktoren konfrontiert, die ihm einen besseren politischen Zugriff bislang verwehren: Da sind die Verfassung und die Gesetze, da ist das Parlament, in dem er von einer eigenen Mehrheit weit entfernt ist, da ist ein Oberster Gerichtshof, der immer wieder Gesetzesinitiativen und Dekrete einkassiert. Doch der Kampf ist eröffnet.

Und die brasilianischen Wähler hätten wissen können, was

auf sie zukam. Seit seiner Zeit als Abgeordneter haben sich die Aussagen und Forderungen von Jair Bolsonaro kaum verändert. Nur ein Beispiel: Als Bolsonaro im September 2018 einen Wahlkampfauftritt im nordöstlichen Bundesstaat Acre absolvierte, ergriff er, von seinen Zuhörern aufgepeitscht, den Mikrofonständer, richtete ihn wie ein Gewehr in die Luft und rief in die Menge: »Lasst uns die Anhänger der PT hier in Acre hinrichten!«[79] Vor diesem Hintergrund erscheinen Äußerungen aus dem Bolsonaro-Clan über die Notwendigkeit eines neuen Ermächtigungsgesetzes nach Vorbild des AI-5 nicht mehr nur als autoritäre Phantasien. Sie wirken wie sehr konkrete Gedankenspiele.

Der Politologe Doyle wirft Bolsonaro vor, er strebe einen Putsch an. Für den braucht es eine sichere Basis in der Gesellschaft. Wichtig, aber bei weitem nicht ausreichend ist die Unterstützung in den sozialen Netzwerken. Bolsonaro braucht die bedingungslose Unterstützung seiner Regierung und der Vollzugsbehörden. Er braucht die Unterstützung der Finanzwirtschaft und der großen Unternehmer. Er braucht soziale Gruppen, die seine Regierung verteidigen und politische Gegner konfrontieren. Stützen kann sich Bolsonaro bei seinem Vorgehen auf die Evangelikalen, die Waffenlobby und auf die Großgrundbesitzer, also die *Bancada BBB*. Und er umwirbt auch die sogenannten kleinen Leute wie die sonst wenig beachteten *Garimpeiros* oder die Beschäftigten in der informellen Wirtschaft.

Gleichzeitig ist es für ihn wichtig, staatliche Institutionen wie den Kongress oder den Obersten Gerichtshof und seine Richter zu demoralisieren und in der Bevölkerung zu diskreditieren, sobald sie ihm die Gefolgschaft verweigern. Auch die regierungskritische Presse, allen voran die großen Zeitungen, Magazine und TV-Sender, muss in den Augen der Bürger möglichst unglaubwürdig erscheinen. Auf all diesen Feldern sind Hélio Doyles Analyse zufolge Jair Bolsonaro und insbesondere seine Söhne eifrig zugange, um den Staat zu destabilisieren und umzubauen.

In Brasilien ist das Lagerdenken zwischen rechts und links seit jeher sehr ausgeprägt. Bolsonaro hat diese Konfrontation in seinem Wahlkampf weiter zugespitzt. Politisch links Denkende werden von ihren Gegnern schnell in die sozialistische oder kommunistische Schublade gesteckt. Selbst eine nach europäischen Maßstäben eher als sozialdemokratisch zu bezeichnende Politik, wie sie Präsident Lula zwischen 2003 und 2010 mit seiner Arbeiterpartei PT betrieb, wird bei Anhängern des rechten Lagers als sozialistisch angesehen.

Sobald eine neue Regierung ins Amt kommt, dreht sie zunächst einmal einige Räder der Vorgängerregierungen wieder zurück. Dabei werden durchaus auch Errungenschaften, die der Bevölkerung Gewinn brachten, demontiert. Ein Beispiel: das Programm *Mais Médicos,* »Mehr Ärzte«, das von der Regierung Dilma Rousseffs aufgelegt worden war, um ärztliche Versorgung in die Weiten des Hinterlandes zu bringen.

Die Idee war so einfach wie überzeugend: Brasilien brauchte Ärzte. Kuba hatte zwar gut ausgebildete Ärzte, aber wenig Geld, sie zu bezahlen. Also lautete der Deal: Mehrere Tausend kubanische Ärzte durften nach Brasilien kommen und praktizierten in entlegenen Gebieten, in denen es keine oder kaum medizinische Versorgung gab. Eine Win-win-Situation, sollte man meinen. Die Sache hatte aber einen Haken: Es war den Ärzten nicht erlaubt, ihre Familien mit nach Brasilien zu nehmen – wohl eine Vorsichtsmaßnahme, um einen endgültigen Wegzug zu verhindern. Außerdem wurde ein Großteil des Gehalts nicht an die Ärzte ausbezahlt, sondern an die chronisch klamme kubanische Regierung überwiesen.

Mehr Argumentation brauchte Bolsonaro nicht. Kaum gewählt und noch nicht einmal vereidigt, erzwang Bolsonaro das sofortige Ende des Projekts – aus rein ideologischen Gründen. Brasilien werde künftig die sozialistische Regierung Kubas nicht weiter finanzieren, lautete seine Begründung.

Schulen und Universitäten werden »gesäubert«

In Bolsonaros Feldzug gegen alles, was in seinen Augen als links erscheint, schälen sich nach und nach einige Schwerpunkte heraus. Einer davon ist die angekündigte »Säuberung« des Bildungs- und des Kultursektors. Schulen und Universitäten sieht Jair Bolsonaro als Hort linken und marxistischen Gedankenguts. Wohlgemerkt: Links und marxistisch ist für ihn nahezu alles, was nicht seinem religiös-konservativen Bild von Familie und Gesellschaft entspricht. Links und marxistisch ist alles Liberale, sind Wissenschaftsfelder wie Geschlechterstudien, gleichgeschlechtliche Partnerschaften, Toleranz gegenüber Minderheiten und Andersdenkenden.

Bolsonaro hat im Wahlkampf das Ziel verkündet, die Bildungseinrichtungen von allen Personen zu säubern, die für die gegenwärtige Situation verantwortlich sind. Doch statt mit strukturellen und personellen Veränderungen begann seine Regierung erst einmal mit Symbolik und Propaganda. Sein erster Bildungsminister, der Kolumbianer Ricardo Vélez Rodríguez, setzte eine Duftmarke. Der frühere Leiter einer Militärakademie, der auf Empfehlung von Bolsonaros Guru Olavo de Carvalho in sein Amt gelangt war, forderte in einem offiziellen Brief die Schulleitungen auf, Schulklassen das Wahlkampfmotto Bolsonaros aufsagen und die Nationalhymne singen zu lassen. Diese Szene sollten sie filmen und über soziale Netzwerke veröffentlichen.

Der Aufruf erzielte nicht den gewünschten, den Patriotismus fördernden Zweck, sondern er ging kräftig nach hinten los. Die öffentliche Kritik war wesentlich größer als die öffentliche Zustimmung – nicht nur wegen erheblicher Datenschutzbedenken. Nach wenigen Tagen war die Aktion Geschichte. Kurze Zeit später verlor der Minister sein Amt. Medien kommentierten, er sei offenbar nicht linientreu genug gewesen. Ersetzt wurde er durch den loyalen, aber fachfremden Abraham Weintraub – einen früheren Banker.

Ausgedacht hatte sich die Videoidee nicht Rodríguez selbst, sondern eine Bewegung, der er sehr nahegestanden hatte und die bei Bolsonaro, so durfte man vermuten, offene Türen einrennen würde. *Escola sem Partido,* »Schule ohne Partei«, lautete der Titel des Projekts. Seine Anfänge in Brasilien liegen im Jahr 2004 und damit zu einer Zeit, als Lula da Silva gerade das Präsidentenamt angetreten hatte. Ziel der Bewegung war es, eine vermeintlich drohende linke Indoktrination der Schüler durch regierungstreue Lehrkräfte zu unterbinden.

Schüler seien dazu verpflichtet, im Klassenzimmer zu sitzen, und dort seien sie der politischen Beeinflussung durch das Lehrpersonal schutzlos ausgeliefert, argumentierte der Gründer von *Escola sem Partido,* der Anwalt Miguel Nagib. Die Bewegung setzte tatsächlich durch, dass in den Unterrichtsräumen Zettel aufgehängt wurden, auf denen die Schüler über ihre Rechte aufgeklärt und auf die Pflicht des Lehrers, neutral zu unterrichten, hingewiesen wurden.

Die Kritik und der Widerstand gegen *Escola sem Partido* waren laut, und sie kamen von vielen Seiten. Berufsverbände wie die Brasilianische Gesellschaft für den Fortschritt der Wissenschaft (SBPC), die Nationale Gesellschaft für Geschichte (ANPUH) oder die Vereinigung der Privatschulen (Abepar) liefen Sturm gegen das Projekt. Die UN-Kommission für Menschenrechte sah grundlegende Menschenrechte bedroht. Der oberste Generalbundesanwalt Rodrigo Janot zweifelte gar die Verfassungsmäßigkeit der Bewegung an.

Vor allem konservative und rechte Politiker unterstützten hingegen die Bewegung. Auch Flávio Bolsonaro zählte zu ihnen. Bei Politikern der *Bancada Evangélica* fiel die Zielrichtung der Bewegung ebenfalls auf fruchtbaren Boden. Das ging so weit, dass Projekte der Bewegung Eingang in die Gesetzgebung und in Bildungsvorhaben auf Bundes-, Bundesstaats- und kommunaler Ebene fanden. Immer strenger gebärdete sich die Bewegung, immer weiter reichten ihre Forderungen. In einer neuen Fassung des Projekts, die kurz vor der Wahl im Oktober 2018 formuliert wurde, ging es plötzlich nicht mehr nur um (partei)politische Indoktrination. Auch Themen wie Gender und sexuelle Orientierung sollten jetzt keine Erwähnung in Unterrichtsmaterialien, Bildungspolitik und pädagogischen Projekten mehr finden dürfen. Sie sollten also praktisch ganz aus dem Schulbetrieb ausgeklammert werden.

Unter einem Präsidenten Bolsonaro, so schien es, könnte das Projekt richtig durchstarten. Doch es kam anders. Offenbar zog Bolsonaro aus der krachenden Bauchlandung des Videoaufrufs den Schluss, dass eine öffentliche Unterstützung für *Escola sem Partido* für ihn eher Gegenwind bedeuten würde. Gründer Nagib, der sich nicht unbedingt die direkte Unterstützung der Regierung, aber doch die persönliche Unterstützung durch Bolsonaro erhofft hatte, war enttäuscht und verbittert. Im Juni 2019 gab er die Auflösung seiner Bewegung bekannt.

In der Sache waren Nagib und Bolsonaro gar nicht weit auseinander. Wenn überhaupt, ging die Bewegung dem Präsidenten eher nicht weit genug. Ihm schwebt ein radikaler Umbau des Bildungssystems vor. Mit Neutralität in puncto politischer Meinungsäußerungen ist es für ihn nicht getan.

Paulo Freire wird zur Unperson

Die Figur, an der er sich dabei abarbeitet, ist der brasilianische Reformpädagoge Paulo Freire. Für Bolsonaro ist Freire ein »Verrückter« und schuld daran, dass Brasilien bei den Pisa-Tests regelmäßig schlecht abschneidet. In pädagogischen Fachkreisen steht er damit ziemlich allein da. Auch außerhalb Brasiliens genießt der 1997 verstorbene Freire bei Pädagogen bis heute höchstes Ansehen und größte Anerkennung. Kaum ein anderer brasilianischer Wissenschaftler dürfte weltweit so bekannt sein wie er. An die 40 Ehrendoktortitel wurden ihm im Laufe seines Lebens verliehen. Als die Carl von Ossietzky Universität in Oldenburg ihm posthum den Titel eines Dr. h. c. verlieh, erklärte der Festredner Gottfried Mergner: »Paulo Freire hat in die Pädagogik konsequent wie selten zuvor jemand die Forderung nach Solidarität mit den Armen und scheinbar Dummen eingeführt.« Mit ihm sei »wieder einer der Menschen einer Generation verstorben, die noch an eine Veränderung der Welt im Interesse der Ausgebeuteten und Unterdrückten geglaubt und für dieses Ziel gelebt und gekämpft haben«.

Freire hatte Anfang der 1960er-Jahre eine bahnbrechende Methode entwickelt, wie sich Erwachsene selbst alphabetisieren können. In einem ersten Feldversuch in Angeios im Bundesstaat Rio Grande do Norte erprobte er 1963 mit 300 Personen seine Methode, und der Versuch gelang. In nur 45 Tagen lernten die Testpersonen lesen und schreiben. Man kann sich leicht ausmalen, welches Potenzial diese Methode barg für das riesige Land mit damals 70 Millionen Einwohnern, in dem etwa 40 Prozent der über 15-Jährigen als Analphabeten galten.

Von Freire inspiriert, initiierte der damalige Präsident João Goulart 1964 einen Nationalen Alphabetisierungplan. Doch kurz darauf wurde Goulart in einem Putsch abgesetzt, und die Militärs, die nun an die Macht gelangten, schafften den Plan ganz schnell wieder ab. Freires Ansatz erschien ihnen subversiv und gefährlich. Sollte man wirklich mit ansehen, wie Erziehung die Menschen ermächtigt, die Missstände der Welt wahrzunehmen und kritisch zu reflektieren? Früher oder später könnte die Bevölkerung ja auf die Idee kommen, als mündige Staatsbürger auch die herrschenden Zustände im eigenen Land zu hinterfragen! Das wollten die Generäle nicht riskieren.

Ein solches Interesse dürfte auch Jair Bolsonaro heute nicht haben. Darum machte sich sein neuer Minister Weintraub daran, gleich den gesamten Lehrplan nach ideologischen Kriterien zu modifizieren. Er ließ einen grundlegend veränderten Fragenkatalog für das *Exame Nacional do Ensino Médio* (ENEM) erarbeiten, eine Aufnahmeprüfung, die jeder Schulabsolvent in Brasilien absolvieren muss, wenn er an einer Hochschule studieren will. Themen wie Gender Studies oder gleichgeschlechtliche Partnerschaften kommen nicht mehr vor. Auch die Bewertung der Militärdiktatur soll nun eine deutlich andere sein als zuvor. Statt zu berichten, was »wirklich passiert« sei, seien bisher nur »Lügen« unterrichtet worden, zitierten Medien Jair Bolsonaro. Es werde Zeit, dass die Schüler »nützliche Dinge lernen«.[80]

Freire selbst war unter der Diktatur verfolgt worden, hatte seine Heimat Brasilien verlassen und sein berühmtestes Werk, die *Pädagogik der Unterdrückten,* im chilenischen Exil verfasst und veröffentlicht. Das Buch wurde in 18 Sprachen übersetzt und ist noch heute ein Standardwerk der Reformpädagogik. Nur in Bolsonaros Brasilien soll es das nicht mehr sein. Wenige Monate nach der Amtsübernahme des neuen Präsidenten berichteten Studenten in den sozialen Netzwerken, die Werke Freires seien aus ihren Bibliotheken entfernt worden.

Freire ist nicht der einzige Autor, der dem Kulturkampf zum Opfer zu fallen droht. Im Bundesstaat Rondônia, dessen Gouverneur Marcos Rocha Bolsonaro besonders nahesteht, veröffentlichte der Bildungsminister im Frühjahr 2020 eine Liste mit 43 Büchern, deren Inhalte »nicht geeignet für Jugendliche und Heranwachsende« seien. Auf der Liste stehen zahlreiche Werke von so namhaften Autoren wie Rubem Fonseca, Caio Fernando Abreu, Euclides da Cunha und Nelson Rodrigues. Auch ein Werk von Joaquim Maria Machado de Assis, dem vielleicht bedeutendsten Literaten Brasiliens, und Franz Kafkas Romanfragment *Das Schloss* sind darunter.

Unter der neuen brasilianischen Regierung wurden den öffentlichen Universitäten in Brasília, Rio de Janeiro und Salvador de Bahia, die zu den besten Hochschulen des Landes gerechnet werden, die Mittel gekürzt. Sie seien Brutstätten kommunistischen Gedankenguts und zudem Horte des Drogenkonsums, erklärte Minister Weintraub.[81] Stattdessen macht er Geld dafür locker, die Schullehrpläne im großen Stil umzuschreiben.

Das Thema Homosexualität soll aus christlich-fundamentalistischer Sicht betrachtet, Abtreibung verurteilt, der Klimawandel als Lüge dargestellt, die Abholzung des Regenwaldes am Amazonas als Fortschritt deklariert und die Militärdiktatur positiv umgedeutet werden. Wer braucht da auch noch eine Bewegung wie »Schule ohne Partei«?

Die freie Presse als Staatsfeind Nummer eins

Hohe Priorität besitzt für Jair Bolsonaro auch der Kampf gegen die freie Presse. Gut Freund war er mit den Medien nie, und im Wahlkampf 2018 spitzte sich der Konflikt weiter zu. Kurz vor der ersten Wahlrunde brachte die *Folha de São Paulo,* die einflussreichste Zeitung Brasiliens, unangenehme Enthüllungen über Bolsonaros Kampagne. Das Blatt wies nach, dass der Kandidat mithilfe des sozialen Netzwerkes Whatsapp und mit Unterstützung brasilianischer Unternehmer, aber auch ausländischer Usergruppen versucht hatte, gezielt Unwahrheiten über seinen größten Widersacher, Fernando Haddad von der Arbeiterpartei PT, zu verbreiten.

Bolsonaros Gefolge versuchte natürlich, die Enthüllungen als *Fake News* darzustellen, doch vergeblich. Die Darstellungen der Zeitung sind inzwischen bestätigt, einige der Urheber zur Rechenschaft gezogen worden. Für die Journalistin Patrícia Campos Mello, die bei der Aufklärung der Machenschaften des Bolsonaro-Teams federführend war, hatte die Sache jedoch harsche Folgen. Sie wurde mit Beleidigungen und Beschimpfungen überhäuft und erhielt sogar Morddrohungen.

Auch der Staatspräsident selbst stieg in die Kampagne gegen Campos Mello mit ein. Vor einer Gruppe von Anhängern unterstellte er der Journalistin, für eine Exklusivgeschichte sei sie bereit, »jeden Preis«[82] zu bezahlen – im gegebenen Kontext eine eindeutig frauenfeindliche Anspielung. Es war übrigens keineswegs das erste Mal, dass Bolsonaro derart vulgär wurde. 2014 hatte er sogar über eine PT-Abgeordnete gesagt, sie habe keine Ahnung von Gewaltverbrechen gegen Frauen – schließlich sei sie viel zu hässlich, um jemals Opfer einer Vergewaltigung zu werden.[83] Ähnlich sexistisch äußerte er sich nun über die *Folha*-Reporterin.

Wie Campos Mello sind noch eine ganze Reihe anderer Journalisten beim Präsidenten und seinen Anhängern in Ungnade gefallen. Sie werden öffentlich an den Pranger gestellt und angegriffen. Der Boykott betrifft nicht nur einzelne Personen, sondern erstreckt sich auf die Medien, für die sie schreiben, gleich mit. Als Bolsonaro am Morgen nach seiner Wahl in seiner Wohnanlage seine allererste Pressekonferenz als künftiger Präsident gab – nicht staatsmännisch im Anzug, sondern in Shorts und Flipflops und mit einem zum Rednerpult umfunktionierten Surfbrett –, waren so große Medien wie die *Folha de São Paulo*, die Zeitung *Estado de São Paulo* und viele ausländische Korrespondenten nicht zugelassen. Angeblich aus Platzgründen.

Es sind gerade die großen Qualitätsmedien mit großen Reichweiten, die Bolsonaro vehement zu diskreditieren versucht, weil sie seine Politik kritisch begleiten. In einem Video stellte er nicht nur den Obersten Gerichtshof und internationale Organisationen wie die Vereinten Nationen, sondern auch die Medien als Hyänen dar, derer er sich wie ein Löwe permanent erwehren müsse. Anfragen ausländischer oder als kritisch verdächtigter Journalisten werden von seinem Büro regelmäßig ignoriert und nicht beantwortet. Am liebsten würde Bolsonaro wohl allen Medien, die ihm nicht zu Willen sind, ihre Geschäftsgrundlage entziehen. Bald nach seiner Wahl kündigte er an, die Regierung werde in den großen Blättern künftig keine Anzeigen mehr schalten. Später kündigte er die Abonnements der Regierung für zahlreiche Zeitungen.

Sogar mit dem mächtigen TV-Sendernetzwerk *Globo*, das sich ganz in seinem Sinne in den Jahren zuvor für die Verhaftung und Aburteilung seines Rivalen Lula starkgemacht hatte, legte er sich an. Als die große abendliche Nachrichtensendung *Jornal Nacional* einen Bericht[84] ausstrahlte, der im Mordfall Marielle Franco eine Verbindung zwischen den Bolsonaros und dem mutmaßlichen Hauptzeugen Queiroz herstellte und die Präsidentenfamilie schwer belastete, drohte Jair Bolsonaro damit, *Globo* die Sendelizenz zu entziehen.

Doch die freie Presse weiß sich mit spektakulären journalistischen Enthüllungen zu wehren und ihrerseits den Präsidenten in Bedrängnis zu bringen. Durchaus nicht immer behält Bolsonaro die Oberhand. Als die Journalistin Constança Resende und ihr Vater Chico Otávio im März 2019 im Zusammenhang mit dem Mordfall Marielle Franco erstmals über die Verbindungen von Bolsonaros Sohn Flávio zu den kriminellen Milizen berichteten und sich dabei auf Daten der Steueraufsichtsbehörde COAF stützten, versuchte Bolsonaro prompt, das Gesetz über den Zugang zu Informationen zu verschärfen. Wäre er damit durchgekommen, hätte die Regierung plötzlich die Möglichkeit erhalten, an sich öffentlich zugängliche Informationen nach Belieben und ohne weitere Begründung für maximal 25 Jahre als geheim einzustufen – ein Recht, das dem Präsidenten, seinem Stellvertreter, den Ministern und den Oberbefehlshabern der Streitkräfte bis zu diesem Zeitpunkt nur in einem ganz engen Rahmen zustand. Mit dem Vorhaben kam Bolsonaro aber nicht durch.

Eine Niederlage erlitt der Präsident auch bei seinem Versuch, den in Brasilien untergeschlüpften US-amerikanischen Enthüllungsjournalisten Glenn Greenwald abzuschieben. Greenwald hatte Telegram-Chats veröffentlicht, die nachwiesen, wie der neue Justizminister Sérgio Moro seinerzeit als Bundesrichter im Fall *Lava Jato* unerlaubte Absprachen mit anderen Ermittlern getätigt hatte, um Ex-Präsident Lula ins Gefängnis zu bringen. Doch der Journalist ist mit einem Brasilianer verheiratet, hat daher ein Bleiberecht und ist vor einer Abschiebung geschützt – vorerst zumindest.

Ein Tweet, der nur für Bolsonaros Anhänger witzig erscheinen mag:
»Schick diesen Glenn in meine Botschaft.« Bolsonaro: »Hihihi,
geht klar.«

Denn mittlerweile hat die brasilianische Bundesstaatsanwalt-schaft neue Vorwürfe gegen Greenwald und sechs weitere Personen erhoben. Diesmal geht es um Cyberkriminalität. Die Beschuldigten sollen sich in die Mobiltelefone von Richter Moro und Staatsanwalt Deltan Dallagnol gehackt haben. Anklage konnte gegen Greenwald bislang nicht erhoben werden. Ermittler bestätigten, dass dem Journalisten kein Vergehen bei der Beschaffung und Veröffentlichung von Informationen nachzuweisen sei.

Trotzdem hat sich für Greenwald seit seinen Enthüllungen das Leben massiv verändert. Sein Haus wird rund um die Uhr bewacht, nie verlässt er es ohne Bodyguards. Er ist massiven Drohungen ausgesetzt, und die Behörden unternehmen nichts, um ihn zu schützen. Auf Twitter kursiert ein Foto, das den saudi-arabischen Kronprinzen Mohammed bin Salman mit Jair Bolsonaro zeigt. In einer eingefügten Sprechblase raunt der Prinz dem Präsidenten zu: »Schick diesen Glenn einfach in meine Botschaft!« – eine Anspielung auf den Mord an dem Journalisten Jamal Kashoggi im saudischen Konsulat in Istanbul 2018. Drohungen dieser Art muss Greenwald sehr ernst nehmen.

Das Rechercheportal *Aos Fatos,* das es sich zur Aufgabe gemacht hat, *Fake News* als solche kenntlich zu machen, registrierte schon in den ersten zehn Monaten seit Bolsonaros Amtsantritt mehr als 160 Angriffe[85] auf Journalisten und Medien, die Bolsonaro ganz offen als »unsere Feinde« bezeichnet.[86] Auch die Organisation »Reporter ohne Grenzen« verfolgt diese Entwicklung mit Sorge. Sie konstatiert aber auch, dass viele Medien durch ihre Berichterstattung dazu beigetragen hätten, dass Bolsonaro überhaupt erst gewählt werden konnte. »Die neue Situation bringt große Herausforderungen für die freie Meinungsäußerung und das Recht auf Information«, heißt es in einer Stellungnahme aus dem Januar 2020.[87] »Es wird deutlich, dass der Gebrauch sozialer Netzwerke, die Verbreitung von Desinformationen und Falschinformationen und der Versuch, klassische Medien zu disqualifizieren, die Kommunikationstaktik der Regierung bleibt.«

Kulturförderung nur nach Gesinnungsprüfung

Neben dem Bildungssektor und der Presse ist die Kultur das dritte Feld, auf dem Bolsonaro seinen Kampf gegen Linke und alle anderen Andersdenkende austrägt. Die Auseinandersetzung kristallisiert sich um ein 1991 erlassenes Gesetz, das zum Ziel hatte, Kultur zu fördern und auch in den entlegenen Gebieten des Landes zugänglich zu machen. Außerdem sollte es die kulturellen Ausdrucksformen und den Pluralismus der nationalen Kultur schützen und fördern. Die Idee dazu hatte der damalige Kulturstaatssekretär Sérgio Paulo Rouanet. Seinetwegen wird das Gesetz im Volksmund auch als *Lei Rouanet,* also als Rouanet-Gesetz, bezeichnet.

Finanziert werden sollte die Kulturförderung aus privaten Mitteln. Firmen konnten Geld spenden und dafür einen bestimmen Anteil der Kosten steuerlich geltend machen. Einer der größten Förderer wurde so das halbstaatliche Ölunternehmen *Petrobras*. Aus Sicht Bolsonaros hat sich das Projekt jedoch verselbstständigt, und damit hat er nicht völlig Unrecht. Auch etablierte Künstler, die es eigentlich nicht mehr nötig hätten, haben offenbar Millionen für ihre Shows kassiert. Wo viel öffentliches Geld im Umlauf ist, ist der Missbrauch auch und gerade in Brasilien oft nicht weit.

Bolsonaro kritisierte aber auch, dass sich viele Künstler genau wegen des vielen Geldes mit Lula da Silva und dessen Arbeiterpartei politisch solidarisiert hätten. Sie hätten gewissermaßen gegen Geld aus der Kulturförderung ihre Seelen verkauft. Vor allem einen schien er im Blick zu haben: den Musiker Gilberto Gil, einen Weltstar, der unter Lula zeitweilig Kulturminister war. Gemeinsam mit anderen namhaften Künstlern wie etwa dem Sänger Chico Buarque oder den Sängerinnen Daniela Mercury oder Adriana Calcanhotto hatte er im Wahlkampf gegen Bolsonaro Position bezogen. Ob Gil und die anderen unter den PT-Regierungen freilich Geld aus dem Fördertopf erhalten hatten oder nicht, ist jedoch ungeklärt.

Ein weiterer Kritikpunkt Bolsonaros an der *Lei Rouanet* war stets, dass durch das Gesetz zu viele Kulturformen Förderung erhielten, die aus seiner Sicht keine Kunst darstellten – ein »Queermuseum« etwa. Also tat Bolsonaro das, was Órban auch in Ungarn zu tun pflegt: Um jedem die Finanzierung streichen zu können, der nicht linientreu ist, ließ er das Gesetz ändern. So sollen Kulturschaffende zu Loyalität gezwungen und gefügig gemacht werden.

Die maximale Förderung von Kulturprojekten hat die Regierung auf eine Million Reais gedeckelt, das sind rund 200 000 Euro. Das mag vernünftig sein, schließlich sollen vor allem noch wenig bekannte Künstler unterstützt werden. Das Problem liegt woanders: Um überhaupt für eine finanzielle Förderung infrage zu kommen, müssen sich die Anwärter dem neuen Zeitgeist unterwerfen. Bolsonaro hat angekündigt, Künstler würden künftig vor der Bewilligung von Geldern einer genauen Überprüfung unterzogen.

Dabei soll es nicht um künstlerische Kriterien gehen. Gedacht ist vielmehr an eine Art Gesinnungstest. Wer etwa an Demonstrationen gegen die Regierung teilgenommen hat, wird es künftig sehr schwer haben, an staatliche Förderung zu gelangen. Es geht um nicht weniger als Zensur. Im Staatssekretariat für Kultur sei eine entsprechende Datenbank bereits in Arbeit, wird in Brasilien gemunkelt.

Zum Chef des Ressorts hatte Bolsonaro im Juni 2019 Roberto Alvim ernannt. Damit bewies er ein weiteres Mal, dass ihm bei der Besetzung von Schlüsselpositionen Linientreue wichtiger war als Fachkenntnis. Kritiker wie Vik Muniz jedenfalls sprechen dem Staatssekretär, der zuletzt den *Club Noir* in São Paulo betrieb, dort jedoch in wirtschaftlichen Schwierigkeiten steckte, jede Eignung für das Amt ab. Alvim fehle jegliche Qualifikation, urteilt Muniz.

Der Fotograf und Ausstellungskurator, der als einer von ganz wenigen zeitgenössischen brasilianischen Künstlern auch auf internationaler Ebene den Durchbruch geschafft hat, sieht Kunst und Kultur in Brasilien zu »reinen Vehikeln der ideologischen Propaganda verkommen«. Bolsonaros Politik sei ein einziges Projekt der Zerstörung. Der Präsident habe »einen Umweltminister ernannt, der verbunden ist mit der Holzfällerlobby. Einen Kulturstaatssekretär, der über Ideologie der Linken spricht und zugleich eine rechte Ideologie betreibt.«[88]

Alvim höchstselbst lieferte wenig später den Beweis für Muniz' Vorwürfe. Ein im Januar 2020 verbreitetes, knapp sieben Minuten langes Video zeigt ihn an seinem Schreibtisch – über sich ein Foto des Präsidenten, neben ihm die brasilianische Flagge –, wie er die Kulturpolitik der Regierung erläutert. Alvim erklärt, die künftige Kunst Brasiliens solle »heroisch« sein, »frei von Sentimentalität«, dafür »national und mit großem Pathos und gleichzeitig zwingend – oder gar nichts«.

Die kurze Ansprache schlug Wellen. Denn es stellte sich heraus, dass die Textpassagen nicht von Alvim selbst stammten. Der Kulturstaatssekretär hatte vielmehr freizügig aus dem Repertoire von Joseph Goebbels zitiert. Es existieren Bilder des früheren Nazi-Reichspropagandaministers in ganz ähnlicher Position wie nun Alvim, nur dass über ihm das Konterfei Adolf Hitlers hängt. Die Analogien gingen noch weiter: Als Hintergrundmusik des Videos war ausgerechnet die Wagner-Oper *Lohengrin* zu hören, eines von Hitlers musikalischen Lieblingsstücken.

Diese Häufung von Parallelen und Zitaten sorgte für einen öffentlichen Aufschrei. Auch der israelische Botschafter Yossi Shelley und die deutsche Botschaft äußerten sich empört über die Rede. Bolsonaro selbst nannte in den sozialen Netzwerken die Äußerungen seines Staatssekretärs »unglücklich«. Wenige Stunden nach der Veröffentlichung des Videos setzte er Alvim den Stuhl vor die Tür. Es blieb ihm gar nichts weiter übrig.

Anzumerken bleibt an dieser Stelle jedoch, dass Anspielungen auf den Nationalsozialismus bei der aktuellen Regierung Brasiliens ziemlich regelmäßig vorkommen. Bolsonaro selbst hatte in der Holocaust-Gedenkstätte Yad Vashem behauptet, der Nationalsozialismus sei in Wahrheit eine linke Ideologie gewesen – ein irrwitziger Diskurs, den er von seinem Außenminister Ernesto Araújo übernommen hatte. Von Bildungsminister Abraham Weintraub, der selbst jüdischen Ursprungs ist, ist aus einem Radiointerview ein abstruser Vergleich zwischen der Reformpädagogik von Paulo Freire und dem Medikament Aspirin überliefert. Die Nazis hätten seinerzeit das Aspirin erfunden, und er benutze es, weil es funktioniere – ganz anders eben als Freires Pädagogik, so Weintraub.

Dass Aspirin – oder Reine Acetylsalicylsäure, wie der wissenschaftliche Name des Wirkstoffs lautet – gar nicht von den Nazis, sondern erstmals schon 1897 von Felix Hoffmann in Zusammenarbeit mit Arthur Eichengrün bei Bayer synthetisiert wurde, sei hier nur am Rande erwähnt.

Die Diktatur wird wieder hoffähig

Regelrechte Nostalgie hegt Bolsonaro für die Zeit der Militärdiktatur, deren einziger Fehler es gewesen sei, ihre Gegner nicht
getötet, sondern nur gefoltert zu haben.[89] Jährlich am 31. März
feiert er den Jahrestag des Militärputschs von 1964, der ein Akt
der Befreiung gewesen sei: Die Militärs, da sind sich Bolsonaro
und seine Gefolgschaft sicher, hätten Brasilien davor bewahrt,
ein kommunistischer Staat wie Kuba zu werden.

Auch für die Diktatoren, die in den anderen Ländern der
Region regierten wie Augusto Pinochet in Chile oder Alfredo
Stroessner in Paraguay, findet Bolsonaro stets lobende Worte.
Die Verfolgung und Folter Andersdenkender dort wie in Bra-
silien; die Tatsache, dass der Staat sehr weit in das Leben der
Bürger hineinregierte – all das blendet er aus. Für Bolsonaro
waren die Jahre von 1964 bis 1985 eine goldene Epoche: die Zeit
des Heranwachsens, der Ausbildung beim Militär, des Beginns
seiner politischen Karriere und die Zeit, in der er eine eigene
Familie gründete. Auf diese Ära lässt er nichts kommen.

Deshalb ist ihm die Wahrheitskommission zur Aufklärung
der während der Militärdiktatur begangenen Menschenrechtsverletzungen, die 2009 noch von Präsident Lula da Silva initiiert
und dann 2014 unter dessen Nachfolgerin Dilma Rousseff offiziell ins Leben gerufen wurde, ein Dorn im Auge. Die von der
Kommission durchgesetzte staatliche Entschädigungszahlung
für Diktaturopfer, *bolsa ditadura* genannt, betrachtet er als überflüssig, und am liebsten würde er sie abschaffen.

Eine pauschale Streichung der Hilfe kommt derzeit kaum
infrage. Aber Bolsonaro tut, was in seiner Macht steht, um den
Zugang zu dieser Unterstützung zu erschweren. Ein erster
Schritt hierzu war es, den gesamten Bereich unter eine andere
Zuständigkeit zu stellen. Zunächst war das Ministerium für Fa-
milie und Menschenrechte die übergeordnete Behörde für die
Kommission. Nun wurde sie wieder dem Justizministerium an-
gegliedert.

Zum Vorsitzenden machte Bolsonaro João Nascimento de Freitas, einen Anwalt, der in der Vergangenheit die Entscheidungen der Kommission immer wieder kritisiert hatte. Er hatte von 2005 bis 2012 im Abgeordnetenbüro von Flávio Bolsonaro in der Gesetzgebenden Versammlung von Rio de Janeiro gearbeitet. Nascimento hatte auch zu den Unterzeichnern einer Petition gehört, die forderte, den Angehörigen des vom Militär getöteten linken Widerstandskämpfers Carlos Lamarca die Pension zu streichen.

Seit die Kommission umbesetzt wurde, werden dort immer wieder Stimmen laut, die auf eine Umkehr von Tätern und Opfern hinauslaufen. Anträge auf Entschädigung werden mitunter als »Forderungen von Terroristen« hingestellt. Noch einen Schritt weiter ging die Abgeordnete Carla Zambelli von der PSL. Sie forderte eine Kommission, die die Wahrheitsfindungskommission überwachen solle. Ihre Begründung: Die Wahrheitskommission lenke den Blick nur auf eine Seite der Geschichte und lasse Menschenrechtsverletzungen durch Linke unberücksichtigt.

Zu Carla Zambelli ist eine Anmerkung angebracht: Im Wahlkampf 2018 bezichtigte sie den linken Kongressabgeordneten Jean Wyllys der Pädophilie und wurde für diese Verleumdung von einem Gericht zu einer Geldstrafe verurteilt. So viel dazu, wie sie es selbst mit der Wahrheit hält.

Zankapfel Amazonien

Kaum eine Region steht in der Außenwahrnehmung Brasiliens so sinnbildlich für das Land, seinen Artenreichtum, seine Natur und seine schier unerschöpflichen Ressourcen wie Amazonien – das größte zusammenhängende Urwaldgebiet der Erde. Es steht aber vor allem in jüngerer Zeit zugleich sinnbildlich für Raubbau, Umweltzerstörung und ein überholtes Fortschrittsdenken.

Das Ökosystem Amazoniens ist massiv bedroht, und diese Bedrohung kommt aus mehreren Richtungen gleichzeitig. Der Agrar-, der Rohstoff- und der Energieindustrie gilt die Region als ein Wirtschaftsraum, den es zu erschließen gilt. Brasiliens Militär weist Amazonien seit jeher eine zentrale strategische Bedeutung für das Land und seine Sicherheit zu. Alle diese Interessen kollidieren mit den Bedürfnissen der letzten Urvölker Brasiliens, für die Amazonien ihr Lebensraum ist. Seit Jair Bolsonaro Präsident Brasiliens ist, ist diese Bedrohung für Amazonien noch größer geworden.

Unter Bolsonaros Vorgängern hatte sich zeitweilig eine kleine Hoffnung herausgebildet, es könnte gelingen, die Zerstörung Amazoniens wenn auch nicht aufzuhalten, dann doch wenigstens zu verlangsamen. Davon kann spätestens seit dem 10. August 2019 keine Rede mehr sein. Als *dia de fogo,* »Tag des Feuers«, hat sich dieser Tag in die Erinnerung der Menschen eingebrannt. Glücksritter und Landspekulanten im Bundesstaat Pará hatten sich über soziale Netzwerke verabredet, um konzertiert den Regenwald an vielen Stellen gleichzeitig in Brand zu setzen. Mehr als 90 000 Feuer zählte Brasiliens Weltraumbehörde, das *Instituto Nacional de Pesquisas Espaciais* (INPE), am Jahresende – eine Steigerung um fast 500 Prozent im Vergleich zum Vorjahr. 2020 ging das Roden und Brandschatzen nahezu ungebremst weiter, auch wenn die Weltöffentlichkeit schon wieder wegzusehen begann. Im ersten Quartal, eigentlich wegen der Regenzeit der Zeitraum mit den wenigsten Abholzungen, wurden bereits fast 30 Prozent mehr Flächen gerodet als im gleichen Vorjahreszeitraum.[90]

In der Regierung in der Hauptstadt Brasília besorgt das niemanden. Im Gegenteil: Für Präsident Jair Bolsonaro ist es genau das, was er wollte: Amazonien als Rohstofflager wirtschaftlich nutzbar machen – koste es, was es wolle.

Einer der Menschen, die ihm dabei im Wege standen, war Ricardo Galvão, der Leiter der Weltraumbehörde. Dabei machte der nichts weiter als seinen Job: Er erhob Daten, wertete sie aus und veröffentlichte sie. In Wissenschaftskreisen hatte ihm seine Arbeit großen Respekt eingebracht. Galvão war Präsident der Brasilianischen Gesellschaft für Physik und ist Mitglied der European Physical Society. Doch seine Behörde beging einen Fehler: Sie machte Daten publik, die dem Präsidenten nicht passten. Schlimmer noch, sie stellten seine Regierung in ein schlechtes Licht und setzten Bolsonaro unter Druck. Die Weltöffentlichkeit war besorgt über die drastisch steigende Zahl der Waldbrände im Amazonasgebiet, und sie erwartete von Brasiliens Staatschef, dass er sich dazu äußern würde. Etwas, das Bolsonaro nie in seinem Leben tun wollte.

Also versuchte Bolsonaro zunächst einmal, das Thema von sich wegzuschieben, und zwar so, wie er es häufig tut. Er ging zum Angriff über und versuchte, den Gegner zu diffamieren. Er habe das Gefühl, die vom INPE veröffentlichten Daten über die Abholzung des Regenwaldes seien Lügen, erklärte er. Galvão arbeite in Wahrheit vermutlich für eine Nichtregierungsorganisation, und Nichtregierungsorganisation ist in Bolsonaros Welt nahezu deckungsgleich mit Staatsfeind.[91]

Doch der INPE-Präsident ließ sich nicht einschüchtern. Galvão erklärte, Jair Bolsonaro müsse verstehen, dass er als Präsident der Republik in der Öffentlichkeit nicht wie in einer Straßenkneipe reden könne. Die Worte des Präsidenten seien zwar gegen ihn persönlich gerichtet, schlimmer sei aber, dass sie eine wissenschaftliche Institution des Staates in Misskredit zu bringen versuchten. Galvão gewann die öffentliche Auseinandersetzung, seinen Job aber war er los. Am 7. August 2019 wurde er von Bolsonaro aus dem Amt gejagt.

Sein Nachfolger wurde Darcton Policarpo Damião. Der ist in Wissenschaftskreisen weitgehend unbekannt, dafür erfüllt er aber ein bei Bolsonaro wesentlich wichtigeres Einstellungskriterium: Er ist Soldat. Immerhin ist er halbwegs vom Fach. An der Universität von Brasília hat er Nachhaltige Entwicklung studiert, seine Abschlussarbeit schrieb er über die Abholzungen in der Amazonasregion.

Die Absetzung Galvãos hallte nach, auch über die Grenzen Brasiliens hinaus. »Ich glaube nicht, dass Präsident Jair Bolsonaro die vom INPE vorgelegten Daten anzweifelt, wie er selbst sagt. Sie sind für ihn in Wahrheit nur unbequem«, sagte Douglas Morton, Direktor des Labors für Lebenswissenschaften am US-Raumfahrtzentrum, der BBC. Das INPE habe stets technisch umsichtig und wissenschaftlich sorgfältig agiert. Deshalb sei die Entlassung Galvãos »extrem alarmierend«.

Klimaziele rücken in weite Ferne

Um die Bedeutung der Wälder Amazoniens für die Umweltbilanz Brasiliens und der Welt besser abschätzen zu können, ist es hilfreich, sich einige Zahlen vor Augen zu führen. Brasilien ist im globalen Maßstab der siebtgrößte Produzent von Treibhausgasen, was zunächst einmal mit der schieren Größe des Landes zu tun hat. Knapp die Hälfte des Energiebedarfs wird aus sauberen Quellen gedeckt. Der Strom kommt sogar zu 85 Prozent aus erneuerbaren Ressourcen, wenngleich hier eine Einschränkung nottut: Überwiegend handelt es sich um Wasserkraft aus Großstaudämmen, und die sind ökologisch in hohem Maße umstritten.

Für die Treibhausgasemissionen ist zu 70 Prozent die Landwirtschaft verantwortlich. Ein Großteil des Kohlendioxids wird bei der Waldvernichtung freigesetzt. Um die 2009 in Kopenhagen vereinbarten Klimaziele der UN zu erreichen, dürften im Jahr nicht mehr als 3900 Quadratkilometer Land brandgerodet werden. Zwischen August 2018 und August 2019 waren es jedoch rund 9700 Quadratkilometer.

Schon mit Beginn seiner Präsidentschaft hatte Bolsonaro die Weichen auf eine noch schnellere Erschließung der Amazonasregion gestellt. Zu seinem Umweltminister machte er Ricardo Salles. Dieser ist nicht vom Fach, sondern Betriebswirt und Jurist und hat den Auftrag, den Umweltsektor zu liberalisieren. An seinem vorigen Wirkungsort, in São Paulo, befand ihn 2018 ein Gericht für schuldig, die Planung eines Naturschutzgebiets manipuliert zu haben, um privaten Bergbauunternehmen einen Vorteil zu verschaffen.[92]

Bergbauinteressen gehen auch Bolsonaro vor Umweltschutz. Dabei bedient er sich eines ähnlichen Slogans wie sein Amtsvorgänger Getúlio Vargas Mitte des 20. Jahrhunderts. »Das Erdöl gehört uns«, hatte der Populist Vargas propagiert, um damit der Welt zu zeigen, dass er entschlossen sei, Brasilien aus einem Rohstoffe produzierenden Drittweltland in eine Industrienation zu verwandeln. Bolsonaro verbreitet nun die Losung »Der Amazonas gehört uns« und will das als Warnung an all jene verstanden wissen, die doch nur darauf aus seien, Brasilien seine Bodenschätze zu rauben. Der Unterschied: Vargas wusste noch nicht, dass die Amazonasregion von übergeordneter ökologischer Bedeutung für das Überleben der Menschheit ist. Bolsonaro weiß es, oder er könnte es zumindest wissen, wenn das Thema ihm nicht derart gleichgültig wäre.

Bolsonaros Ignoranz schafft beste Voraussetzungen für Spekulanten, die wieder vermehrt nach Amazonien vordringen und dort illegal Land roden und besetzen. Er spornt sie sogar noch an, vollendete Fakten zu schaffen, denn seine Regierung plant, ungeklärte Besitzverhältnisse zu legalisieren. Das liefe in diesem Fall auf eine Amnestie für Landräuber hinaus. Selbst wenn das Gesetzesprojekt noch nicht in trockenen Tüchern ist, stellt die bloße Aussicht auf Straffreiheit natürlich bereits einen enormen Pull-Faktor dar.

Bei weitem nicht jedes Stück Land in der Region, das gerodet wird, wird sogleich für Viehzucht und Sojaanbau genutzt. Oft geht es den Spekulanten einfach darum, sich Grund und Boden unter den Nagel zu reißen, der bisher dem Staat gehörte oder traditionelles Siedlungsgebiet der brasilianischen Urbevölkerung war. Das geht zu Lasten der Indigenen, aber auch der

Kleinbauern und der Umweltschützer, die sich den Spekulanten in den Weg stellen. Sie leben im Wilden Westen Brasiliens zunehmend gefährlich, werden Opfer von Angriffen, gewaltsam vertrieben oder sogar ermordet. Als Speerspitze der Landräuber agieren nicht selten die *Garimpeiros,* die auf der Suche nach Gold in Reservate und Naturschutzgebiete eindringen und den Weg bereiten für Holzfäller und Bauern, die ihnen folgen.

Dieser Trend wird noch verstärkt durch die von Bolsonaro durchgesetzte Liberalisierung der Waffengesetze. Von ihr profitieren nicht zuletzt die Landbesitzer, für die es jetzt noch leichter wird aufzurüsten. Sie sind eine einflussreiche politische Macht, mit der es sich Bolsonaro keinesfalls verscherzen will. In den abgelegenen Gebieten Amazoniens ist die Staatsmacht oft weit, und wer Gewalt anwendet, hat Strafverfolgung kaum zu befürchten. Die Leidtragenden sind die Kleinbauern und Indigenen, die keine Lobby haben und Bolsonaros Explorationszielen im Wege stehen.

Die internationale Kritik an der Untätigkeit der Bolsonaro-Regierung angesichts der zunehmenden Waldbrände nimmt unterdessen zu, und sie beschränkt sich nicht mehr auf mahnende Worte. Vor allem Norwegen und Deutschland machen Druck. Beide Länder haben seit 2008 mehr als eine Milliarde Euro in den sogenannten Amazonasfonds eingezahlt, mit dem der Erhalt des Ökosystems (oder zumindest eines kleinen Teils von ihm) gesichert werden soll. Angesichts der Brandrodungen setzte zunächst die Bundesregierung und dann auch die Regierung in Oslo ihre Zahlungen aus. Sie reagierten damit auch auf Überlegungen von Umweltminister Salles, der Geld aus dem Fonds zweckentfremden wollte, um damit Großgrundbesitzer zu entschädigen, die aufgrund von Schutzbestimmungen auf ihrem Land keine Landwirtschaft mehr betreiben dürfen.

Bolsonaro ließ das anscheinend kalt. Brasilien brauche dieses Geld nicht, erklärte er. Endlich habe Deutschland damit aufgehört, »Amazonien aufzukaufen«. Offenbar erwartet er sich aus seiner Amazonasoffensive eine Wertschöpfung, die deutlich mehr einbringt als alle Hilfsfonds zur Erhaltung des Waldes. Seine Regierung wies sogar die 20 Millionen Euro Soforthilfe zur Brandbekämpfung zurück, die der G7-Sondergipfel im August 2019 in Biarritz in Aussicht gestellt hatte. Eine Einmischung in innere Angelegenheiten werde man nicht dulden. Das Amazonasgebiet sei »keine Kolonie und kein Niemandsland«, es befinde sich nun einmal zu einem Großteil auf brasilianischem Staatsgebiet. Ausländische Mächte hätten dort nichts verloren.

Bolsonaro wäre auch nicht Bolsonaro, hätte er die Gelegenheit nicht genutzt, noch eine weitere Breitseite abzufeuern. Als Ziel pickte er sich Frankreichs Präsidenten Emmanuel Macron heraus, der laut darüber nachgedacht hatte, die seit mehr als 20 Jahren andauernden Verhandlungen über ein Freihandelsabkommen zwischen der EU und dem Mercosul zu blockieren, sollte die brasilianische Regierung die Brände nicht nachhaltig bekämpfen. Macron, dessen Lebensgefährtin bekanntlich wesentlich älter ist als er selbst, sei doch nur neidisch, weil er, Jair Bolsonaro, eine viel jüngere und viel attraktivere Frau habe, erklärte er.[93] Auf diesem Niveau wurden die drängenden Probleme der Weltpolitik im Jahr 2019 diskutiert.

Ein paar Monate später hatte Bolsonaro es sich jedoch anders überlegt. Beim Klimagipfel COP 25 in Madrid, der ursprünglich einmal in Brasilien hätte stattfinden sollen, deutete sein Minister Salles im Dezember 2019 an, dass die Regierung sich durchaus vorstellen könnte, für genug Geld ihre Umweltschutzstrategie zu überdenken. Er forderte zehn Prozent der 100 Milliarden Dollar, die für den weltweiten Waldschutz diskutiert wurden. Oder anders formuliert: Geld her, oder der Wald stirbt.

Historischer Grenzstreit

Aber kehren wir noch einmal zurück zu Bolsonaros Pöbeleien gegen Macron. Was vordergründig wie pubertäres Schulhof-Gehabe anmutete, hatte eine tiefere Bewandtnis. Es ging um eine alte Wunde im Selbstverständnis der Brasilianer: die Angst, irgendwann die eigene Unabhängigkeit wieder zu verlieren und abermals koloniales Anhängsel eines anderen Staates zu werden. In der brasilianischen Politik ist die Verteidigung der nationalen Souveränität ein hochsensibler Punkt. Diesen Punkt sah Bolsonaro offensichtlich berührt.

Denn ausgerechnet mit Frankreich steckt Brasilien in einem seit 300 Jahren schwelenden Grenzstreit. Im Norden grenzt das Land auf rund 700 Kilometern an das französische Überseedepartment Französisch-Guayana. Noch in Kolonialzeiten kamen sich die französische und die portugiesische Krone hier auf der Suche nach Handelswegen und Rohstoffen in die Quere. Frankreich hatte an der südamerikanischen Küste die Hafenstadt Cayenne gegründet und wollte von dort aus seinen Einflussbereich ausdehnen bis zum Amazonas, von dem man nur wusste, dass er irgendwo dort in der Nähe floss. Das gefiel den Portugiesen nicht. Sie versuchten anhand von alten Karten nachzuweisen, dass die Gegend, in der die Franzosen siedelten, eigentlich komplett ihnen gehörte. Zu spät, die Franzosen hatten längst Fakten geschaffen.

In einer Klausel der Friedensverträge von Utrecht, die 1713 den Spanischen Erbfolgekrieg beendeten, verpflichtete sich Frankreich immerhin, seine Siedler auf das Nordufer des Flusses Oyapock zurückzuziehen. Als in den 1890er-Jahren jedoch Gold in der Region gefunden wurde, zogen mehr Franzosen als je zuvor in die Außenbesitzung ihres Landes. Wieder musste ein Schlichter von außerhalb her, um den Streit mit Brasilien nicht eskalieren zu lassen. 1900 sprach ein Schweizer Gericht Brasilien das größere Stück der noch umstrittenen Fläche zu. Seither ruht der Streit offiziell.

Doch es gibt neues Konfliktpotenzial. Neue Edelmetallfunde haben wieder Scharen von Goldsuchern angelockt, diesmal aber vornehmlich auf brasilianischer Seite. Die Franzosen, für die ihr Überseedepartement nicht zuletzt wegen des dort gelegenen

ESA-Weltraumbahnhofs Kourou strategischen Wert hat, versuchen nun, sich gegen diesen Zustrom abzuschirmen. Trotzdem sollen an die 200 000 illegale Einwanderer, 70 Prozent von ihnen aus Brasilien, in Französisch-Guayana leben.

Anfang Februar 2020 fiel der Zeitung *Folha de São Paulo* ein internes Strategiepapier des brasilianischen Militärs in die Hände, in dem die größten Bedrohungsszenarien und Sicherheitsrisiken für die nächsten 20 Jahre skizziert werden. Ganz weit oben auf der Liste steht ein möglicher Krieg mit Frankreich. Der jahrhundertealte Grenzkonflikt schwelt munter weiter.

Anerkennen muss man allerdings, dass die Sorge Brasiliens, wie sich das gewaltige Gebiet Amazoniens vor einem Zugriff von außen effektiv schützen lässt, durchaus nachvollziehbar ist. Sie trieb das Land auch schon um, ehe Bolsonaro Präsident wurde. Vom heutigen Sicherheitsminister Augusto Heleno gibt es dazu ein Interview aus dem Jahr 2008. Dort erklärt er als damaliger Kommandeur des Militärischen Kommandos in Amazonien, es gelte, das Staatsgebiet zu verteidigen vor bewaffneten Untergrundgruppen und Drogenhändlern, vor Umweltverbrechen und internationaler Gier.

Sieben Anrainerstaaten hat der Amazonas, und sie gehen irgendwo im Busch ineinander über. Das bietet ideale Voraussetzungen für Schmuggel und illegalen Raubbau. Vor ihnen könne Brasilien sich am effektivsten schützen, indem die Region dichter besiedelt werde, erklärte General Heleno.

Die brasilianische Armee hatte zum damaligen Zeitpunkt bereits damit begonnen, Truppen verstärkt in die Amazonasregion zu verlegen. Nicht, weil eine akute Kriegsgefahr bestünde: Man müsse zwar vorbereitet sein, aber »die Wahrscheinlichkeit dafür ist nicht hoch«, so Heleno. Was auch passieren werde, einen Krieg im klassischen Sinne werde es nicht geben.

Ein konkretes Feindbild scheinen die Militärs also nicht zu hegen. Eher herrscht ein diffuses Misstrauen, das sich im Grunde gegen alles und jeden richtet. Ist die Vorsicht angebracht, oder grenzt sie doch schon an Paranoia? Heleno steht mit seiner Sichtweise im Militär jedenfalls keinesfalls allein, und er ist nicht einmal der Radikalste. Ob der *capitão* Jair Bolsonaro, der so viele Generäle in die Regierung geholt hat wie kein Präsident vor ihm, im Fall der Fälle mäßigend auf die Streitkräfte einwirken würde, bleibt dahingestellt.

Die Indigenen sind im Weg

Der (militär-)strategische Blick der Bolsonaro-Regierung auf Amazonien zeigte sich, als im April 2020 nach längerer Pause wieder einmal der Nationale Rat für Amazonien *(Concelho Nacional da Amazonia)* zusammengerufen wurde. In diesem Gremium sitzen nach den jüngsten Umstrukturierungen 19 Militärs, aber nicht ein einziger Vertreter aus der Umweltbehörde IBAMA oder der Indigenenbehörde FUNAI.[94] Dabei sind die Indigenen für den Präsidenten nicht etwa ein Feindbild. Sie sind ihm einfach egal. Bolsonaros eigentlicher Argwohn gilt den ausländischen Regierungen und Nichtregierungsorganisationen, die die Bewahrung des Regenwaldes und damit auch des Lebensraumes der Urbevölkerung fordern. Sie stehen bei ihm und seiner Regierung im Verdacht, sie handelten nicht aus purer Menschenfreundlichkeit, sondern seien letztlich nur daran interessiert, sich die Bodenschätze unter den Nagel zu reißen.

Auch damit steht der Präsident keinesfalls allein in Brasilien. Es kursieren diverse Verschwörungstheorien in diesem Zusammenhang. Eine der verwegensten stammt von Bundesstaatsanwalt Sérgio de Oliveira Netto, der einen Master in internationalem Recht mit dem Schwerpunkt Menschenrechte besitzt. Netto vertritt die These, dass NGOs die Indigenen, die sie zu schützen vorgeben, lediglich benutzen, um deren Gebiete vom brasilianischen Staatsterritorium abzukoppeln, um dann umso leichteres Spiel zu haben, an die Bodenschätze und Ressourcen heranzukommen.

Es ist nicht unbedingt die Radikalität mancher Wortmeldung, die aufmerken lässt, sondern die Tatsache, dass solche Meinungen in der Bevölkerung weit verbreitet sind. Ob in den Leserbriefspalten oder in den sozialen Netzwerken – geht es um die Indigenen, landet die Diskussion unweigerlich bei den Rohstoffen. Die Notwendigkeit, indigenen Völkern eigene Gebiete zuzugestehen, in denen sie vor der Zivilisation weitgehend geschützt ihre Lebensweise pflegen können, ist nicht *Common Sense* in Brasilien.

Aktuell leben nach offiziellen Angaben noch rund 300 indigene Völker im fünf Millionen Quadratkilometer großen brasilianischen Teil des Amazonasurwaldes. An der Gesamtbevölkerung des Landes, zurzeit rund 210 Millionen, machen sie noch nicht einmal ein halbes Prozent aus. Ihre Schutzgebiete nehmen jedoch etwa 13 Prozent der Fläche Brasiliens ein. Für viele Brasilianer ist das ein Unverhältnis, das dringend einer Korrektur bedarf. Angestammter Besitz ist – zumindest in diesem Fall – kein von Gott gegebenes Recht, argumentieren Gegner der Schutzgebiete, zu denen auch Präsident Jair Bolsonaro zählt.

Brasiliens Verfassung verbrieft ihren Bürgern ein Recht auf Fortschritt, und die Regierung ist beauftragt, ihn zu gewährleisten. Deshalb müsse sie die Indigenen vor den ausländischen NGOs schützen, die die Urvölker von Veränderungen abzuschirmen versuchten, ist in Brasilien immer wieder zu hören. Die Wirklichkeit ist jedoch eine andere. Die wirkliche Bedrohung für die Indigenen geht von den Gruppen aus, die in ihre Gebiete eindringen. Wirtschaftliche Abhängigkeit, psychische Überforderung, seelische Belastungen und Drogen- oder Alkoholsucht sind eine riesige Gefahr.

Holzfäller, Landräuber, Goldsucher tragen Krankheitserreger in die indigenen Völker. Deren Immunsystem ist selbst Grippeerregern, die für Menschen mit europäischer Herkunft harmlos sind, schutzlos ausgeliefert. Oft sterben große Teile der Dorfgemeinschaften, manchmal sogar ganze Völker. Immer wieder wird zudem von Gewalttaten, ja von Morden berichtet. Nur selten wird eines dieser Verbrechen von den Behörden aufgeklärt. Die Gewaltspirale dreht sich immer schneller.

»Erzwungene Entwicklung und Fortschritt machen indigene Völker weder gesünder noch glücklicher. Die Folgen erzwungener Anpassung sind für indigene Völker oft fatal. Der mit Abstand wichtigste Faktor für das Wohlergehen indigener Völker ist die Anerkennung ihrer Landrechte«, konstatiert die auch in Brasilien aktive Hilfsorganisation *Survival International* in ihrem aktuellen Bericht »Fortschritt kann töten – ich möchte dieses Leben nicht«.

Jair Bolsonaro fechten solche Warnungen nicht an. Der für den Schutz der Indigenen und ihrer Lebensräume zuständigen Behörde FUNAI hat er das Budget so kräftig gekürzt, dass sie nahezu handlungsunfähig ist.

Und damit nicht genug der schlechten Nachrichten. Im Februar 2020 gab die FUNAI bekannt, sie habe einen neuen Zuständigen für die nichtkontaktierten Völker in Amazonien gefunden: Ricardo Lopes Dias. Der Anthropologe hatte über die Organisation *Missão Novas Tribus do Brasil* (MNTB) zehn Jahre lang, von 1997 bis 2007, an der Missionierung von Indigenen tief im brasilianischen Amazonasgebiet mitgewirkt. Das Nachrichtenportal *Amerika 21* beschreibt die MNTB so: »Diese in den USA gegründete Mission ist unter indigenen Organisationen bekannt, weil sie den Kontakt zu Gruppen erzwingt, die isoliert leben, und versucht, diese zu evangelisieren. Die MNTB wurde beispielsweise mit Epidemien in Verbindung gebracht, die das Zoé-Volk 1982 auslöschten.«[95]

Für die FUNAI könnte diese Personalie einen kompletten Paradigmenwechsel und einen Rückfall in überwunden geglaubte Zeiten bedeuten. Die Militärs hatten während der Diktatur ganz gezielt den Kontakt zu indigenen Völkern gesucht, die bis dahin keinen Kontakt zur Welt der Weißen unterhielten. Die Strategie der FUNAI bestand hingegen zuletzt darin, möglichst keinen Kontakt mehr herzustellen. Die Organisation *Survival International* fürchtet fatale Folgen, wenn die Behörde in Person von Lopes Dias nun wieder gezielt versuchen sollte, diese Völker zu kontaktieren. Sie spricht von einem »Genozidplan« der Regierung.

Ebenfalls Anfang 2020 verkündete Jair Bolsonaro, er wolle Schutzgebiete von Indigenen künftig für den Bergbau freigeben.[96] Brasiliens Präsident scheint wild entschlossen, dem vermeintlichen Fortschritt zuliebe dieselben Fehler zu machen wie die USA, Kanada oder Australien zuvor. Dass es dabei um Gebiete geht, die nicht nur lokale oder regionale, sondern globale Bedeutung haben, ficht ihn nicht an. Und je lauter die Kritik wird, desto radikaler verfolgt er seine Politik.

Capitão Corona

Zu Beginn der Amtszeit Bolsonaros waren sich politische Beobachter in Brasilien weitgehend einig, dass die seit Jahrzehnten verschleppte Reform der Rentenversicherung für ihn zum großen Prüfstein werden würde. Sollte die Reform scheitern, würde auch dieser Präsident scheitern. Die Reform ist inzwischen durch, sie ist eher ein Reförmchen geworden, große Einschnitte blieben aus, niemand hat massive Verluste an liebgewonnenen Privilegien hinnehmen müssen. Bolsonaro ist das jedoch nur zum Teil anzulasten, die schwierigen Mehrheitsverhältnisse im Kongress ließen größere Veränderungen nicht zu. Am Ende wahrte jeder sein Gesicht.

Das Thema, das möglicherweise tatsächlich Bolsonaros Regierungszeit prägen und im Rückblick alle anderen Fragen in den Hintergrund drängen wird, ist die weltweite Corona-Pandemie, die Anfang März 2020 auch Brasilien erreichte. Der Kampf gegen die Auswirkungen der Pandemie wurde für den Präsidenten zu einem Kampf um das politische Überleben.

Bolsonaros erste Reaktion auf das vordringende Virus war die gleiche wie die auf die Serie von Waldbränden im Juli und August 2019 im Amazonasgebiet: ignorieren, leugnen, abwiegeln. In China hatte die Pandemie bereits viele Todesopfer gefordert, in Europa nahm sie Fahrt auf, und es war nur eine Frage von Tagen, bis sie auch in Amerika ankommen würde. Jair Bolsonaro aber reiste mit einer größeren Delegation in die USA und traf sich mit Donald Trump in dessen Ferienressort Mar-a-Lago in Florida. Beide Präsidenten waren sich einig: Corona sei nichts Ernstes, Bolsonaro bezeichnete die Gefahr durch das Virus sogar als »Einbildung«.

Diese Einbildung erwies sich jedoch schnell als bittere Realität. Kurz nach der Heimkehr nach Brasília wurde bekannt, dass Bolsonaros Kommunikationschef Fábio Wajngarten positiv auf das Virus getestet worden war. Fast jeden Tag wurde über neue Infizierte aus der Präsidenten-Entourage berichtet, am Ende waren es mehr als 20, unter ihnen auch Bolsonaros persönlicher Fahrer. Die Hauptstadt wurde in dieser Frühphase der Corona-Verbreitung zum Hotspot für Neuinfektionen.

Auch Bolsonaro selbst ließ sich testen, gab jedoch das Ergebnis nicht öffentlich bekannt. Dann aber wollte es der US-Fernsehsender genau wissen und fragte bei Bolsonaros Sohn Eduardo nach. Und der – so verbreitete es zumindest *Fox* – bestätigte, dass der Test positiv verlaufen sei. Die Nachricht verbreitete sich wie ein Lauffeuer.

Eduardo Bolsonaro dementierte sofort heftig. Er habe mit keinem einzigen Medienvertreter gesprochen, auch nicht mit *Fox*. Bolsonaro junior sprach von einer Medienkampagne gegen den Präsidenten. Ganz nach dem bekannten Muster eröffneten die Bolsonaros einen Nebenkriegsschauplatz, um die öffentliche Diskussion vom ursprünglichen Thema abzulenken, und weil die Lage ernst war, musste es ein großer Nebenkriegsschauplatz sein: Eduardo Bolsonaro legte sich mit China an, Brasiliens wichtigstem Handelspartner. Er warf China vor,

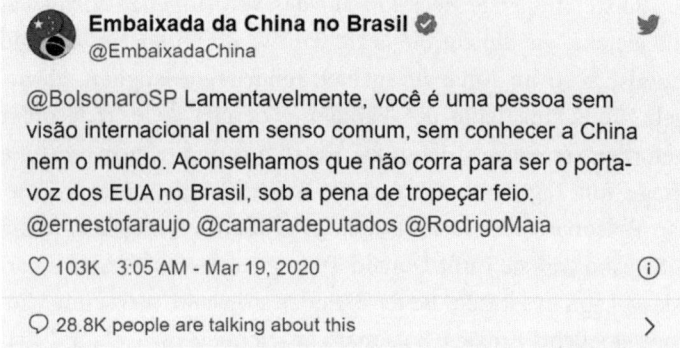

Embaixada da China no Brasil ✔
@EmbaixadaChina

@BolsonaroSP Lamentavelmente, você é uma pessoa sem visão internacional nem senso comum, sem conhecer a China nem o mundo. Aconselhamos que não corra para ser o porta-voz dos EUA no Brasil, sob a pena de tropeçar feio. @ernestofaraujo @camaradeputados @RodrigoMaia

♡ 103K 3:05 AM - Mar 19, 2020   ⓘ

💬 28.8K people are talking about this   ›

Auf Eduardo Bolsonaros Vorwurf, die Corona-Gefahr anfangs ver-
heimlicht zu haben, antwortete die chinesische Botschaft ungewohnt
deutlich: Unglücklicherweise sei der Präsidentensohn eine Person
ohne internationalen Durchblick und Common Sense, der weder China
noch die Welt kenne. Darum rate man ihm, sich nicht als Anwalt
der USA ins Zeug zu legen.

die Corona-Gefahr am Anfang verheimlicht zu haben. Man müsse nur die Wörter »Sowjetunion« und »Tschernobyl« durch »China« und »Corona-Virus« ersetzen, twitterte er. Dann wisse man alles. »China ist schuld, Freiheit wäre die Lösung«, schrieb der Abgeordnete per Twitter.

Die chinesische Botschaft in Brasília reagierte prompt und ungewohnt explizit, ebenfalls über Twitter. »Leider sind Sie eine Person ohne internationales Verständnis oder gesunden Menschenverstand und wissen nichts über China oder die Welt. Wir raten Ihnen, sich nicht in die Rolle des US-amerikanischen Sprechers für Brasilien zu begeben, wenn Sie nicht Gefahr laufen wollen, schlimm zu stürzen«, erklärte die chinesische Auslandsvertretung.

Doch der Druck daheim auf Jair Bolsonaro blieb. Ein Gericht verpflichtete das Krankenhaus, in dem er sich hatte untersuchen lassen, zur Herausgabe der Namen aller positiv getesteten Personen. Die Klinik lieferte die Liste, ließ jedoch zwei Zeilen frei.

Das provozierte neue Spekulationen: Hätten dort die Namen Bolsonaros und seiner Frau Michelle stehen müssen? Statt in Quarantäne zu gehen, nahm Bolsonaro ein Bad in der Menge, schüttelte Hände und machte Selfies mit Anhängern. Das Signal: Das Corona-Virus ist nichts, was man ernst nehmen müsste.

Er spielte die Bedrohung gezielt herunter. Eine »kleine Grippe« sei das doch nur, sagte er in einer Fernsehansprache an die Nation und hielt daran auch dann noch fest, als sein Vorbild Donald Trump mit dem Anwachsen der Corona-Welle seine Position bereits vorsichtig korrigierte. Dieser Starrsinn sollte ihn bald in Bedrängnis bringen.

Zu Beginn jedoch gab es auch Zustimmung. Edir Macedo, Medienunternehmer und evangelikaler Bischof, der Bolsonaro schon im Präsidentschaftswahlkampf massiv unterstützt hatte, sprang ihm auch diesmal zur Seite. Corona sei lediglich eine Taktik des Satans, sagte Macedo in einem von ihm verbreiteten Video. »Satan arbeitet mit Angst und Furcht. Er arbeitet mit Zweifeln. Wenn sich Menschen fürchten und zweifeln, werden sie schwach und leichtgläubig.«

Bolsonaro wusste sich bei den Evangelikalen für die Unterstützung zu bedanken. Seine Regierung verfügte, dass neben Lottobuden auch Tempel als notwendige Dienstleistungen einzustufen seien und deshalb weiter öffnen dürften, als viele andere Institutionen und Geschäfte längst geschlossen waren. Bei den Lottobuden leuchtet das sogar ein, denn sie werden gerade von vielen ärmeren Menschen ohne eigenes Girokonto genutzt, um ihre Rechnungen für Strom, Gas oder Wasser in bar zu bezahlen. Aber die Religionsstätten?

Besonders vehement hatte ein alter Förderer Bolsonaros, der TV-Bischof Silas Malafaia, für das Offenhalten der Tempel geworben. Nicht Krankenhäuser würden in dieser Pandemie die Menschen beruhigen, sondern die Religionen, erklärte er. Der Oberste Gerichtshof kannte dennoch kein Einsehen. Er kippte Bolsonaros Dekret zumindest in Bezug auf die Kirchen. Doch immerhin, die Botschaft des Präsidenten an die für ihn politisch wichtigen Evangelikalen war angekommen: Ich kümmere mich um euch. Am Palmsonntag traf er sich mit Vertretern evangelikaler Kirchen im Garten des Präsidentenpalasts zum gemeinsamen Gebet.

Auch Olavo de Carvalho, der in den USA ansässige Guru des Präsidenten, bemühte sich, aufkommende Zweifel an Bolsonaros Corona-Politik zu zerstreuen. »Corona existiert einfach nicht«, behauptete er rundheraus in einem Videobeitrag mit dem Titel »Hysterie ist kein Mut«. Zu diesem Zeitpunkt waren in Brasilien bereits 25 Todesopfer zu beklagen.

Die Gouverneure führen die Rebellion an

Je mehr Menschen in Brasilien an COVID-19 erkrankten und je mehr Opfer es gab, umso weniger verfing Bolsonaros Taktik des Herunterspielens und Verharmlosens. Der Rückhalt der Regierung in der Bevölkerung bröckelte. Die Popularitätswerte des Präsidenten fielen ähnlich rasant wie der Börsenindex *Bovespa* in São Paulo. Über Wochen hinweg versammelten sich Bürger jeden Abend gegen halb neun Uhr an den Fenstern zu einem sogenannten *panelaço*. Sie schlugen Töpfe und Pfannen gegeneinander und riefen: »Bolsonaro raus!«, bald sogar: »Bolsonaro, Mörder!« Diese Kochtopfkonzerte sind in Brasilien durchaus üblich, auch Dilma Rousseff hatte im Vorfeld des Amtsenthebungsverfahrens diese Art von Protest erdulden müssen. Diesmal war es jedoch für die Bevölkerung die beinahe einzige Möglichkeit überhaupt, ihrem Unmut Ausdruck zu verleihen.

Denn mittlerweile waren die Bürger dazu verpflichtet worden, zu Hause zu bleiben. Auch Schulen, Shoppingcenter und Restaurants blieben inzwischen geschlossen. Verfügt hatte das allerdings nicht die Bundesregierung unter Bolsonaro. Es waren die Gouverneure der Bundesstaaten Rio de Janeiro und São Paulo, Wilson Witzel und João Doria, die vorangingen. Andere zogen rasch nach.

Selbst in den Armenvierteln, die meist außerhalb des staatlichen ordnungspolitischen Durchgriffs stehen, erkannte man den Ernst der Lage. In der gern von ausländischen Touristen besuchten *Favela* Rocinha riegelte das Drogenkartell *Comando Vermelho* (CV) den Zugang von außen ab, verhängte eine Ausgangssperre und kündigte an, ein Exempel zu statuieren, sollten sich die Bewohner nicht an die Regeln halten.

Diese bemerkenswerte – wenn auch nicht konzertierte – Übereinstimmung zwischen Regionalregierungen und Drogenbanden war in den Augen Bolsonaros ein Affront. War nicht schließlich er der Präsident? Konnten sich die Regierungschefs der Bundesstaaten etwa über seinen Willen hinwegsetzen, einfach so? Ja, sie konnten. Die 27 Gouverneure tagten ohne ihn und verständigten sich einmütig auf Maßnahmen, um die Verbreitung des Virus einzudämmen: Ausgehbeschränkungen, Schließung öffentlicher Räume, Isolation durch Minimierung der Sozialkontakte. Die gleichen Schritte, die man auch in anderen Teilen der Welt einleitete.

Statt nun endlich einzulenken und den medizinischen Fachleuten zu vertrauen, begab sich der Präsident auf einen Oppositionskurs, der einer ideologischen Geisterfahrt glich. Das Ziel: Mobilisierung der eigenen Anhängerschaft. »Brasilien darf nicht stoppen«, lautete nun sein Slogan, den er sogar per Werbekampagne zu verbreiten versuchte, bis dies ein Gericht verbot.

Statt einer rigorosen Politik des sogenannten *Social Distancing*, bei dem Personen möglichst zu Hause bleiben und ihre sozialen Kontakte auf ein Minimum herunterfahren, propagierte Bolsonaro wochenlang das »*Vertical Distancing*«. Bewegungseinschränkungen sollten nicht für alle, sondern nur für Ältere und Menschen mit Vorerkrankungen gelten. Der Rest der Bevölkerung könne dann weiterarbeiten.

Aus einem rein machtpolitischen Blickwinkel ist diese Strategie durchaus nachvollziehbar. Bolsonaros politisches Schicksal ist verknüpft mit dem wirtschaftlichen Erfolg. Er hatte Brasilien in einem schlechten Zustand übernommen und versprochen, er werde das Land wirtschaftlich auf Vordermann bringen und aus der Rezession führen. Daran wollte er sich bei seiner angepeilten Wiederwahl 2022 messen lassen. Einen Misserfolg mit vielen Millionen Arbeitslosen kann er sich nicht erlauben.

Bei Ausbruch der Pandemie hatte sich die Wirtschaft jedoch nach der mehrjährigen Krise noch nicht wirklich wieder erholt. Jede kleine Erschütterung, jedes Ausbremsen würde sogleich bedeuten, dass Brasilien in eine neue Rezession schlittern könnte. Zudem hatte sich der informelle Arbeitsmarkt in den zurückliegenden Jahren extrem aufgebläht. Menschen, die im Zuge der Krise ihre reguläre Arbeit verloren hatten, hielten sich seither durch Kleinstdienstleistungen oder als Straßenverkäufer über Wasser. Schätzungsweise 40 Millionen Brasilianer verdienen im informellen Sektor ihren Lebensunterhalt – eine enorme Wählergruppe.

Jede längere allgemeine Ausgangsbeschränkung oder gar eine generelle Ausgangssperre musste diese Menschen besonders treffen. Mit ein paar Real in der Tasche kann sich niemand Vorräte für Tage oder gar Wochen anschaffen. Szenarien von schwer kontrollierbaren Unruhen und Plünderungen waren nicht mehr auszuschließen.

Das Risiko, das Bolsonaros Strategie barg, war jedoch hoch. Je mehr Menschen an ihren Alltagsgewohnheiten festhalten, desto weniger lässt sich die Ausbreitung der Infektion kontrollieren oder gar eindämmen. Das Gesundheitssystem Brasiliens ist nur in kleinen Teilen und in den Metropolen auf einem modernen Stand. Wirklichen Schutz bietet es nur wohlhabenden Patienten. Im überwiegenden Teil des öffentlichen Gesundheitssystems sieht es anders aus. Die medizinische Versorgung mit dem Nötigsten ist längst nicht überall gegeben. Während der Wirtschaftskrise sind vielerorts die Krankenhäuser kaputtgespart oder gleich geschlossen worden. Bei einem Pandemieverlauf wie in den USA oder Italien wäre das Gesundheitssystem komplett überfordert. Viele Tausend Tote wären zu befürchten.

Die Krankheit, die reiche Brasilianer vom Italienurlaub und die Mitarbeiter Bolsonaros von der USA-Reise mitgebracht hatten, musste vor allem die arme Bevölkerung des Landes hart treffen. Der Präsident war bereit, dieses Risiko einzugehen und mit Rücksicht auf die wirtschaftlichen Interessen des Landes gegebenenfalls auch Menschenleben zu opfern. Er versagte als Krisenmanager.

Um den Präsidenten wird es einsam

Seine Taktik barg auch eine Gefahr für ihn selbst. Je weiter die Corona-Krise fortschritt, desto mehr geriet der Präsident in die politische Isolation. São Paulos Gouverneur João Doria regte im Kreis der Regierungschefs aller 27 Bundesstaaten sogar an, das ganze Land einen Monat lang stillzulegen und dabei auf die Hilfe durch das Militär zurückzugreifen – und das, ohne mit Bolsonaro über das Thema auch nur gesprochen zu haben. Auch Ronaldo Caiado, Gouverneur von Goiás und zuvor stets ein loyaler Unterstützer des Präsidenten, brach jetzt mit dessen Politik. »Bolsonaro weiß nichts über Gesundheit«, kritisierte der studierte Mediziner und verbat sich fortan jegliche Einmischung.[97]

Auch sein Kollege Wilson Witzel aus Rio de Janeiro, der im Wahlkampf 2018[98] auf Bolsonaros Ticket ins Amt gelangt war, setzte bewusst Kontrapunkte zur Politik der Bundesregierung, weil dort keine Entscheidungen getroffen wurden, die ihm in seinem Bundesstaat weitergeholfen hätten. In einem Tweet griff Witzel den Präsidenten scharf an und nannte dessen Haltung in der Krise einen Fall für den Internationalen Gerichtshof.[99]

João Doria, als Gouverneur des bevölkerungsreichsten und wirtschaftlich wichtigsten Bundesstaates São Paulo ein möglicher Gegenkandidat Bolsonaros bei den Wahlen 2022, setzte sich ebenfalls geschickt als zupackender Krisenmanager und

Kümmerer in Szene und begab sich damit ganz bewusst in eine Gegenposition zum Präsidenten. Es entwickelte sich ein offener Schlagabtausch. Bolsonaro kritisierte, die Gouverneure seien nur zu feige, um seiner wirtschaftsfreundlichen Politik zu folgen. Doria konterte kühl. »Die Worte der Gouverneure und des Gesundheitsministers haben sich als glaubhafter erwiesen als die des Präsidenten«, sagte Doria dem Nachrichtenportal UOL.[100]

Bislang völlig undenkbare Allianzen entstanden. Auf Twitter teilte Doria Anfang April einen Beitrag von Ex-Präsident Lula,

João Doria ✔
@jdoriajr

Temos muitas diferenças. Mas agora não é hora de expor discordâncias. O vírus não escolhe ideologia nem partidos. O momento é de foco, serenidade e trabalho para ajudar a salvar o Brasil e os brasileiros.

Tweet übersetzen

Lula ✔ @LulaOficial · 15h
Nossa obsessão agora tem que ser vencer o coronavírus. Chegamos ao ponto do Dória ter que mandar a PM invadir fábrica pra pegar máscara. A gente tem que reconhecer que quem tá fazendo o trabalho mais sério nessa crise são os governadores e os prefeitos.

♡ 110   ⟲ 459   ♡ 2.239   ⬆

12:57 nachm. · 2. Apr. 2020 · Twitter for iPhone

Trotz vieler Unterschiede, die Lula und er, João Doria, unbestritten hätten, sei gerade nicht die Zeit, um Gegensätze herauszustreichen. Vielmehr sei es Zeit, gemeinsam dem Volk zu helfen. Der Ex-Präsident hatte in seinem Tweet die Arbeit der Gouverneure und Bürgermeister gelobt.

der unter normalen Umständen für ihn mindestens ebenso ein Erzfeind war wie für Bolsonaro. »Wir haben viele Unterschiede«, schrieb Doria dazu. »Aber jetzt ist nicht die Zeit, Meinungsverschiedenheiten auszutragen. Das Virus unterscheidet nicht nach Ideologie oder Partei.« In diesem Moment gelte es, »mit Konzentration, Ernsthaftigkeit und Arbeit dabei zu helfen, Brasilien und die Brasilianer zu retten«, twitterte Doria. Eine verbale Ohrfeige für Bolsonaro.

Doch wie so oft in der Politik hielt der Schulterschluss der Gouverneure nicht lange. In den südlichen Bundesstaaten Santa Caterina und Mato Grosso do Sul, wo Bolsonaro und die Partei PSL bei den Wahlen besonders gut abgeschnitten hatten, fuhren die Menschen in Autokarawanen durch die Städte, um gegen die Schließung von Geschäften und Unternehmen zu demonstrieren. Daraufhin schwenkten einige Regionalchefs auf Bolsonaros Kurs ein. Maßgeblich unterstützt und organisiert wurden diese Autokarawanen übrigens von einem Großunternehmer aus den Reihen der brasilianischen Evangelikalen: Luciano Hang, Besitzer der Supermarktkette *Havan,* der Bolsonaro schon im Präsidentschaftswahlkampf finanziell und logistisch unterstützt hatte.

Wie die Gouverneure gingen auch die Abgeordneten auf Abstand zu Bolsonaro. Der Kongress werde das Heft des Handelns übernehmen, sollte die Regierung keine geeigneten Antworten auf die Krise finden, erklärte Parlamentspräsident Rodrigo Maia staatsmännisch und konnte sich – anders als Bolsonaro – einer breiten Unterstützung in der Volksvertretung sicher sein.

Dem Kongress gelang es sogar, Bolsonaro die Meriten für den sogenannten Corona-Voucher streitig zu machen. Der Präsident hatte veranlasst, allen Arbeitslosen, die vorher Sozialabgaben gezahlt hatten, drei Monate lang diese staatlichen Soforthilfe in Höhe von 200 Reais (umgerechnet rund 40 Euro) zu gewähren, damit sie wenigstens das Nötigste an Lebensmitteln kaufen könnten. Damit kommt man im relativ hochpreisigen

Brasilien selbst bei sparsamster Haushaltung nicht weit. Der Kongress unter Vorsitz Maias erklärte denn auch, diese Zahlung reiche nicht aus, und verlangte eine deutliche Aufstockung. Am Ende einigten sich Parlament und Regierung auf einen Betrag von 600 Reais pro Monat über den Zeitraum eines Vierteljahres. Maia reklamierte dieses Ergebnis als Erfolg für das Parlament und damit als Sieg gegen Bolsonaro.

Selbst das Militär, gleich nach den eigenen Söhnen die vielleicht wichtigste Stütze für Bolsonaro, scheint längst nicht mehr geschlossen hinter dem Präsidenten zu stehen. Augusto Heleno nahm trotz eines positiven Corona-Tests aus der Quarantäne heraus an Meetings teil – ein Nachweis von Loyalität. Die oberste Führungsebene der Streitkräfte jedoch sandte andere Signale aus.

Zwei Stunden bevor Bolsonaro sich am 24. März auf allen TV-Kanälen des Landes mit einer Ansprache an das Volk wendete, ergriff General Edson Leal Pujol öffentlich das Wort, und zwar mit einem Youtube-Video,[101] das wenige Wochen später schon mehr als 1,3 Millionen Mal angeklickt worden war. Der Kommandeur des Heeres führte aus, dass die Armee schon seit Längerem dabei sei, gegen das Corona-Virus zu mobilisieren. Er sprach von der »größten Aufgabe unserer Generation« – Worte, wie man sie sich angesichts der heraufziehenden Krise von einem Staatslenker gewünscht hätte. Den Präsidenten jedoch erwähnte Pujol mit keiner Silbe.

Bolsonaro zeigte sich immer stärker überfordert. Seine Fernsehansprache, in der er behauptete, bei COVID-19 handele es sich um eine »kleine Grippe« und Brasilien müsse endlich zur Normalität zurückkehren, geriet ihm zum PR-Desaster. Ricardo Noblat, ein bekannter Journalist des Magazins *Veja,* sprach tags darauf von einem »politischen Selbstmord live auf TV«. Twitter und Facebook sahen sich dazu veranlasst, Nachrichten des Präsidenten zu löschen, weil er in ihnen ganz offensichtlich Unwahrheiten verbreitet hatte.

Bis zu diesem Zeitpunkt hatten es Jair Bolsonaro und das von seinem Sohn Carlos gelenkte Unterstützernetzwerk virtuos verstanden, die neuen Medien in den Dienst des Präsidenten zu stellen. Nun begannen sie angesichts der wegbrechenden Unterstützung innerhalb der Bevölkerung, Fehler zu machen. Der sonst so erfolgreiche Mix aus Polemik, Halbwahrheiten, Beschimpfungen und Bedrohungen funktionierte nicht mehr wie gehabt.

Bolsonaros »Superminister« Sérgio Moro und Paulo Guedes blieben während der Corona-Krise auffällig unauffällig. Guedes ließ anmerken, er bevorzuge ebenso wie ein Großteil der Bevölkerung den Weg der individuellen Isolierung. Als sichtbares Zeichen für seine abweichende Meinung trug er als Einziger einen Mundschutz, wenn das Kabinett bei Ansprachen Bolsonaros hinter dem Präsidenten Aufstellung nahm. Moro musste sich von Bolsonaro gar als »Egoist« beschimpfen lassen, der die Regierung in der Krise nicht unterstütze. Offenbar braute sich da etwas zusammen.

Zu einem regelrechten Shootingstar avancierte Gesundheitsminister Luiz Henrique Mandetta, ein Kinderorthopäde. Vor der Krise war er kaum jemals in Erscheinung getreten und im Land weitgehend unbekannt. Corona schob ihn ins politische Rampenlicht. Mandetta wirkt wie ein Gegenentwurf zu Bolsonaro: Überlegt und besonnen formulierte er seine Statements, vermittelte Verantwortungsbewusstsein und Kompetenz. Die Bürger wussten das zu würdigen: Fast über Nacht schossen seine Popularitätswerte in ungeahnte Höhen.

Mandettas Linie im Krisenmanagement folgte den Anregungen der WHO und der medizinischen Fachleute. Sie deckte sich mit der, die die Gouverneure und Bürgermeister großer Städte vorgaben. Die Wut Bolsonaros darüber war groß, doch sofort rauswerfen konnte er ihn nicht. Er werde den Ressortchef nicht »während des Krieges« feuern, sagte Bolsonaro, verlangte aber von Mandetta, er möge sich zurückhalten bei seinen öffentlichen Auftritten und dem Präsidenten nicht die Show stehlen.

Bei Pressekonferenzen zur größten Gesundheitskrise seit langem durfte ausgerechnet der Gesundheitsminister erst als letzter sein Statement abgeben, nachdem eine ganze Reihe von Generälen ihre Sichtweisen kundgetan hatten.

Mandetta gewann an politischem Gewicht und zugleich an Selbstvertrauen. Medien berichteten von einem Telefonat mit Bolsonaro, in dem Mandetta klargestellt habe, dass er nicht bereit sein werde, seine Linie zu ändern oder zurückzutreten. Um ihn loszuwerden, müsse Bolsonaro ihn schon hinauswerfen. »Ein Arzt verlässt niemals seine Patienten«, soll Mandetta gesagt haben. Der Präsident zögerte, auch weil er so schnell keinen geeigneten Ersatz aufbieten konnte. Erst nach mehrwöchigem Schwanken rang sich Bolsonaro zu einer Entscheidung durch, wies Mandetta die Tür und ersetzte ihn durch den Onkologen und Unternehmer Nelson Teich – dieser wiederum warf nach wenigen Wochen von sich aus entnervt das Handtuch.

Impeachment nicht mehr ausgeschlossen

Wirklich bauen konnte Bolsonaro zu diesem Zeitpunkt nur noch auf wenige Vertraute: die eigenen Söhne natürlich, namhafte Evangelikale wie Edir Macedo und Silas Malafaia und dazu die ideologisch treuesten Kabinettsmitglieder wie Familienministerin Damares Alves, Umweltminister Ricardo Salles oder Außenminister Ernesto Araújo. Um nicht vollends in die Isolation zu geraten, mäßigte er seinen Kurs und schlug friedlichere Töne an. Offenbar hatten ihn die Militärs in der Regierung ins Gebet genommen. An seinem Plädoyer für ein »vertikales Abstandhalten« und seiner Forderung, die Wirtschaft müsse wieder Fahrt aufnehmen, hielt er aber fest. Sollte die Pandemie glimpflicher ausgehen als befürchtet, hoffte er offenbar, könnte er dies im nächsten Wahlkampf als Beleg dafür anführen, dass die strikte Isolationspolitik übertrieben gewesen sei und er eben doch Recht behalten habe.

Bemerkenswert war, dass es Bolsonaro in einer Fernsehansprache am 31. März 2020 sorgsam vermied, auf dieses für ihn besondere Datum hinzuweisen. Noch ein Jahr zuvor hatte er das Militär aufgefordert, den Jahrestag des Putsches 1964 und den Beginn der Diktatur öffentlich zu feiern. Dass er diesmal schwieg, zeigte, wie angespannt er war. Offenkundig wollte er in Zeiten der erodierenden Unterstützung nicht riskieren, die eher moderaten Anhänger seiner Politik zu verlieren.

In Brasilien war mittlerweile sogar eine Diskussion aufgeflammt, ob der Präsident zurücktreten sollte oder ob ein Amtsenthebungsverfahren besser geeignet sei, um ihn loszuwerden. Vertreter der Streitkräfte signalisierten, sie würden sich in diesem Fall hinter den bisherigen Vizepräsidenten, General Hamilton Mourão, stellen. Mehrmals sollen sich Teile der Generalität getroffen und Szenarien einer Amtsenthebung diskutiert haben.

Gründe oder zumindest Anlässe für ein Impeachment gegen Bolsonaro hätte man wahrscheinlich nicht lange suchen müssen. Auch die zur Eröffnung des Verfahrens erforderliche Zweidrittelmehrheit im Kongress hätte kein größeres Hindernis dargestellt. Doch eine Amtsenthebung ist und bleibt ein langwieriger Prozess, der das Land lähmt. Die 180 Tage, in denen laut Verfassung alle Vorwürfe zu überprüfen sind, erscheinen wie eine Ewigkeit, wenn man vergleicht, zu welch rasantem Tempo die Corona-Krise die Politik überall auf der Welt gezwungen hat.

Bedenken mussten die Gegner Bolsonaros auch, was geschehen würde, sollte der Präsident tatsächlich entmachtet und durch seinen Vizepräsidenten ersetzt werden. Hamilton Mourão hatte sich entgegen allen Erwartungen in der Regierung zwar als »Stimme der Vernunft« profiliert, das aber vor allem deshalb, weil er eben an den permanenten Eskapaden seines Chefs gemessen wurde. Eine wesentlich andere Richtung würde Brasilien auch unter seiner Führung nicht unbedingt einschlagen.

General Hamilton Mourão ✔
@GeneralMourao

Há 56 anos, as FA intervieram na política nacional para enfrentar a desordem, subversão e corrupção que abalavam as instituições e assustavam a população. Com a eleição do General Castello Branco, iniciaram-se as reformas que desenvolveram o Brasil. #31deMarçopertenceàHistória

Tweet übersetzen

DESFILA EM CARRO ABERTO EM RECIFE (1964)

12:07 nachm. · 31. März 2020 · Twitter for iPhone

10.298 Retweets **53.766** „Gefällt mir"-Angaben

Vor 56 Jahren (Tag des Militärputschs) intervenierte das Militär gegen die brasilianische Politik, um Unordnung, Subversion und Korruption zu begegnen, schreibt Vize-Präsident Mourão. Mit der Wahl von General Castello Branco begannen die Reformen, die Brasilien halfen, sich zu entwickeln.

Dass er in seiner Denkungsart Jair Bolsonaro grundsätzlich sehr ähnlich ist, bewies er mit einem Tweet anlässlich des Jahrestags des Militärputschs am 31. März. »Vor 56 Jahren griff die Armee in die nationale Politik ein, um der Unordnung, Subversion und Korruption Einhalt zu gebieten, die die nationalen Institutionen erschütterten und die Bevölkerung ängstigten«, schrieb Mourão über den Nachrichtendienst Twitter. Mit der »Wahl von General Castello Branco« hätten dann »die Reformen begonnen, die Brasilien entwickelten«. Von diesem Mann zu erwarten, dass er Brasilien zurück zu Toleranz, Sachlichkeit und einem friedlicheren demokratischen Miteinander führt, wäre wohl zu viel verlangt.

WAS WIRD AUS BRASILIEN?

Populismus wirkt, und moderne soziale Netzwerke sind ein praktisches Werkzeug, um die unheilvollen Botschaften zu verbreiten – auch und gerade in einem Land wie Brasilien. Ein Bildungswesen, das nur eine Minderheit befähigt, den Anforderungen der heutigen Zeit gerecht zu werden, und Medien, denen zum Teil durchaus zu Recht vorgeworfen wird, sie verfolgten eine eigene politische Agenda, statt die Bürger zu informieren, machen die Bevölkerung anfällig für Manipulationsversuche. Und Menschen wie Jair Bolsonaro machen sich das zunutze.

Zu dem Zeitpunkt, an dem dieses Manuskript abgeschlossen und das Buch für den Druck vorbereitet wurde, war offen, wie es mit Brasilien und mit Bolsonaro weitergehen würde. Die Corona-Krise hatte gerade erst begonnen, und ein ökonomischer Einbruch bahnte sich an, von dem Experten befürchteten, er werde der schwerste seit der Weltwirtschaftskrise 1929 werden. Ob Bolsonaro die Krise politisch überleben würde, war ungewiss. Trotzdem soll hier versucht werden, ein Resümee zu ziehen.

Unter dem Präsidenten Jair Bolsonaro, so viel steht fest, hat Brasilien den Rückwärtsgang eingelegt. Wirtschaftlich ist das Land auf dem Weg zurück in die Zeit, in der es international überwiegend als Lieferant von Rohstoffen und Agrarprodukten in Erscheinung trat. Statt seinen Beitrag zu leisten im Kampf für eine nachhaltige Welt und gegen die Klimakatastrophe, verschärft Brasilien die ökologischen Probleme des Planeten weiter.

Soziale und kulturelle Errungenschaften Brasiliens sind unter Bolsonaro systematisch und auf breiter Front demontiert worden. In Teilen der Gesellschaft ist die Militärdiktatur wieder hoffähig geworden. Unter den Regierungen von Lula und Dilma Rousseff hatte sich Brasilien zu einer relativ fortschrittlichen und liberalen Gesellschaft entwickelt, auch was beispielsweise die Rechte gleichgeschlechtlicher Paare anging. Unter Bolsonaro jedoch ist die Toleranz für Andersdenkende und Andersliebende dramatisch kleiner geworden. Viele Menschen leben in Angst vor Verfolgung und Diskriminierung. Im Bildungssektor wird gekürzt, es gibt Zensurversuche im kulturellen Bereich, Angriffe auf Journalisten, auf Oppositionelle. Der Autoritarismus hat sich in Brasilien wieder breitgemacht.

Außenpolitisch ist Brasilien auf einen Isolationskurs eingeschwenkt. Das Land hat sich abgewendet vom Multilateralismus, brüskiert seine Nachbarn im Mercosul und setzt allein auf den Schulterschluss mit den USA und einigen wenigen anderen Ländern. Von dem Ziel, in Washington als Partner auf Augenhöhe wahrgenommen zu werden, ist man dennoch weit entfernt. Der neue Kurs geht indessen zu Lasten der Beziehungen zu China, dem wichtigsten Handelspartner Brasiliens und größten ausländischen Investor. Brasilien riskiert, auch mittelfristig ein Spielball der großen Wirtschaftsmächte zu bleiben und möglicherweise zwischen ihnen zerrieben zu werden.

Belastet sind auch die Beziehungen zur EU, und nicht nur wegen der verheerenden Umweltpolitik Bolsonaros. Deutsche und andere europäische Politiker machen um das Land einen Bogen. Verhandlungen über wichtige Verträge wie ein Doppelbesteuerungsabkommen zwischen der Bundesrepublik und Brasilien liegen auf Eis. Der Kontakt beschränkt sich bis auf Weiteres auf das Nötigste.

Als zupackender Krisenmanager hat Bolsonaro ebenso wenig punkten können. Gelegenheiten hätte es genug gegeben. Doch sowohl bei den Bränden in Amazonien als auch in der

Corona-Krise hat er sich als Teil des Problems und nicht als Teil der Lösung erwiesen. Und immer, wenn sein Versagen offen zutage tritt, verfällt er in das alte Muster: abwiegeln, die Probleme leugnen, drohen, beleidigen und anderen die Schuld zuweisen. Auch darin bleibt er sich treu.

Die heutige Demokratie in Brasilien ist noch jung – gerade einmal 35 Jahre alt. »Das politische System weiß nicht, was über 30 Jahre demokratischer Erfahrung hinaus zu tun ist, weil Brasilien noch nie eine so lange demokratische Periode erlebt hat«, sagt Marco Aurelio Peri Guedes, Professor für öffentliches Recht an der *Universidade Federal Rural do Rio de Janeiro*. Das politische System stehe unter Stress. Die Institutionen kämpften miteinander um Einfluss, statt gemeinsam um Lösungen für Probleme zu wetteifern: »Judikative und Legislative halten den immer wilder um sich schlagenden Bolsonaro auf Abstand und lassen ihn ins Leere laufen.« Mehr als Schadensbegrenzung und Zeitgewinn scheint derzeit nicht möglich. Dabei wäre dringend beherztes Handeln vonnöten.

Eines ist Jair Bolsonaro völlig klar: Chancen auf eine Wiederwahl 2022 hat er nur, wenn es ihm gelingt, die Wirtschaft halbwegs wieder in Schwung zu bringen. Doch danach sieht es nicht aus. Auch deshalb versucht Bolsonaro, das Volk auf die Straße zu bringen und es gegen Institutionen wie den Kongress und das Oberste Gericht aufzuwiegeln. Er braucht andere Schuldige für das eigene Scheitern.

Doch sein Mobilisierungsvermögen scheint begrenzt. Nach knapp der ersten Hälfte seiner Amtszeit unterstützt ihn nur noch eine Minderheit der Brasilianer, vor allem aus der Mittelschicht und dem Kreis der Evangelikalen. Die veritable Massenbewegung gegen Dilma Rousseff und die PT, die seit 2013 Brasilien durchrüttelte und 2018 – ob nun folgerichtig oder versehentlich – Bolsonaro an die Macht brachte, ist lange schon Geschichte. Es ist fraglich, ob der Präsident sie jemals für seine Zwecke wiederbeleben kann.

Bei seinem Mobilisierungsversuch baut Bolsonaro auf die Unterstützung der Militärs. Sie sind in der Bevölkerung hoch angesehen, vor allem wegen ihrer Kompetenz im Bereich der Infrastruktur oder im Katastrophenmanagement. Doch die Streitkräfte als Institution fühlen sich in erster Linie dem Staat verpflichtet und nicht der Person des Präsidenten. Ein Staatsstreich, mit dem Bolsonaro mehr als einmal in aller Öffentlichkeit kokettiert hat, scheint mit ihnen nicht machbar zu sein. Gut möglich, dass sich der frühere Hauptmann auch in diesem Punkt verspekuliert hat.

Trotzdem wäre es ein großer Fehler, ihn zu früh abzuschreiben. Ob Donald Trump in den USA trotz aller Skandale und Lügen und trotz seiner verheerenden Politik in der Corona-Krise nicht doch eine zweite Amtszeit erlangen wird, entscheidet sich erst im November, und auch Bolsonaros politisches Schicksal ist offen. Totgesagte leben länger.

Die Situation für ihn ist nicht leicht. Im Parlament braucht er Mehrheiten. Mit Dekreten allein lässt sich nicht regieren, wie Bolsonaro bereits erfahren musste, wenn wieder einmal einer seiner Erlasse von den Gerichten kassiert wurde. Seine Umfragewerte sind seit der Wahl beträchtlich gesunken. Aber das ist normal für einen Präsidenten in der Mitte der Legislaturperiode, und Bolsonaro ist noch immer weit populärer als seine Vorgänger Dilma Rousseff und Michel Temer in den letzten Monaten ihrer Amtszeiten. Beide hatten da nur noch einstellige Zustimmungswerte vorzuweisen.

Bolsonaro scheint es vor allem an einem zu mangeln, das in der brasilianischen Politik unerlässlich ist: Er ist nicht fähig zum Dialog, kann nicht im Hintergrund Deals aushandeln und Mehrheiten gewinnen. Er ist auch kein Mann für Kompromisse und Gefälligkeiten. Er ist gefesselt durch sein Wahlversprechen, eine andere, vermeintlich saubere Politik zu machen zu wollen. Anspruch und Wirklichkeit klaffen weit auseinander.

Die Rivalen bringen sich in Stellung

Zu einer Schlüsselfrage könnte werden, ob es ihm gelingt, sein Team beisammenzuhalten. In dieser Beziehung sieht es anderthalb Jahre nach seiner Wahl nicht gut für ihn aus. Sein bis dato populärster Minister, der frühere Ermittlungsrichter Sérgio Moro, hat ihm im April 2020 völlig überraschend den Rücken zugekehrt. Bis zu diesem Zeitpunkt galt er noch als möglicher Vizepräsidentschaftskandidat Bolsonaros 2022.

Der Konflikt entzündete sich an einer Personalie. Entgegen früheren Zusagen wies Bolsonaro an, den Chef der Bundespolizei (PF) gegen einen mutmaßlichen Freund der Familie auszutauschen. Moro fühlte sich in seinen Kompetenzen beschnitten und warf seinem Chef vor, dieser wolle politischen Einfluss auf die PF nehmen, um damit Ermittlungen gegen seine Söhne Carlos und Flávio auszubremsen. Das wiederum bestritt Bolsonaro vehement.

Um sich Luft zu verschaffen, vollzog der Präsident einen rasanten Schwenk: Er biederte sich bei den kleinen konservativen Parteien heran, die im Parlament das sogenannte *Centrão* bilden, das »große Zentrum«,[102] und bot ihnen herausgehobene Ämter bis hin zum Posten des Justizministers an. Die Parteien dieses Fraktionsblocks verfügen gemeinsam über rund 200 der insgesamt 513 Sitze in der Abgeordnetenkammer. Sollte sich die erkaufte Loyalität als belastbar erweisen, hätten Bolsonaros Gegner keine Chance mehr, die notwendige Zweidrittelmehrheit für ein Amtsenthebungsverfahren zu erlangen. Der Präsident säße erst einmal wieder deutlich fester im Sattel.

Moro, soeben noch selbst ein treuer Minister im Dienste Bolsonaros, hat allerdings angedeutet, dass er über umfangreiches Belastungsmaterial gegen den Präsidenten verfüge. Ob diese Belege ausreichen werden, Bolsonaro ernsthaft in Schwierigkeiten und vielleicht sogar zu Fall zu bringen, wird sich zeigen.

Denkbar ist auch, dass Moro in diesen Zeiten, in denen Rücktrittsforderungen gegen Bolsonaro immer lauter werden und auch ein Impeachment plötzlich nicht mehr unwahrscheinlich erscheint, einfach eine günstige Gelegenheit sah, das sinkende Schiff zu verlassen. Sollte er seine Popularität nutzen wollen, um 2022 selbst als Präsident zu kandidieren, könnte dieser Rücktritt für ihn der Beginn eines langen Vorwahlkampfes sein.

Mit den Gouverneuren von São Paulo und Rio de Janeiro, João Doria und Wilson Witzel, bringen sich bereits zwei weitere eher populistisch ausgerichtete Politiker für eine Kandidatur in Stellung. Beide haben sich in der Corona-Krise gegen Bolsonaro behauptet und damit Profil gewonnen. Je mehr Politiker rechts der Mitte, die – in Abstufungen – ähnliche Inhalte vertreten, am Ende kandidieren und sich gegenseitig Stimmen abjagen, umso schwieriger könnte für Bolsonaro die Wiederwahl zu erreichen sein.

Konkurrenz aus dem Lager der Arbeiterpartei PT braucht er dagegen bislang nicht zu fürchten. Brasiliens Linke hat noch niemanden gefunden, der auch nur annähernd an die Popularität Lulas heranreichen könnte. Zudem hat die PT ihre Niederlage von 2018 noch nicht einmal ansatzweise aufgearbeitet. Für Bolsonaro, der einen klaren Gegenpol braucht, wäre ein neues Duell mit der ihm verhassten PT das ideale Szenario. Allein schon deshalb, weil ein solcher Zweikampf es ihm erleichtern würde, seine Anhängerschaft auf Temperatur zu bringen.

Die politische Zukunft Brasiliens ist also offen. Viel Anlass zu Optimismus bietet sie freilich nicht. Der Ausflug in die Vergangenheit, für den die Mehrheit der Wahlberechtigten am 28. Oktober 2018 stimmte, bedeutete einen folgenschweren Rückschritt. Er hat das Land um viele Jahre zurückgeworfen. Vom »Land der Zukunft«, das Stefan Zweig einst beschwor, scheint Brasilien heute weit entfernt.

ANHANG

Anmerkungen

1 Zwischen 2003, dem Amtsantritt von Präsident Luiz Inácio Lula da Silva, und 2010 lag das Wirtschaftswachstum Brasiliens fast immer zwischen 4 und 7,5 Prozent. Vgl. https://data.worldbank.org/indica tor/NY.GDP.MKTP.KD.ZG?locations=BR (aufgerufen am 29.4.2020)

2 In Brasilien werden die sozioökonomischen Klassen in hoch, mittel, niedrig kategorisiert, aufgeteilt in fünf, manchmal auch sechs Unterkategorien, die mit den Buchstaben A+ und A (hoch), B und C (Mittelklasse) und D und E (niedrige Klasse) eingeordnet werden. Vereinzelt findet man auch eine Klasse F. Letztere umfasst Menschen, die mit weniger auskommen müssen als dem, was der gesetzliche Mindestlohn hergibt. Derzeit sind das rund 1000 Reais pro Monat, rund 200 Euro. Einen guten Überblick über die Entwicklung, basierend auf Daten der *Fundação Getúlio Vargas* (FGV), bietet der folgende Artikel von Bruno Villas Boas: https://valor.globo.com/ brasil/noticia/2019/10/29/classes-a-e-b-voltam-a-crescer-e-atingem-144-da-populacao.ghtml, in: Valor Económico (aufgerufen am 10.1. 2020)

3 Vgl. Zille, Claudia: Soziale Ungleichheit und Sozialpolitik, Ibero-Amerikanisches Institut, Berlin, 2013, S. 94

4 Prutsch, Ursula: Populismus in den USA und Lateinamerika, Hamburg, 2019, S. 19

5 LGBT ist eine aus dem englischen Sprachraum kommende Abkürzung für Lesbian, Gay, Bisexual and Transgender, also Lesbisch, Schwul, Bisexuell und Transgender.

6 Prutsch, S. 135

7 Vgl. https://www.oecd.org/pisa/pisa-2015-brazil.htm (aufgerufen am 29.4.2020)

8 Vgl. https://www.worldbank.org/en/country/brazil/overview (aufgerufen am 22.10.19)

9 Die Ölreserven, die man als Vorsalzöl (pre salt) bezeichnet, liegen in den brasilianischen Hoheitsgewässern vor der Küste. Die Vorkommen erstrecken sich vom Bundesstaat Espírito Santo bis Santa Catarina im Süden. Das Öl sei von mittlerer bis hoher Qualität, urteilt das *American Petroleum Institute* (API), größter Interessenverband der Öl- und Gasindustrie einschließlich der petrochemischen Industrie in den USA. Die Ölvorkommen befinden sich in bis zu 8000 Metern Tiefe unterhalb einer Salzschicht, die zwischen 200 und 2000 Meter dick sein soll. Die Vorkommen werden auf 50 Milliarden Barrel geschätzt. Bis zu diesem Zeitpunkt waren Brasiliens Ölreserven auf insgesamt 14 Milliarden Barrel geschätzt worden. Vgl. http://large.stanford.edu/courses/2011/ph240/waisberg1/ (aufgerufen am 29.4.2020)

10 Vgl. Prutsch, S. 131

11 Der US-amerikanische Enthüllungsjournalist Glenn Greenwald, der mit den Veröffentlichungen des Whistleblowers Edward Snowden bekannt wurde, sieht hinter der Amtsenthebung keine hehre demokratische Absicht. Es sei nicht darum gegangen, eine korrupte Regierung zu stürzen, sondern eine Regierung, die vier Wahlen in Folge gewonnen hatte und die auf anderem Wege anscheinend kaum aus dem Amt zu entfernen gewesen sein dürfte. Die Antikorruptionsbewegung sei deshalb, so Greenwald, nur ein Vorwand, um ein antidemokratisches Ziel zu erreichen: einen Staatsstreich. https://edition.cnn.com/videos/tv/2016/04/18/intv-amanpour-glenn-greenwald-dilma-rousseff-impeachment.cnn (aufgerufen am 29.4.2020)

12 Vgl. Spilimbergo, Antonio/Srinivasan, Krishna: Brazil: Boom, Bust, and Road to Recovery, Internationaler Währungsfonds, 2019, S. 325 ff.

13 Dos Santos Júnior, Belisário/Leal Pardini, Isabella: Lei Anticorrupção traz inovações inspiradas em Watergate, https://www.conjur.com.br/2013-out-29/inspirada-watergate-lei-anticorrupcao-traz-inovacoes, in: Consultur Juridico (aufgerufen am 29.4.2020)

14 Janot, Rodrigo: Nada menos que tudo, São Paulo, 2019, S. 41

15 Die Polizistin Erika Marena soll den Namen für die Operation vorgeschlagen haben.

16 Umfrageergebnisse unter: http://datafolha.folha.uol.com.br/opinia

opublica/2010/12/1211078-acima-das-expectativas-lula-encerra-mandato-com-melhor-avaliacao-da-historia.shtml (aufgerufen am 29.4.2020)

17 2008 hatten die Behörden begonnen, in ausgewählten *Favelas* wie etwa Santa Marta in Botafogo Polizeistationen fest zu installieren, um so diese Viertel zu befrieden. Das schien auch zunächst zu funktionieren, die Gewalt ging zurück. Jedoch versäumte es der Staat, die Polizeipräsenz durch die zugesagten Sozialprogramme zu ergänzen. Am Ende ging das Geld aus. 2018, nach zehn Jahren, wurde das Programm wieder eingestellt.

18 Das *Comando Vermelho* ist eine Verbrecherorganisation, die vor allem im Drogenhandel im Bundesstaat Rio de Janeiro aktiv ist. Sie gehört mit den *Amigos dos Amigos* (ADA) und dem *Terceiro Comando* zu den drei großen Kartellen, die den Markt unter sich aufteilen. Sie operieren aus den *Comunidades* heraus. In jüngster Vergangenheit versucht zudem das *Primeiro Comando da Capital* (PCC) aus São Paulo, die schwache Position des Staates zu nutzen, um in anderen Landesteilen Fuß zu fassen.

19 Vgl. Seite der Abgeordnetenkammer https://www2.camara.leg.br/legin/fed/decret/1824-1899/decreto-528-28-junho-1890-506935-publicacaooriginal-1-pe.html (aufgerufen am 29.4.2020)

20 Globo News Journal Nacional: Paulista do interior. Bolsonaro começou na política como vereador no Rio, https://g1.globo.com/jornal-nacional/noticia/2018/10/29/paulista-do-interior-bolsonaro-comecou-na-politica-como-vereador-no-rio.ghtml (aufgerufen am 3.1.2020)

21 Carvalho, Luiz Maklouf: O Cadete e o Capitão. A vida de Jair Bolsonaro no quartel, São Paulo, 2019

22 Bei öffentlichen Auftritten vor Anhängern wird Bolsonaro oft mit *Mito-mito*-Sprechchören empfangen.

23 Vgl. Dulles, John W. F.: Resisting Brazil's Military Regime. An Account of the Battles of Sobral Pinto, Austin, 2010, S. 57

24 Vgl. Poder 360: Em evento no Rio, Bolsonaro diz que curso de paraquedista marcou sua vida, https://www.poder360.com.br/governo/em-evento-no-rio-bolsonaro-diz-que-curso-de-paraquedista-marcou-sua-vida/ (aufgerufen am 29.4.2020)

25 Vgl. Forum: Bolsonaro pediu medalha ao Exército em 2012 como

prova de que não é racista; entrega ocorreu hoje, https://revistaforum. com.br/politica/bolsonaro-pediu-medalha-ao-exercito-em-2012-como-prova-de-que-nao-e-racista-entrega-ocorreu-hoje/ (aufgerufen am 3.1.2020)

26 Abrufbar unter http://www.arqanalagoa.ufscar.br/pdf/recortes/ R03088.pdf (aufgerufen am 21.2.2020)

27 Vgl. Portal Global Rates, https://de.global-rates.com/wirtschafts-statistiken/inflation/1987.aspx

28 Die Präsidenten Brasiliens werden immer gegen Ende des Jahres gewählt und treten ihr Amt traditionell zum Jahresbeginn an. Mello wurde 1989 gewählt, war aber von 1990 bis 1992 Präsident.

29 Vgl. Aragão, Alexandre: Há 25 anos, Bolsonaro defendeu informatizar apuração das eleições para combatar fraudes, https://epoca.globo. com/ha-25-anos-bolsonaro-defendeu-informatizar-apuracao-das-elei-coes-para-combater-fraudes-23160301 (aufgerufen am 29.4.2020)

30 Vgl. Gazeta de Povo: Bolsonaro defendeu esterilização de pobres para combater o crime e a miséria, https://www.gazetadopovo.com. br/politica/republica/eleicoes-2018/bolsonaro-defendeu-esteriliza-cao-de-pobres-para-combater-o-crime-e-a-miseria-1a0vx9j7m6jou-5jymogwcxkro/ (aufgerufen am 29.4.2020)

31 Vgl. Freitas, Andréa: Migração Partidária na Câmara dos Deputados de 1987 a 2009*, in: DADOS – Revista de Ciências Sociais, Rio de Janeiro, Band 55, Br. 4, 2012, S. 951–986.

32 Vgl. http://www.tse.jus.br/eleitor/estatisticas-de-eleitorado/filiados (aufgerufen am 9.1.2020)

33 Vgl. https://brasil.elpais.com/brasil/2018/04/24/politica/1524605415 _828915.html (aufgerufen am 9.1.2020)

34 Die Bank *Caixa* ist, was ihre Verbreitung und Position im Markt betrifft, in etwa vergleichbar mit der genossenschaftlichen Volksbank in Deutschland. Sie wurde 1861 von Kaiser Dom Pedro II. gegründet und ist damit eine der ältesten Banken Brasiliens. Sie ist die größte 100-prozentig staatliche Bank in Lateinamerika und die drittgrößte Bank Brasiliens.

35 Vgl. Evangelische Zentralstelle für Weltanschauungsfragen, https:// ezw-berlin.de/html/3_3052.php (aufgerufen am 9.1.2020)

36 Zahlen des Statistischen Amtes IBGE von 2010, https://sidra.ibge. gov.br/tabela/137#resultado (aufgerufen am 9.1.2020)

37 Folha de São Paulo: Evangélicos podem desbancar católicos no Brasil em pouco mais de uma década, https://www1.folha.uol.com.br/poder/2020/01/evangelicos-podem-desbancar-catolicos-no-brasil-em-pouco-mais-de-uma-decada.shtml?utm_source (aufgerufen am 29.4.2020)

38 Martins, Raphael: Com o segundo lugar na corrida presidencial, o deputado do Rio escolhe um partido em que pode mandar e desmandar, https://exame.abril.com.br/brasil/no-pen-o-cobicado-jair-bolsonaro-mira-2018/, in: Exame (aufgerufen am 29.4.2020)

39 DCM: Bolsonaro nem entrou e já está saindo do Patriotas, https://www.diariodocentrodomundo.com.br/essencial/bolsonaro-nem-entrou-e-ja-esta-saindo-do-patriotas/, in: Diario do Centro do Mundo (DCM) (aufgerufen am 29.4.2020)

40 In Brasilien ist für sie der Begriff *Bolsonaristas* verbreitet. Von politischen Gegnern werden sie auch gern als *Bolsominions* verspottet.

41 Stand 29.4.2020

42 Vgl. https://www.youtube.com/watch?v=8hv1D6EgWfc (aufgerufen am 29.4.2020)

43 Vgl. https://brasil.elpais.com/brasil/2018/10/29/actualidad/154082 8734_083649.html (aufgerufen am 29.4.2019)

44 Reis, Thiago: Bolsonaro vence em 631 das 645 cidades do estado de SP; na capital, Haddad ganha apenas em 6 das 58 zonas eleitorais, https://g1.globo.com/politica/eleicoes/2018/eleicao-em-numeros/noticia/2018/10/28/bolsonaro-vence-em-631-das-645-cidades-do-estado-de-sp-na-capital-haddad-ganha-apenas-em-6-das-58-zonas-eleitorais.ghtml, in: Globo (aufgerufen am 30.4.2020)

45 Moura, Mauricio und Corbellini, Juliano: A eleição disruptiva. Por que Bolsonaro venceu, Rio de Janeiro, 2019

46 Vgl. Moura / Corbellini, S. 55

47 Macedo, Isabella: »Nós toleramos a corrupcao, o aparelhamento de estado«, in: O Globo, 15.1.2020, S. 10

48 Vgl. https://www.youtube.com/watch?v=yCDU-36KWmQ (aufgerufen am 30.4.2020)

49 Vgl. Moura / Corbellini, S. 49 ff.

50 Audi, Amanda: O passado garimpeiro de Bolsonaro. E o perigo que essa paixão representa para a Amazonia, https://theintercept.

com/2018/11/05/passado-garimpeiro-bolsonaro/, in: The Intercept Brasil (aufgerufen am 30.4.2020)

51 Zweig, Stefan: Brasilien. Ein Land der Zukunft, Stockholm, 1941, S. 17 f.

52 Vgl. Veja Como é ser negro no Brasil, Ausgabe 2557 vom 22. November 2017

53 Maldonado-Mariscal, Karina / Rehbein, Boike: Soziokulturen, Klassen und Soziale Innovation in Brasilien, in: Zeitschrift für Kultur- und Kollektivwissenschaft, Band 4, Heft 2, 2018, S. 235–254

54 Vgl. Mitschnitt der Veranstaltung auf Youtube, https://www.youtube.com/watch?v=zSTdTjsio5g (aufgerufen am 5.5.2020)

55 Die brasilianische TV-Landschaft hat eine Besonderheit – eine Qualitätsabstufung. Kunden der großen Kabelfirmen, die entsprechend für das Angebot zahlen, bekommen bei den Nachrichten andere, tiefergehende Formate geboten als der 08/15-Konsument, der nur die frei empfangbaren Kanäle sehen kann. Man kann sich das vorstellen wie in der medizinischen Versorgung. Gesetzlich Versicherte bekommen eine Basisversorgung, privat Versicherte erhalten Extras und höhere Qualität. Das hat natürlich auf längere Sicht Folgen bei der Rezeption von Nachrichten und Informationen.

56 Vgl. Heldt, Amelíe P.: Von der Schwierigkeit, Fake News zu regulieren. Frankreichs Gesetzgebung gegen die Verbreitung von Falschnachrichten im Wahlkampf, http://www.bpb.de/gesellschaft/digitales/digitale-desinformation/290529/frankreichs-gesetzgebung-gegen-die-verbreitung-von-falschnachrichten (aufgerufen am 30.4.2020)

57 Fachin, Patricia: A direita pop e a memificação da política. Entrevista especial com Esther Solano, http://www.ihu.unisinos.br/159-noticias/entrevistas/583242-a-direita-pop-e-a-memicacao-da-politica-entrevista-especial-com-esther-solano (aufgerufen am 20.4.2020)

58 Vgl. Moura / Corbellini, S. 31

59 Sousa, Felipe: »É como usar drogas«. Por que as pessoas acreditam e compartilham notícias falsas?, BBC Brasil, https://www.bbc.com/portuguese/brasil-45767478 (aufgerufen 28.11.2019)

60 Gunkel, Nicolas: Piada de Bolsonaro sobre sua filha gera revolta nas redes sociais, https://exame.abril.com.br/brasil/piada-de-bolsonaro-

sobre-sua-filha-gera-revolta-nas-redes-sociais/, in: Exame (aufgerufen am 4.5.2020)

61 Folhapress: Filho »04« de Bolsonaro diz que coronavírus é »gripezinha« e que prefere morrer transando a tossindo, https://www.folhape.com.br/noticias/noticias/coronavirus/2020/04/30/NWS,139028,70,1668,NOTICIAS,2190-FILHO-BOLSONARO-DIZ-QUE-CORONAVIRUS-GRIPEZINHA-QUE-PREFERE-MORRER-TRANSANDO-TOSSINDO.aspx, in: Folhape (aufgerufen am 4.5.2020)

62 Der Tweet wurde veröffentlicht am 10.9.2019.

63 Vgl. Antagonista: »Jair Bolsonaro tem que criar um partido só com os filhos«, diz Bebianno, in: O Antagonista, https://www.oantagonista.com/brasil/jair-bolsonaro-tem-que-criar-um-partido-so-com-os-filhos-diz-bebianno/ (aufgerufen am 3.1.2020)

64 Vgl. Watts, Jonathan / Phillips, Dom / Phillips, Tom: Brazilians on Bolsonaro's first year: »If you disagree, you're seen as a traitor«, https://www.theguardian.com/world/2020/jan/01/brazil-jair-bolsonaro-first-year-voices?CMP=share_btn_tw, in: The Guardian (aufgerufen am 29.4.2020)

65 Aprigio, Marcelo: Leia o manifesto do novo partido de Bolsonaro, o Aliança pelo Brasil, https://jc.ne10.uol.com.br/canal/politica/nacional/noticia/2019/11/22/leia-o-manifesto-do-novo-partido-de-bolsonaro-o-alianca-pelo-brasil-393420.php, in: UOL (aufgerufen am 22.4.2020)

66 Exame: Aliança pelo Brasil já admite não participar da eleição de 2020, https://exame.abril.com.br/brasil/alianca-pelo-brasil-ja-admite-nao-participar-da-eleicao-de-2020/ (aufgerufen am 29.2.2020)

67 Vgl. https://www1.folha.uol.com.br/poder/2018/02/em-despedida-general-mourao-chama-coronel-ustra-de-heroi.shtml (aufgerufen am 5.5.2020)

68 Vgl. Netto, Rianne: Bolsonaro diz que vai tirar Brasil da ONU se for eleito presidente, https://g1.globo.com/politica/eleicoes/2018/noticia/2018/08/18/bolsonaro-diz-que-vai-tirar-brasil-da-onu-se-for-eleito-presidente.ghtml, in: Globo (aufgerufen am 22.4.2020)

69 Muggah, Robert: O que explica a redução de homicídios no Brasil?, https://brasil.elpais.com/brasil/2019/09/14/opinion/1568421039_616695.html, in: El País (aufgerufen am 11.4.2020)

70 Police killings in the state of Rio de Janeiro are at a 20-year high,

https://www.economist.com/graphic-detail/2019/09/03/police-killings-in-the-state-of-rio-de-janeiro-are-at-a-20-year-high, in: The Economist (aufgerufen am 11.4.2020)

71 Vgl. Albaladejo, Angelica: Spate of Murders in Brazil Shines Spotlight on Militia Phenomenon, https://www.insightcrime.org/news/analysis/spate-murders-brazil-shines-spotlight-militia-phenomenon/, in: Insight Crime (aufgerufen am 22.4.2020)

72 Vgl. Düttmann, Dennis / Nöthen, Andreas: Paramilitärs terrorisieren Brasiliens Favelas, https://www.tagesspiegel.de/politik/ermordete-stadtraetin-paramilitaers-terrorisieren-brasiliens-favelas/24097792.html, in: Tagesspiegel (aufgerufen am 22.4.2020)

73 Carvalho, Gabriela: Deputado conhecido por quebrar placa de Marielle Franco, Rodrigo Amorim é acusado de ter sido funcionário fantasma, https://jc.ne10.uol.com.br/politica/2020/04/5605342-deputado-conhecido-por-quebrar-placa-de-marielle-franco--rodrigo-amorim-e-acusado-de-ter-sido-funcionario-fantasma.html (aufgerufen am 30.4.2020)

74 Ramalho, Sérgio: »Pica do tamanho de um cometa«, https://theintercept.com/2020/04/25/flavio-bolsonaro-rachadinha-financiou-milicia/, in: The Intercept (aufgerufen am 26.4.2020)

75 Vgl. Calixto, Larissa: Dez fatos que ligam a família Bolsonaro a milicianos, https://congressoemfoco.uol.com.br/congresso-em-foco/dez-fatos-que-ligam-a-familia-bolsonaro-a-milicianos/, in: Congresso em Foco (aufgerufen am 22.4.2020)

76 Vgl. https://exame.abril.com.br/brasil/receber-salario-indevido-tambem-e-corrupcao-diz-katia-abreu/ (aufgerufen am 5.5.2020)

77 Pörzgen, Gemma: »Die Wissenschaft leidet unter dem Kulturkampf in Ungarn«, https://www.koerber-stiftung.de/themen/der-wert-europas/beitraege-2018/interview-eva-kovacs, in: Körber-Stiftung (aufgerufen am 19.1.2020)

78 Doyle, Hélio: Bolsonaro não gosta de ser presidente, ele quer ser ditador, https://www.brasil247.com/blog/bolsonaro-nao-gosta-de-ser-presidente-ele-quer-ser-ditador (aufgerufen am 5.4.2020)

79 Vgl. https://www.youtube.com/watch?v=poeMLhCcbyQ (aufgerufen am 13.4.2020)

80 Costa, Rodolfo: Bolsonaro defende Weintraub e diz que Escola sem Partido está em operação, https://www.correiobraziliense.com.br/

app/noticia/politica/2019/12/18/interna_politica,815051/bolsonaro-defende-weintraub-e-que-escola-sem-partido-esta-em-operacao.shtml, in: Correio Braziliense (aufgerufen am 5.5.2020)

81 Sedaña, Paulo: Weintraub reafirma que federais são centros de drogas e que isso é reflexo de »consumo desenfreado«, https://gauchazh.clicrbs.com.br/educacao-e-emprego/noticia/2019/12/weintraub-reafirma-que-federais-sao-centros-de-drogas-e-que-isso-e-reflexo-de-consumo-desenfreado-ck41dsva100xe01037fh9iicv.html, in: GaúchaZH (aufgerufen am 25.4.2020)

82 Vgl.https://brasil.elpais.com/brasil/2020-02-18/jair-bolsonaro-retoma-credencial-machista-com-insinuacao-sexual-contra-jornalista.html (aufgerufen am 3.5.2020)

83 Vgl. https://www.brasildefato.com.br/2017/08/15/condenacao-de-bolsonaro-e-vitoria-de-todas-as-mulheres-diz-maria-do-rosario (aufgerufen am 3.5.2020).

84 Vgl. https://www.youtube.com/watch?v=iBiAhpPXUho (aufgerufen am 30.4.2020)

85 Vgl. Fávero, Bruno: Bolsonaro fez 162 críticas à imprensa desde janeiro. Globo e Folha são principais alvos, https://aosfatos.org/noticias/bolsonaro-fez-162-criticas-imprensa-desde-janeiro-globo-e-folha-sao-principais-alvos/, in: Aos Fatos (aufgerufen am 25.4.2020)

86 Demori, Leandro: O Inimigo Número 1 de Bolsonaro (segundo ele próprio), https://theintercept.com/2019/01/01/o-inimigo-numero-1-de-bolsonaro-segundo-ele-proprio/, in: The Intercept (aufgerufen am 5.5.2020)

87 A mídia, o crescimento da extrema direita e a chegada de Bolsonaro ao poder, https://brazil.mom-rsf.org/br/destaques/bolsonaro-e-a-midia/, in: Reporteres sem Fronteiras (aufgerufen am 8.1.2020)

88 Mori, Letítia: Vik Muniz sobre política cultural do governo Bolsonaro: »É só destruição, é só desmantelamento«, https://www.bbc.com/portuguese/brasil-50609845 (aufgerufen am 3.5.2020)

89 Vgl. https://youtu.be/6_catYXcZWE (aufgerufen am 25.4.2020)

90 Vgl. Matos, Thais / Oliveira, Elida: Amazônia batem recorde no primeiro trimestre de 2020, mostram dados do Inpe, https://g1.globo.com/natureza/noticia/2020/04/13/alertas-de-desmatamento-na-amazonia-crescem-5145percent-no-primeiro-trimestre-mostram-dados-do-inpe.ghtml (aufgerufen am 14.4.2020)

91 Bolsonaro bezichtigte sogar Hilfsorganisationen, sie legten selbst Brände, um sich wichtig zu machen und auch weiterhin Spendengelder und öffentliche Hilfsmittel abgreifen zu können. Wenig später machte er dann den in Umweltfragen sehr engagierten Schauspieler Leonardo di Caprio für die Feuer verantwortlich.

92 O'Brian, Rosalba: Brazil's incoming environment minister found guilty of improper conduct, https://www.reuters.com/article/us-brazil-politics-minister/brazils-incoming-environment-minister-found-guilty-of-improper-conduct-idUSKCN1OJ2VE (aufgerufen am 25.4.2020)

93 Euronews: Brazil's Jair Bolsonaro attacks Macron's wife in »sexist« Facebook post, https://www.euronews.com/2019/08/26/brazil-s-jair-bolsonaro-attacks-macron-s-wife-in-sexist-facebook-post (aufgerufen am 25.4.2020)

94 Valente, Rubens: Mourão forma Conselho da Amazônia com 19 militares e sem Ibama e Funai, https://noticias.uol.com.br/colunas/rubens-valente/2020/04/18/conselho-amazonia-mourao.htm, in: UOL (aufgerufen am 19.4.2020)

95 Vgl. Butter, Maureen: Brasilien. Kritik an Ernennung von Ex-Missionar zum Leiter einer Indigenenbehörde, https://amerika21.de/2020/02/237378/brasilien-missionar-indigenenbehoerde, in: Amerika 21 (aufgerufen am 30.4.2020)

96 Vgl. https://www.istoedinheiro.com.br/bolsonaro-cria-conselho-da-amazonia-apos-criticas-sobre-politica-ambiental/ (aufgerufen am 5.5.2020)

97 Militão, Eduardo: »Bolsonaro não sabe nada de saúde«, diz o ex-aliado Ronaldo Caiado, https://noticias.uol.com.br/politica/ultimas-noticias/2020/03/26/coronavirus-entrevista-ronaldo-caiado-jair-bolsonaro-nao-sabe-nada-saude.htm, in: UOL (aufgerufen am 3.4.2020)

98 2018 wurden nicht nur der Präsident, die Kongressabgeordneten und Senatoren gewählt, sondern zugleich auch Gouverneure bzw. Abgeordnete der Regionalparlamente.

99 Vgl. https://valor.globo.com/brasil/noticia/2020/03/30/bolsonaro-pode-ser-processado-por-crime-contra-a-humanidade-diz-witzel.ghtml (aufgerufen am 5.5.2020)

100 Vgl. https://noticias.uol.com.br/colunas/balaio-do-kotscho/2020/04/15/doriaexclusivo-fanaticos-negam-doenca-sao-traidores-do-proprio-povo.htm (aufgerufen am 5.5.2020)

101 Vgl. https://www.youtube.com/watch?v=f1pmexyCcGg (aufgerufen am 3.5.2020)

102 Schenk, Mario: Brasilien. Bolsonaro sichert seine Macht mit einem schmutzigen Deal, https://amerika21.de/2020/05/239474/bolsonaro-zentrumsparteien-moro-deal, in: Amerika 21 (aufgerufen am 4.5.2020)

Übersicht über wichtige Personen

Alckmin, Geraldo, geboren 1952. Mitbegründer der wirtschaftsliberalen Partei PSDB. Von Januar 2011 bis April 2018 Gouverneur des Bundesstaats São Paulo. 2018 kandidierte er für das Amt des Präsidenten, unterlag jedoch im ersten Wahlgang deutlich.

Alves, Damares, geboren 1964. Ministerin für Familie, Menschenrechte und Frauen in der Regierung Bolsonaro. Alves ist Anwältin und Pastorin der *Foursquare Gospel Church,* einer evangelikalen Kirche.

Araújo, Ernesto, geboren 1967. Diplomat. Außenminister in der Regierung Bolsonaro. Araújo hält den Klimawandel für einen kommunistischen Plan und den Globalismus für eine marxistische Verschwörung.

Azevedo, Otávio, geboren 1951. Unternehmer, Ex-Präsident des Baukonzerns Grupo Andrade Gutierrez. Azevedo wurde 2016 im Zuge der *Lava-Jato*-Ermittlungen wegen Geldwäsche, Korruption und Bildung einer kriminellen Vereinigung zu einer Haftstrafe von 18 Jahren verurteilt.

Bannon, Stephen, geboren 1953. US-amerikanischer Publizist und politischer Aktivist. Bannon leitete von 2012 bis August 2016 und von August 2017 bis Anfang 2018 die Website *Breitbart News Network.* Er war strategischer Berater von Donald Trump im US-Präsidentschaftswahlkampf. Bannon ist zudem Gründer des ultrarechten Netzwerks *The Movement.*

Batista, Joesley, geboren 1972. Einer der Gründer des Agroindustrie-Unternehmens JBS, das zu den größten Fleischfabrikanten der Welt gehört. 2016 listete ihn das *Forbes Magazin* unter den 70 reichsten Milliardären Brasiliens. Gegen Batista wurde im Zuge von *Lava Jato* ermittelt, weil er unter anderem Schmiergelder an den früheren Präsidenten der Abgeordnetenkammer, Eduardo Cunho, gezahlt haben soll.

Bebianno, Gustavo, 1964–2020. Anwalt. Ex-Vizepräsident der Partei PSL, bis Februar 2019 Generalsekretär von Jair Bolsonaro.

Bolsonaro, Carlos, geboren 1982. Zweiter Sohn von Jair Bolsonaro. Er ist hauptsächlich in den sozialen Netzwerken aktiv und war für die inhaltliche Gestaltung des Präsidentschaftswahlkampfs von Jair Bolsonaro verantwortlich. Abgeordneter im Regionalparlament von Rio de Janeiro.

Bolsonaro, Eduardo, geboren 1984. Drittältester Sohn von Jair Bolsonaro. Seit 2015 Abgeordneter für den Bundesstaat São Paulo. Freund der Liberalisierung von Waffengesetzen. Jair Bolsonaros persönlicher Beauftragter für internationale Politik, vor allem für die Beziehungen zu den USA und Israel.

Bolsonaro, Flávio, geboren 1981. Ältester Sohn von Präsident Jair Bolsonaro. Seit 2003 war er Mitglied der Gesetzgebenden Versammlung von Rio de Janeiro, 2018 errang er für den Bundesstaat Rio de Janeiro ein Mandat als Senator. Für den Wahlkampf 2018 werden ihm Wahlmanipulationen mit Strohmännern vorgeworfen. Zudem soll er enge Kontakte zu den illegalen Milizen in Rio de Janeiro unterhalten.

Bolsonaro, Geraldo Percy, 1927–1995. Vater des Präsidenten Jair Bolsonaro. Sohn italienischer Einwanderer. Arbeitete unter anderem als Zahnarzt. Vater von sechs Kindern.

Bolsonaro, Jair Messias, geboren 1955. Nach seiner Karriere beim Militär, die er als Hauptmann beendete, Berufspolitiker. Von 1989 bis 1991 Stadtrat in Rio de Janeiro, von 1991 bis 2018 Parlamentsabgeordneter. Seit 2019 Präsident der Republik Brasilien. Aktuelle Parteizugehörigkeit: *Aliança pelo Brasil* (APB), »Allianz für Brasilien«.

Bolsonaro, Jair Renan, geboren 1998. Viertes Kind von Jair Bolsonaro.

Bolsonaro, Michelle, geboren 1982. Ehemalige Parlamentssekretärin. Dritte Ehefrau von Jair Bolsonaro. Sie ist die Mutter von Jair Bolsonaros einziger Tochter Laura, dem fünften und jüngsten Kind des

Präsidenten. Anders als ihr Ehemann gehört sie der evangelikalen Kirche *Assembleia de Deus* an.

Bolsonaro, Rogéria, Ex-Ehefrau von Jair Bolsonaro, Mutter der drei ältesten Söhne Flávio, Carlos und Eduardo. War selbst auch einige Jahre in der Politik aktiv.

Bonturi, Olinda, Mutter von Jair Bolsonaro.

Buarque, Cristovam, geboren 1944. Wissenschaftler und Politiker. Von 1995 bis 1998 Gouverneur des Bundesdistrikts *Distrito Federal* (Brasília). Von 1990 bis 2005 Mitglied der Arbeiterpartei PT. 2006 Präsidentschaftskandidat für die Linkspartei PDT.

Cardoso, Fernando Henrique, geboren 1931. Soziologe. Von 1995 bis 2002 Präsident von Brasilien. Mitbegründer der damals sozialdemokratischen Partei PSDB.

Carvalho, Olavo de, geboren 1947. Rechtskonservativer Journalist und Essayist. Verschwörungstheoretiker mit extrem antikommunistischer Haltung. De Carvalho gilt als der geistige Guru der brasilianischen Neuen Rechten und Jair Bolsonaros.

Cerveró, Nestor, geboren 1951. Chemischer Ingenieur. Von 2003 bis 2008 Direktor der halbstaatlichen Erdölfirma *Petrobras,* anschließend bis 2014 Finanzdirektor der Tochterfirma *BR Distribuidora.* Im Zuge der Antikorruptionsermittlungen *Lava Jato* wurde Cerveró wegen Korruption und Geldwäsche zu insgesamt mehr als zwölf Jahren Gefängnis verurteilt.

Collor de Mello, Fernando, geboren 1949, Politiker. Von 1990 bis 1992 Präsident Brasiliens für die Rechtspartei PRN. Wegen Korruption des Amtes enthoben. Aktuell Senator für den Bundesstaat Alagoas.

Costa, Paulo Roberto, geboren 1954. Ingenieur. Von 2004 bis 2012 beim halbstaatlichen Ölkonzern *Petrobras* verantwortlich für Einkauf und Nachschub. Im Verfahren *Lava Jato* wegen Korruption zu zwölf Jahren Haft verurteilt.

Crivella, Marcelo, geboren 1957. Ingenieur, Publizist. Von 2012 bis 2014 Agrarminister in der Regierung von Dilma Rousseff. Seit 2017 Bürgermeister von Rio de Janeiro. Crivella war auch Bischof der evangelikalen Kirche *Igreja Universal.* Als Bürgermeister von Rio machte er sich unbeliebt, als er sich 2017 weigerte, den Karneval zu eröffnen.

Cunha, Eduardo, geboren 1958. Ökonom, Radiomoderator. Von 2003 bis

2016 Parlamentsabgeordneter, zuletzt Präsident der Abgeordneten-kammer. Mitglied der *Bancada Evangélica*, der Lobbygruppe evange-likaler Politiker. Gemeinsam mit Michel Temer Strippenzieher im Amtsenthebungsverfahren gegen Dilma Rousseff. Cunha steht beim Obersten Bundesgericht unter Anklage wegen Korruption und Geld-wäsche.

Dallagnol, Deltan, geboren 1980. Bundesstaatsanwalt, Koordinator der Ermittler im Fall *Lava Jato*. Wie der Journalist Glenn Greenwald 2019 enthüllte, hat sich Dallagnol während der Ermittlungen gegen Ex-Präsident Lula da Silva wiederholt mit dem Bundesrichter und späteren Justizminister Sérgio Moro abgesprochen.

Dias Pereira, Everaldo, geboren 1956. Bekannt als Pastor Everaldo. Eine der wichtigsten Personen in der *Assembleia de Deus,* einer der größ-ten evangelikalen Kirchen Brasilien, außerdem Präsident und 2014 Präsidentschaftskandidat der Partei PSC. Erklärter Gegner gleichge-schlechtlicher Partnerschaften.

Diniz, Abilio, geboren 1936. Unternehmer und Milliardär. Gründer der Supermarktkette *Pão de Açucar.* 1989 wurde er am Vorabend der Prä-sidentschaftswahlen Opfer einer spektakulären Entführung, die von den Behörden fälschlicherweise der Arbeiterpartei um Lula da Silva in die Schuhe geschoben wurde.

Dirceu, José (Zé), geboren 1946. Senator, dann Chef des Präsidialamtes unter Präsident Lula und damit der wichtigste Mann der Regierung. Als Student war er im bewaffneten Widerstand gegen die Militärdik-tatur und musste aus Brasilien fliehen. Im Zusammenhang mit den *Mensalão-* und *Lava-Jato*-Ermittlungen zu insgesamt 31 Jahren Haft verurteilt.

Franco, Marielle, geboren 1979, ermordet am 14. März 2018. Regional-abgeordnete in Rio de Janeiro für die Linkspartei PSOL, Aktivistin für Menschenrechte und gegen Polizeiwillkür. Seit ihrer Ermor-dung Symbolfigur für unterprivilegierte Bevölkerungsgruppen wie Schwule und Lesben, Schwarze oder *Favela*-Bewohner.

Freire, Paulo, 1921–1997. Vordenker der modernen Erziehungswissen-schaften, Begründer der sogenannten Befreiungspädagogik, welt-weit mit rund 40 Ehrendoktortiteln geehrt. Von der Regierung Bol-sonaro geächtet.

Galvão, Ricardo, geboren 1947. Physiker. Als Leiter des brasilianischen

Weltraumforschungsinstitutes INPE 2019 von Präsident Bolsonaro entlassen, weil sein Institut Aufnahmen von den Waldbränden am Amazonas veröffentlichte.

Gomes, Anderson, ermordet 2018. Fahrer der Politikerin Marielle Franco. Wurde mit ihr erschossen.

Goulart, João, 1918–1976. Brasilianischer Präsident von 1961 bis 1964. Vom Militär in einem Staatsstreich gestürzt.

Greenwald, Glenn, geboren 1967. US-amerikanischer Journalist. Greenwald veröffentlichte die von Edward Snowden gehackten Materialien über den US-Geheimdienst NSA. Er lebt heute im Exil in Rio de Janeiro. Dort publizierte er 2019 gehackte Mitschnitte von Gesprächen zwischen Sérgio Moro und Deltan Dallagnol, die illegale Praktiken im Fall *Lava Jato* gegen Ex-Präsident Lula da Silva nachwiesen.

Guedes, Paulo, geboren 1949. Ökonom. Wirtschaftsminister in der Regierung Bolsonaro. Anhänger der neoliberalen Wirtschaftsschule.

Haddad, Fernando, geboren 1963. Von 2005 bis 2012 Bildungsminister unter Lula da Silva und Dilma Rousseff, danach Bürgermeister von São Paulo. Unterlag bei den Präsidentschaftswahlen 2018 als Kandidat der PT gegen Jair Bolsonaro.

Hoffmann, Gleisi, geboren 1965. Politikerin der Arbeiterpartei PT, seit 2017 deren Vorsitzende.

Janot, Rodrigo, geboren 1956. Von 2013 bis 2017 Generalbundesanwalt. Sorgte für die Verurteilung zahlreicher Politiker wegen Korruption.

Kubitschek, Juscelino, 1902–1976. Von 1956 bis 1961 Präsident von Brasilien. Während seiner Amtszeit wurde die Hauptstadt von Rio de Janeiro nach Brasília verlegt.

Lamarca, Carlos, 1937–1971. Offizier, später Widerstandskämpfer gegen die Militärdiktatur. Wurde als Anführer der Untergrundbewegung *Vanguarda Popular Revolucionária* (VPR) vom Militär erschossen.

Lessa, Ronnie, Ex-Polizist und Milizionär. Einer der Verdächtigen im Mordfall Marielle Franco. Lessa stand kurz vor der Tat in Kontakt mit der Familie Bolsonaro.

Lewandowski, Ricardo, geboren 1948. Von 2006 bis 2016 Richter am Obersten Gerichtshof (STF), zuletzt dessen Präsident.

Lorenzoni, Onyx, geboren 1954. Geschäftsmann und Tierarzt. Von 2019 bis Februar 2020 Stabschef von Präsident Jair Bolsonaro. Mitglied der Mitte-rechts-Partei DEM.

Lula da Silva, Luiz Inácio, geboren 1945. Metallarbeiter, Gewerkschafter, von 2003 bis 2010 Präsident Brasiliens. Gründer der Arbeiterpartei PT. 2018 wegen angeblicher Vorteilnahme im Fall *Lava Jato* zu mehr als zwölf Jahren Haft verurteilt. Seit November 2019 wieder auf freiem Fuß.

Macedo, Edir, geboren 1945. Evangelikaler Bischof, Medienunternehmer, Milliardär. Gründer der *Igreja Universal* in Brasilien. Besitzer und Vorstandsvorsitzender des zweitgrößten Fernsehsenders Brasiliens, *Record TV*.

Magalhães de Nobrega, Adriano, getötet 2020. Auftragskiller, gehörte mutmaßlich der Miliz *Escritorio da Crime* an, die für den Mord an der Politikerin Marielle Franco verantwortlich sein soll. Er soll Kontakt zur Familie Bolsonaro gehabt haben. Von der Polizei erschossen.

Maia, Rodrigo, geboren 1970. Seit 2016 Präsident der Abgeordnetenkammer. Sohn des früheren Bürgermeisters von Rio de Janeiro, César Maia. Mitglied der Mitte-rechts-Partei DEM. Auch sein Name taucht in den Ermittlungsakten des *Lava Jato* auf.

Malafaia, Silas, geboren 1958. Evangelikaler Pastor. Oberhaupt der *Assembleia de Deus*, einer der größten evangelikalen Glaubensgemeinschaften Brasiliens. Förderer und Freund Jair Bolsonaros. Traute die Ehe Bolsonaros mit seiner dritten Frau Michele. Hardliner bei den Themen Homosexualität und Abtreibung.

Moro, Sérgio, geboren 1972. Ex-Bundesrichter. 2019 bis April 2020 Minister für Justiz und Innere Sicherheit in der Regierung Bolsonaro. Wurde bekannt durch seine Ermittlungen im Korruptionsprozess *Mensalão* und später im Fall *Lava Jato*. Traf im Verfahren gegen Ex-Präsident Lula da Silva illegale Absprachen mit Bundesstaatsanwalt Deltan Dallagnol. Moro trat wegen Differenzen mit Bolsonaro zurück.

Mourão, Hamilton, geboren 1953. Ex-General. Seit 2019 Vizepräsident unter Jair Bolsonaro. Mourão ist der erste hochrangige Politiker indigener Abstammung Brasiliens.

Néves, Aécio, geboren 1960. Ex-Vorsitzender der Mitte-rechts-Partei PSDB. Kandidierte 2014 im Präsidentschaftswahlkampf gegen Dilma Rousseff von der PT und verlor knapp. Gegen Néves wird im Fall *Lava Jato* wegen Korruption ermittelt.

Odebrecht, Marcelo, geboren 1968. Ex-CEO des brasilianischen Baukonzerns Odebrecht. Eine der Schlüsselfiguren im Korruptionsskandal *Lava Jato*. Odebrecht wurde wegen Korruption und Geldwäsche zu 19 Jahren Haft verurteilt.

Órban, Victor, geboren 1963. 1998 bis 2002 und seit 2010 ungarischer Ministerpräsident. Chef der rechten Fidesz-Partei. Der Populist Órban vertritt einen nationalistischen und europakritischen Kurs.

Paiva, Rubens, 1929–1971. Liberaler Politiker. Wurde unter der Militärdiktatur entführt, gefoltert und ermordet.

Palocci, António, geboren 1960. Finanzminister in der Regierung von Lula da Silva, Stabschef unter Präsidentin Dilma Rousseff. Palocci wurde im Zuge der *Lava-Jato*-Ermittlungen zu zwölf Jahren Haft verurteilt.

Queiroz, Fabrício, bis 2018 Polizeioffizier. Arbeitete als Fahrer und nach eigenen Angaben als parlamentarischer Berater von Flávio Bolsonaro. Auch seine Frau und zwei Töchter sollen für den Präsidentensohn gearbeitet haben. Hat Kontakte zur Miliz *Escritório de Crime,* »Büro des Verbrechens«.

Rousseff, Dilma, geboren 1947. Ökonomin. Mitglied der PT, von 2011 bis August 2016 erste Präsidentin Brasiliens. Wurde durch ein Impeachment aus dem Amt entfernt. Rousseff war in ihrer Jugend im Widerstand gegen die Militärdiktatur aktiv, wurde inhaftiert und gefoltert.

Salles, Ricardo, geboren 1975. Umweltminister Brasiliens im Kabinett von Jair Bolsonaro. Mitglied der rechtskonservativen Partei *Novo,* Mitbegründer der rechten Bewegung *Endireita Brasil.*

Sarnéy, José, geboren 1930. Präsident Brasiliens von 1985 bis 1990. Wurde am Ende der Militärdiktatur 1984 zum Vizepräsidenten gewählt. Nach dem Tod des gewählten Präsidenten Tancredo Néves noch vor Amtsantritt übernahm er selbst die Regierung.

Serra, José, geboren 1942. Politiker der Zentrumspartei PMDB. Gegenkandidat von Lula da Silva im Präsidentschaftswahlkampf 2002. Unter Übergangspräsident Michel Temer noch einmal für kurze Zeit Außenminister.

Temer, Michel, geboren 1940. Jurist. Für die Mitte-rechts-Partei PMDB Vizepräsident unter Dilma Rousseff von 2011 bis 2016, nach deren Absetzung selbst bis 2018 Präsident von Brasilien. Temer wurde noch als Präsident zwei Mal durch die Bundesstaatsanwaltschaft der Korruption angeklagt.

Trump, Donald, geboren 1946. Immobilienunternehmer. Seit 2017 Präsident der USA.

Ustra, Carlos Brilhante, 1932–2015. Offizier, unter der Militärdiktatur Chef der als Folterzentrale bekannten Geheimdiensteinheit DOI-CODI. 2008 verurteilt wegen Kidnapping und Folter. Auch die spätere Präsidentin Dilma Rousseff wurde in Ustras Einheit gefoltert.

Vargas, Getúlio, 1882–1954. Anwalt, Militär, Anführer der Revolution 1930. Präsident von Brasilien von 1930 bis 1945 und von 1951 bis 1954. Populist.

Vélez, Ricardo, geboren 1943. Kolumbianischer Theologe und Philosoph. In der Regierung Bolsonaro 2019 für kurze Zeit Bildungsminister von Brasilien. Vélez war führender Kopf der rechten Bewegung *Escola sem Partidos.*

Weintraub, Abraham, geboren 1971. Ökonom. Seit April 2019 Bildungsminister in der Regierung Bolsonaro.

Youssef, Alberto, geboren 1967. Geldverleiher, war in einige der größten Finanzskandale der jüngeren brasilianischen Geschichte verstrickt, unter anderem in den *Banestado*-Skandal. Die Ermittlungen gegen ihn brachten die Korruptionsprozesse im Fall *Lava Jato* ins Rollen.

Zweig, Stefan, 1881–1942. Österreichischer Schriftsteller. Floh vor den Nationalsozialisten ins Exil nach Brasilien. 1941 erschien sein Buch *Brasilien. Land der Zukunft,* eine schwärmerische Hommage an seine Wahlheimat.

Literatur

Monografien

Antunes Maciel, Wilma: O capitão Lamarca e a VPR. Repressão judicial no Brasil, São Paulo, 2006.

Bacha, Edmar et al. (Hg.): 130 anos. Em busca da República, Rio de Janeiro, 2019.

Basso Lacerda, Marina: O novo conservadorismo brasileiro, Porto Alegre, 2019.

Bolsonaro, Flávio: Jair Messias Boslonaro. Mito ou verdade, Rio de Janeiro, 2017.

Buarque, Cristovam: Por que falhamos. O Brasil de 1992 a 2018, 2019.

Cardoso, Fernando Henrique: Crise e reinvenção da política no Brasil, São Paulo, 2018.

Carvalho, Luiz Maklouf: O Cadete e o Capitão. A vida de Jair Bolsonaro no quartel, São Paulo, 2019.

Correa, Hudson / Brito Diana: Rio sem lei, São Paulo, 2018.

Crouch, Colin: Postdemokratie, Frankfurt am Main, 2008.

Da Silva, Luiz Inácio Lula: A verdade vencerá. O povo sabe por que me condenam, São Paulo, 2018.

Dip, Andrea: Em nome de quem? A bancada evangélica e seu projeto de poder, Rio de Janeiro, 2018.

Dirceu, Zé: Memórias Volume I, São Paulo, 2018.

Emiliano, José / Oldack, Miranda: Lamarca, o Capitão da Guerrilha, 5. Auflage, São Paulo, 1980.

Fausto, Boris: História do Brasil, 14. Auflage, São Paulo, 2015.

Fischermann, Thomas / Tenharim, Madarejúwa: Der letzte Herr des Waldes. Ein Indianerkrieger aus dem Amazonas erzählt vom Kampf gegen die Zerstörung seiner Heimat und von den Geistern des Urwalds, München, 2018.

Galeano, Eduardo: Open Veins of Latin America, London, 1973.

Glüsing, Jens: Brasilien. Ein Länderporträt, Berlin, 2013.

Janot, Rodrigo / De Carvalho, Jailton: Nada menos que tudo. Bastidores da operação que colocou o sistema político em xeque, São Paulo, 2019.

König, Hans-Joachim: Geschichte Brasiliens, Stuttgart, 2014.

Moura, Mauricio / Corbellini, Juliano: A eleição disruptiva. Por que Bolsonaro venceu, Rio de Janeiro, 2019.

Nohlen, Dieter (Hg.): Handbuch der Wahldaten Lateinamerikas und der Karibik, Wiesbaden, 1993.

Parker, Phyllis R.: Brazil and the quiet intervention 1964, Austin, 1979.

Pereira, Merval: Mensalão. O dia a dia do mais importante jugalmento da história política do Brasil, Rio de Janeiro, 2012.

Pontes, Jorge / Anselmo, Márcio: Crime.gov. Quando corrupção e governo se misturam, Rio de Janeiro, 2019.

Prutsch, Ursula: Populismus in den USA und Lateinamerika, Hamburg, 2019.

Prutsch, Ursula / Rodrigues-Moura, Enrique: Brasilien. Eine Kulturgeschichte, Bielefeld, 2014.

Soares, Luiz Eduardo: O Brasil e seu duplo, São Paulo, 2019.

Spilimbergo, Antonio / Srinivasan, Krishna: Brazil: Boom, Bust, and Road to Recovery, 2019.

Transparency International / France, Guilherme: Brazil: Setback in the lagal and institutional Anticorruption Frameworks, November 2019.

Werner, Ruth: Olga Benario, Berlin, 1984.

Werz, Nikolaus (Hg.): Populisten, Revolutionäre, Staatsmänner. Politiker in Lateinamerika, Veröffentlichungen des Ibero-Amerikanischen Instituts Preußischer Kulturbesitz Band 129, Frankfurt am Main, 2010.

Zweig, Stefan: Brasilien. Ein Land der Zukunft, Stockholm, 1941.

Aufsätze und Artikel

A Bola: Policia do Rio de Janeiro »matou« 1810 pessoas em 2019, https://www.abola.pt/nnh/2020-01-23/policia-do-rio-de-janeiro-matou-1810-pessoas-em-2019/825837, aufgerufen am 24.1.2020.

Adghirni, Samy/ Sink Justin: Trump Says He Still Supports Brazil in OECD, Despite Letter, https://www.bloomberg.com/news/articles/2019-10-10/u-s-turns-down-brazil-s-oecd-bid-after-publicly-endorsing-it, aufgerufen am 3.1.2020.

Agencia Brasil: Cinco ex-governadores do Rio foram presos nos últimos três anos, http://agenciabrasil.ebc.com.br/politica/noticia/2019-03/cinco-ex-governadores-do-rio-foram-presos-ultimos-tres-anos, aufgerufen am 9.1.2020.

Agencia Brasil: PF, TSE e MPF vão criar grupo para combater ›fake news‹ na eleição, https://noticias.r7.com/brasil/pf-tse-e-mpf-vao-criar-grupo-para-combater-fake-news-na-eleicao-04012018, aufgerufen am 3.1.2020.

Aguiar, Plinio / Londres, Mariana: »Aliança está totalmente fora das eleições municipais«, diz Bibo Nunes, https://noticias.r7.com/prisma/r7-planalto/alianca-esta-totalmente-fora-das-eleicoes-municipais-diz-bibo-nunes-02032020, aufgerufen am 16.3.2020.

Albaladejo, Angelica: Spate of Murders in Brazil Shines Spotlight on Militia Phenomenon, https://www.insightcrime.org/news/analysis/spate-murders-brazil-shines-spotlight-militia-phenomenon/, in: Insight Crime, aufgerufen am 22.4.2020.

Alessi, Gil: Decisão de manter direitos políticos de Dilma pode beneficiar Eduardo Cunha, https://brasil.elpais.com/brasil/2016/08/31/politica/1472676017_457817.html, in: El Pais, aufgerufen am 10.1.2020.

Aljazeera: Brazil's economy projected to shrink, http://america.alja-zeera.com/articles/2015/8/17/despite-protests-wont-lead-to-radical-change-in-brazil.html, aufgerufen am 3.1.2020.

Amanpour, Christiane: Glenn Greenwald: Dilma's Impeachment »anti democratic«, https://edition.cnn.com/videos/tv/2016/04/18/intv-amanpour-glenn-greenwald-dilma-rousseff-impeachment.cnn, Video aufgerufen am 24.10.2020.

Angeleti, Gabriella: Bolsonaro hires far-right theatre director to lead federal arts oganisation, https://www.theartnewspaper.com/news/bolsonaro-hires-far-right-theatre-director-to-lead-federal-arts-ogani-sation, in: The Art Newspaper, aufgerufen am 8.1.2020.

Antagonista: »Jair Bolsonaro tem que criar um partido só com os filhos«, diz Bebianno, in: O Antagonista, https://www.oantagonista.com/brasil/jair-bolsonaro-tem-que-criar-um-partido-so-com-os-filhos-diz-bebianno/, aufgerufen am 3.1.2020.

Aragão, Alexandre: Há 25 anos, Bolsonaro defendeu informatizar apuração das eleições para combater fraudes, https://epoca.globo.com/ha-25-anos-bolsonaro-defendeu-informatizar-apuracao-das-eleicoes-para-combater-fraudes-23160301, in: Epoca, aufgerufen am 29.4.2020.

Aragão, Eugenio: Relembrar é preciso, https://jornalggn.com.br/artigos/relembrar-e-preciso-por-eugenio-aragao/, in: Journal GGN, aufgerufen am 3.1.2020.

Armbruster, Claudius: Wider den Mythos vom Schmelztiegel Brasilien, http://www.quetzal-leipzig.de/lateinamerika/brasilien/wider-den-mythos-vom-schmelztiegel-brasilien-19093.html, in: Quetzal Online Magazin der Uni Leipzig, aufgerufen am 3.1.2020.

Aprigio, Marcelo: Leia o manifesto do novo partido de Bolsonaro, o Aliança pelo Brasil, https://jc.ne10.uol.com.br/canal/politica/naci-onal/noticia/2019/11/22/leia-o-manifesto-do-novo-partido-de-bol-sonaro-o-alianca-pelo-brasil-393420.php, in: UOL, aufgerufen am 22.4.2020.

Assis, Denise: O passado é uma roupa que não nos serve mais, https://www.brasil247.com/blog/o-passado-e-uma-roupa-que-nao-nos-serve-mais, in: 247, aufgerufen am 3.1.2020.

Audi, Amanda: O passado garimpeiro de Bolsonaro. E o perigo que essa paixão representa para a Amazonia, https://theintercept.com/

2018/11/05/passado-garimpeiro-bolsonaro/, in: The Intercept Brasil, aufgerufen am 3.1.2020.

Ayres, Marcela: U.S. backs Brazil for OECD membership, but Argentina first, https://www.reuters.com/article/us-brazil-oecd-usa/u-s-backs-brazil-for-oecd-membership-but-argentina-first-idUSKBN1WP2MD, in: Reuters, aufgerufen am 3.1.2020.

Barrucho, Luis: Demissão de chefe do Inpe é »alarmante«, diz diretor de centro da Nasa, https://www.bbc.com/portuguese/brasil-49256294, in: BBC Brasil, aufgerufen am 31.1.2020.

Basilio, Ana-Luiza: 9 vezes em que Abraham Weintraub se mostrou inimigo da educação, https://www.cartacapital.com.br/educacao/9-vezes-em-que-abraham-weintraub-se-mostrou-inimigo-da-educacao/, in: Carta Capital, aufgerufen am 8.1.2020.

Benites, Afonso: PP, o mais investigado na Lava Jato, só vê seu poder crescer no Brasil. Por quê?, in: El Pais, https://brasil.elpais.com/brasil/2018/04/24/politica/1524605415_828915.html, aufgerufen am 3.1.2020.

Benites, Afonso: Polícia Federal cumpre mandados nos gabinetes do deputado Eduardo da Fonte e do senador Ciro Nogueira, in: El Pais, https://politica.estadao.com.br/noticias/geral,com-21-deputados-investigados-pp-e-a-2-maior-bancada-da-camara,70002269965, aufgerufen am 3.1.2020.

Benites, Afonso: O Brasil não perde um capítulo dos Bolsonaro, os Kardashian da política, https://brasil.elpais.com/brasil/2018/12/31/politica/1546287904_141800.html, in: El Pais, aufgerufen am 3.1.2020.

Biondi, Antonio/de Almeida, Napoleão: »Brasil é grande demais pra ser quintal«. Analisa o economista Paulo Nogueira Batista, https://www.brasildefato.com.br/2019/09/25/brasil-e-grande-demais-pra-ser-quintal-analisa-o-economista-paulo-nogueira-batista/, in: Brasil de fato, aufgerufen am 3.1.2020.

Blenkfeld, Keren: Is Brazil's Economy Getting Too Hot?, https://www.forbes.com/sites/kerenblankfeld/2010/12/13/is-brazils-economy-getting-too-hot/#19bb0dec49c0, in: Forbes, aufgerufen am 3.1.2020.

Bragon, Ranier: Bolsonaro defendeu esterilização de pobres para combater miséria e crime, https://www1.folha.uol.com.br/poder/2018/06/

bolsonaro-defendeu-esterilizacao-de-pobres-para-combater-miseria-e-crime.shtml, in: Folha de São Paulo, aufgerufen am 3.1.2020.

Brazilian Reporter, The: What would joining the OECD mean to Brazil?, https://brazilian.report/business/2018/03/01/joining-oecd-mean-brazil/?mc_cid=b1adaee006&mc_eid=7c3c17fb46, in: The Brazilian Reporter, aufgerufen am 16.1.2020.

Bronzatto, Thiago / Mattos, Marcela: 6 de setembro de 2018. Um dia para entrar na história, https://veja.abril.com.br/politica/facada-bolsonaro--um-ano/ in: Veja, aufgerufen am 3.1.2020.

Brühwiller, Tjerk: Bolsonaros esoterischer Guru, https://www.faz.net/aktuell/politik/ausland/jair-bolsonaros-esoterischer-guru-olavo-de-carvalho-16182534.html, in: Frankfurter Allgemeine Zeitung, aufgerufen am 3.1.2020.

Brum, Eliane: O vírus somos nós (ou uma parte de nós), https://brasil.elpais.com/opiniao/2020-03-25/o-virus-somos-nos-ou-uma-parte-de-nos.html?ssm=TW_CC, in: El Pais, aufgerufen am 27.3.2020.

Calixto, Larissa: Dez fatos que ligam a família Bolsonaro a milicianos, https://congressoemfoco.uol.com.br/congresso-em-foco/dez-fatos-que-ligam-a-familia-bolsonaro-a-milicianos/, in: Congresso em Foco, aufgerufen am 22.4.2020.

Candido, Marcos: As polêmicas de Carla Zambelli: »Jean Wyllys é covarde ou mentiroso«, https://www.uol.com.br/universa/noticias/redacao/2019/01/31/carla-zambelli-fala-de-jean-wyllis-olavo-de-carvalho-e-bolsonaro.htm?cmpid=copiaecola, in: UOL, aufgerufen am 27.1.2020.

Carvalho, Gabriela: Deputado conhecido por quebrar placa de Marielle Franco, Rodrigo Amorim é acusado de ter sido funcionário fantasma, https://jc.ne10.uol.com.br/politica/2020/04/5605342-deputado-conhecido-por-quebrar-placa-de-marielle-franco--rodrigo-amorim-e-acusado-de-ter-sido-funcionario-fantasma.html, in: JC, aufgerufen am 30.4.2020.

Cascione, Silvio / Boadle, Anthony: Brazil President Temer: »I won't resign. Oust me if you want«, https://www.reuters.com/article/us-brazil-corruption-idUSKBN18I17W, in: Reuters, aufgerufen am 13.1.2020.

Caso Marielle: ligação antiga de Ronnie Lessa com clã Bolsonaro é investigada, https://www.brasil247.com/regionais/sudeste/caso-marielleligacao-antiga-de-ronnie-lessa-com-cla-bolsonaro-e-investigada,   in: 247, aufgerufen am 3.1.2020.

Castro, Juliana / Saconi, Joao Paulo: Cabral é condenado mais uma vez e penas já somam 215 anos de prisão, https://oglobo.globo.com/brasil/ cabral-condenado-mais-uma-vez-penas-ja-somam-215-anos-de-prisao-23843131, in: O Globo, aufgerufen am 9.1.2020.

Congresso em foco: Bolsonaro se beneficiou das candidaturas laranjas do PSL em MG, diz jornal https://congressoemfoco.uol.com.br/especial/ noticias/bolsonaro-se-beneficiou-das-candidaturas-laranjas-do-psl-em-mg-diz-jornal/, in: Congresso em foco, aufgerufen am 3.1.2020.

Congresso em foco: Tudo o que você sempre quis saber sobre Bolsonaro, mas tinha medo de perguntar, https://congressoemfoco.uol.com. br/especial/noticias/tudo-o-que-voce-sempre-quis-saber-sobre-bolsonaro-mas-tinha-medo-de-perguntar/, in: Congresso em foco, aufgerufen am 3.1.2020.

Congresso em foco: Comandante do Exército. Pandemia pode ser »missão mais importante da nossa geração«, https://congressoemfoco. uol.com.br/saude/comandante-do-exercito-pandemia-pode-ser-missao-mais-importante-da-nossa-geracao/, in: Congresso em foco, aufgerufen am 27.3.2020.

Correa, Alessandra: Coronavírus. Como os principais aliados de Bolsonaro no mundo estão respondendo à pandemia, https://www.bbc. com/portuguese/amp/internacional-52047572, in: BBC Brasil, aufgerufen am 27.3.2020.

Costa, Rodolfo: Bolsonaro defende Weintraub e diz que Escola sem Partido está em operação, https://www.correiobraziliense.com.br/app/ noticia/politica/2019/12/18/interna_politica,815051/bolsonaro-defende-weintraub-e-que-escola-sem-partido-esta-em-operacao.shtml, in: Correio Braziliense, aufgerufen am 5.5.2020.

Costas, Ruth: Sergio Moro. Herói anticorrupção ou incendiário?, https:// www.bbc.com/portuguese/noticias/2016/03/160317_sergio_moro_ ru, in: BBC Brasil, aufgerufen am 3.1.2020.

Couto, Claudio: Brazil's odd liberalism, https://brazilian.report/opinion/ 2017/12/07/brazilian-odd-liberalism/, in: The Brazilian Report, aufgerufen am 10.1.2020.

Cunha, Magali: Evangélicos conservadores são, hoje, prioridade no governo Bolsonaro, https://www.cartacapital.com.br/blogs/dialogosda-fe/evangelicos-conservadores-sao-hoje-prioridade-no-governo-bolsonaro/, in: Carta Capital, aufgerufen am 3.1.2020.

DCM: Bolsonaro nem entrou e já está saindo do Patriotas, https://www.diariodocentrodomundo.com.br/essencial/bolsonaro-nem-entrou-e-ja-esta-saindo-do-patriotas/, in: Diario do Centro do Mundo (DCM), aufgerufen am 9.1.2020.

Defesanet: Missão Amazônia General Heleno. Entrevista exclusiva com o Comandante Militar da Amazônia, http://www.defesanet.com.br/toa/noticia/33986/REP---Missao-Amazonia---Entrevista-com-o-Gen-Heleno/, in: Defesanet, aufgerufen am 28.1.2020.

Demori, Leandro: O Inimigo Número 1 de Bolsonaro (segundo ele próprio), https://theintercept.com/2019/01/01/o-inimigo-numero-1-de-bolsonaro-segundo-ele-proprio/, in: The Intercept, aufgerufen am 5.5.2020.

De Oliveira Netto, Sérgio: Intervenção Internacional – a questão indígena, http://www.defesanet.com.br/ffff/noticia/34137/Sergio-Netto---INTERVENCAO-Internacional---a-questao-INDIGENA/, in: Defesanet, aufgerufen am 29.1.2020.

Deutsche Welle: Discurso de Alvim com referências ao nazismo gera repúdio maciço nas redes, https://www.dw.com/pt-br/discurso-de-alvim-com-refer%C3%AAncias-ao-nazismo-gera-rep%C3%BAdio-maci%C3%A7o-nas-redes/a-52047210, in: Deutsche Welle, aufgerufen am 21.1.2020.

Do Amaral, Oswaldo E.: As armadilhas que Bolsonaro fez para seu próprio Governo, https://brasil.elpais.com/brasil/2019/01/01/opinion/1546357803_750482.html#_ftnref1, in: El Pais, aufgerufen am 3.1.2020.

Dos Santos Júnior, Belisário/Leal Pardini, Isabella: Lei Anticorrupção traz inovações inspiradas em Watergate, https://www.conjur.com.br/2013-out-29/inspirada-watergate-lei-anticorrupcao-traz-inovacoes, in: Consultur Juridico, aufgerufen am 10.1.2020.

Dulles, John W. F.: Resisting Brazil's Military Regime. An Account of the Battles of Sobral Pinto, S. 57.

Düttmann, Dennis/Nöthen, Andreas: Paramilitärs terrorisieren Brasiliens Favelas, https://www.tagesspiegel.de/politik/ermordete-stadtraetin-paramilitaers-terrorisieren-brasiliens-favelas/24097792.html, in: Tagesspiegel, aufgerufen am 22.4.2020.

Doyle, Hélio: Bolsonaro não gosta de ser presidente, ele quer ser ditador, https://www.brasil247.com/blog/bolsonaro-nao-gosta-de-ser-presidente-ele-quer-ser-ditador, in: 247, aufgerufen am 5.4.2020.

Economist, The: Police killings in the state of Rio de Janeiro are at a 20-year high, https://www.economist.com/graphic-detail/2019/09/03/police-killings-in-the-state-of-rio-de-janeiro-are-at-a-20-year-high, in: The Economist, aufgerufen am 11.4.2020.

El Pais: Themenseite mit gesammelten Artikeln zum Lava Jato, https://brasil.elpais.com/tag/operacion_lava_jato, in: El Pais, aufgerufen am 3.1.2020.

El Pais: Mudança de estratégia nas candidaturas evangélicas ajudou a eleger Bolsonaro, diz pesquisadora, https://brasil.elpais.com/brasil/2018/12/07/politica/1544190377_589794.html, in: El Pais, aufgerufen am 3.1.2020.

Euronews: Brazil's Jair Bolsonaro attacks Macron's wife in »sexist« Facebook post, https://www.euronews.com/2019/08/26/brazil-s-jair-bolsonaro-attacks-macron-s-wife-in-sexist-facebook-post, in: Euronews von AFP, aufgerufen am 25.4.2020.

Exame: Aliança pelo Brasil já admite não participar da eleição de 2020, https://exame.abril.com.br/brasil/alianca-pelo-brasil-ja-admite-nao-participar-da-eleicao-de-2020/, in: Exame, aufgerufen am 29.2.2020.

Fachin, Patricia: A direita pop e a memificacao da politica. Entrevista especial com Esther Solano, http://www.ihu.unisinos.br/159-noticias/entrevistas/583242-a-direita-pop-e-a-memificacao-da-politica-entrevista-especial-com-esther-solano, in: Instituto Humanitas Unisinos, aufgerufen am 3.1.2020.

Faermann, Patricia: Jair Bolsonaro. Quanto mais o conhecem, menos votos tem, https://jornalggn.com.br/eleicoes/jair-bolsonaro-quanto-mais-o-conhecem-menos-votos-tem/, in: Journal GGN, aufgerufen am 3.1.2020.

Fagundez, Ingrid: Bolsonaro. A infância do presidente entre quilombolas, guerrilheiros e a rica família de Rubens Paiva, in: BBC Brasil https://www.bbc.com/portuguese/brasil-46845753, aufgerufen am 3.1.2020.

Fávero, Bruno: Bolsonaro fez 162 críticas à imprensa desde janeiro; Globo e Folha são principais alvos, https://aosfatos.org/noticias/bolsonaro-fez-162-criticas-imprensa-desde-janeiro-globo-e-folha-sao-principais-alvos/, in: Aos Fatos, aufgerufen am 25.4.2020.

Fellet, João: Carlos Bolsonaro. Quem é o ›filho 02‹, o polêmico gestor das redes sociais de Bolsonaro, https://www.bbc.com/portuguese/brasil-48114042, in: BBC Brasil, aufgerufen am 3.1.2020.

Fereira, Paula: Escola sem Partido anuncia suspensao de atividades do movimento desafaba. »Esperavamos apoio de Bolsonaro«, https://oglobo.globo.com/sociedade/educacao/escola-sem-partido-anuncia-suspensao-de-atividades-criador-do-movimento-desabafa-esperava-mos-apoio-de-bolsonaro-23817368, in: O Globo, aufgerufen am 24.1.2020.

Fernandes, Maria Cristina: A carta da renúncia, https://valor.globo.com/politica/coluna/a-carta-da-renuncia.ghtml, in: Valor Ecomomica, aufgerufen am 27.3.2020.

Ferraz, Lucas: Eleições 2018. Berço do clã Bolsonaro, região do norte da Itália se agita com disputa no Brasil, https://www.terra.com.br/noticias/eleicoes/eleicoes-2018-berco-do-cla-bolsonaro-regiao-do-norte-da-italia-se-agita-com-disputa-no-brasil,ea076a8a268868d15df54b1b824ea9bcqrty55al.html, in: Terra, aufgerufen am 3.1.2020.

Filho, João: Bolsonaro pode não ter relação com a morte de Marielle, mas tem tudo a ver com os suspeitos, https://theintercept.com/2019/11/03/bolsonaro-escritorio-do-crime-marielle-queiroz-milicia/, in: The Intercept, aufgerufen am 3.1.2020.

Finchelstein, Federico: Jair Bolsonaro's Model Isn't Berlusconi. It's Goebbels, https://foreignpolicy.com/2018/10/05/bolsonaros-model-its-goebbels-fascism-nazism-brazil-latin-america-populism-argentina-venezuela/, in: Foreign Policy, aufgerufen am 3.1.2020.

Folha de São Paulo: Evangélicos podem desbancar católicos no Brasil em pouco mais de uma década, https://www1.folha.uol.com.br/poder/2020/01/evangelicos-podem-desbancar-catolicos-no-brasil-em-pouco-mais-de-uma-decada.shtml?utm_source, in: Folha de São Paulo, aufgerufen am 16.1.2020.

Folha de São Paulo: Bolsonaro intensifica contato com evangélicos para conter queda de popularidade, https://www1.folha.uol.com.br/poder/2019/09/bolsonaro-intensifica-contato-com-evangelicos-para-conter-queda-de-popularidade.shtml, in: Folha de São Paulo, aufgerufen am 3.1.2020.

Folha de São Paulo: São Paulo ganha 2433 novas igrejas em 25 anos com expansão evangélica, https://www1.folha.uol.com.br/cotidiano/2019/

09/sao-paulo-ganha-2433-novas-igrejas-em-25-anos-com-expansao-evangelica.shtml, in: Folha de São Paulo, aufgerufen am 3.1.2020.

Folha de São Paulo: Empresários bancam campanha contra o PT pelo WhatsApp, https://www1.folha.uol.com.br/poder/2018/10/empresarios-bancam-campanha-contra-o-pt-pelo-whatsapp.shtml, in: Folha de São Paulo, aufgerufen am 3.1.2020.

Folha de São Paulo: Bannon anuncia Eduardo Bolsonaro como líder sul-americano de movimento de direita populista, https://www1.folha.uol.com.br/mundo/2019/02/bannon-anuncia-eduardo-bolsonaro-como-lider-sul-americano-de-movimento-de-ultradireita.shtml, in: Folha de São Paulo, aufgerufen am 3.1.2020.

Fonseca, Roberto / Kafruni, Simone: Votos brancos e nulos batem recorde na eleição presidencial, https://www.correiobraziliense.com.br/app/noticia/politica/2018/10/28/interna_politica,715908/votos-brancos-e-nulos-batem-recorde-na-eleicao-presidencial.shtml, in: Correio Braziliense, aufgerufen am 3.1.2020.

Forum: 31 anos da Constituição. PT assinou ou não?, https://revistaforum.com.br/noticias/31-anos-da-constituicao-pt-assinou-ou-nao/, in: Revista Forum, aufgerufen am 3.1.2020.

Forum: Bolsonaro pediu medalha ao Exército em 2012 como prova de que não é racista. Entrega ocorreu hoje, https://revistaforum.com.br/politica/bolsonaro-pediu-medalha-ao-exercito-em-2012-como-prova-de-que-nao-e-racista-entrega-ocorreu-hoje/, in: Revista Forum, aufgerufen am 3.1.2020.

Franco, Luiza: Bolsonaro presidente. Os erros-chave do PT na campanha contra Jair Bolsonaro, https://www.bbc.com/portuguese/brasil-45999040, in: BBC Brazil, aufgerufen am 3.1.2020.

Franzen, Niklas: Von Löwen, Hyänen und »Abschaum«. Bolsonaros Kampf gegen die Presse, https://uebermedien.de/44899/von-loewen-hyaenen-und-abschaum-bolsonaros-kampf-gegen-die-presse, in: Übermedien, aufgerufen am 8.1.2020.

Fregapani, Gelio: A Guerra que pode acontecer, http://www.defesanet.com.br/toa/noticia/34612/Comentario-Gelio-Fregapani---A-Guerra-que-pode-acontecer/, in: Defesanet, aufgerufen am 29.1.2020.

Freitas, Andréa: Migração Partidária na Câmara dos Deputados de 1987 a 2009*, in: DADOS – Revista de Ciências Sociais, Rio de Janeiro, Band 55, 2012, S. 951–986.

Gazeta de Povo: Bolsonaro defendeu esterilização de pobres para combater o crime e a miséria, https://www.gazetadopovo.com.br/politica/republica/eleicoes-2018/bolsonaro-defendeu-esterilizacao-de-pobres-para-combater-o-crime-e-a-miseria-1a0vx9j7m6jou5jymogwcxkro/, in: Gazeta de Povo, aufgerufen am 3.1.2020.

Geier, Barbara: Angriff auf das Erbe Paulo Freires, https://www.gew.de/aktuelles/detailseite/neuigkeiten/angriff-auf-das-erbe-paulo-freires/, in: GEW, aufgerufen am 8.1.2020.

Gesetzestext Lei Nr. 13 869 vom 5. September 2019, http://www.planalto.gov.br/ccivil_03/_ato2019-2022/2019/lei/L13869.htm, in: Homepage des Präsidenten, aufgerufen am 3.1.2020.

Gielow, Igor: Investigação se fecha sobre Flávio, e Bolsonaro passa recibo, https://www1.folha.uol.com.br/poder/2019/12/investigacao-se-fecha-sobre-flavio-e-bolsonaro-passa-recibo.shtml, in: Folha de São Paulo, aufgerufen am 19.2.2020.

Gielow, Igor: Isolado, Bolsonaro chora e busca apoio entre militares contra crise, https://www1.folha.uol.com.br/poder/2020/03/isolado-bolsonaro-chora-e-busca-apoio-entre-militares-contra-crise.shtml, in: Folha de Sao Paulo, aufgerufen am 1.4.2020.

Gilderhus, Mark T.: The Monroe Doctrin. Meanings and Implications, in: Presidential Studies, Quarterly, Vol. 36, Nr. 1, Presidential Doctrines, März 2006, S. 5–16.

Globo: Carlos Bolsonaro diz que país nao terá transformacao rápida ›por cias democráticas‹ e é criticado por autoridades, https://politica.estadao.com.br/noticias/geral,carlos-bolsonaro-diz-que-pais-nao-tera-transformacao-rapida-por-vias-democraticas,70003003793, in: O Globo, aufgerufen am 19.2.2020.

GloboNews Dossiê: Interview mit General Newton Cruz, https://www.youtube.com/watch?v=TZLd3XTsAnA, in: GloboNews, Youtube, Video aufgerufen am 3.1.2020.

GloboNews Journal Nacional: Paulista do interior, Bolsonaro começou na política como vereador no Rio, https://g1.globo.com/jornal-nacional/noticia/2018/10/29/paulista-do-interior-bolsonaro-comecou-na-politica-como-vereador-no-rio.ghtml, in: GloboNews, aufgerufen am 3.1.2020.

Góis, Fábio: Temer admite que Cunha só autorizou impeachment porque petistas não o apoiaram na Câmara, https://congressoemfoco.

uol.com.br/especial/noticias/temer-admite-que-cunha-so-autorizou-impeachment-porque-petistas-nao-o-apoiaram-na-camara/, in: Congresso em foco, aufgerufen am 3.1.2020.

Goncalves, Carolina: Tumulto com Bolsonaro marca sessão da Câmara sobre violência contra a mulher, http://agenciabrasil.ebc.com.br/politica/noticia/2016-09/ataques-e-insultos-tumultuam-sessao-da-camara-sobre-violencia-contra-mulher, in: Agencia Brasil, aufgerufen am 23.2.2020.

González, Javier M.: El clan Bolsonaro y el gabinete del odio, https://www.nuevatribuna.es/articulo/global/clanbolsonaro-gabinetedeodio-brasil-bolsonaro-coronavirus/2020040309440817305 2.html, in: Nuevatribuna.es, aufgerufen am 30.4.2020.

Gragnani, Juliana: Eleições 2018. O que o TSE está fazendo para combater mensagens falsas?, https://www.bbc.com/portuguese/brasil-45804824, in: BBC Brasil, aufgerufen am 3.1.2020.

Greenwald, Glenn / Moro Martins, Rafael / de Santi, Alexandre: »Não tem muito tempo sem operação?«, https://theintercept.com/2019/06/09/chat-moro-deltan-telegram-lava-jato/, in: The Intercept, aufgerufen am 3.1.2020.

Greenwald, Glenn / Ghirotto, Edoardo / Molica, Fernando / Resende, Leandro / Paduan, Roberta: Novos: diálogos revelam que Moro orientava ilegalmente ações da Lava Jato, https://veja.abril.com.br/politica/dialogos-veja-capa-intercept-moro-dallagnol/, in: Veja, aufgerufen am 3.1.2020.

Gregório, Neto: Pastor Everaldo é acusado de agressão por ex-esposa, https://www.gospelprime.com.br/pastor-everaldo-acusado-agressao-ex-esposa/, in: Gospelprime, aufgerufen am 3.1.2020.

Guardian: Brazilian congressman ordered to pay compensation over rape remark, https://www.theguardian.com/world/2015/sep/18/brazilian-congressman-rape-remark-compensation, in: The Guardian, aufgerufen am 3.1.2020.

Helcias, Ricardo: Para EUA, Odebrecht praticou ›maior caso de suborno da história‹, https://veja.abril.com.br/brasil/para-eua-odebrecht-praticou-maior-caso-de-suborno-da-historia/, in: Veja, aufgerufen am 3.1.2020.

Heldt, Amélie P.: Von der Schwierigkeit, Fake News zu regulieren. Frankreichs Gesetzgebung gegen die Verbreitung von Falschnachrichten im Wahlkampf, http://www.bpb.de/gesellschaft/digitales/digitale-desinformation/290529/frankreichs-gesetzgebung-gegen-die-verbreitung-von-falschnachrichten, in: Bundeszentrale für politische Bildung, aufgerufen am 3.1.2020.

Hershberg, James G.: On 50th anniversary, Archive posts new Kennedy Tape Transcripts on coup plotting against Brazilian President Joao Goulart, https://nsarchive2.gwu.edu/NSAEBB/NSAEBB465/, in: The National Security Archive, aufgerufen am 3.1.2020.

Insight Crime: Profil Brasilien, https://www.insightcrime.org/brazil-organized-crime-news/, in: Insight Crime, aufgerufen am 3.1.2020.

Jansen, Roberta: Como vereador, projeito de transporte gratuido para tropas, https://politica.estadao.com.br/noticias/geral,como-vereador-projeto-de-transporte-gratuito-para-tropas,70002097328, in: Estadão, aufgerufen am 3.1.2020.

Japan Times: ›Tropical Trump‹ Bolsonaro pushes political incorrectness to limit, https://www.japantimes.co.jp/news/2020/02/21/world/politics-diplomacy-world/tropical-trump-bolsonaro-seen-pushing-political-incorrectness-limit/#.XlJWQChKg2w, in: The Japan Times, aufgerufen am 23.2.2020.

Jaroschewski, Julia / Peteranderl, Sonja: »Folter ist eine Wunde, die für immer blutet«, https://www.spiegel.de/geschichte/brasiliens-militaer-diktatur-jair-bolsonaros-lob-fuer-mord-und-folter-a-1236352.html, in: Spiegel Online, aufgerufen am 3.1.2020.

JP: Na CPMI das fake news, dono do Terça Livre diz ser perseguido por sites de checagem, https://jovempan.com.br/programas/jornal-da-manha/na-cpmi-das-fake-news-dono-do-terca-livre-diz-ser-perseguido-por-sites-de-checagem.html, in: Jovem Pan, aufgerufen am 29.1.2020.

Jusbrasil: Doze partidos têm histórico de »mensalões«, https://oab-ma.jusbrasil.com.br/noticias/2027976/doze-partidos-tem-historico-de-mensaloes, in: Jusbrasil, aufgerufen am 3.1.2020.

Lambert, Natália: Bolsonaro já mudou de partido sete vezes, in: Estado de Minas, https://www.em.com.br/app/noticia/politica/2018/01/06/interna_politica,929227/bolsonaro-ja-mudou-de-partido-sete-vezes.shtml, aufgerufen am 3.1.2020.

Lambert, Natália: Pulando de partidos desde 1988, Bolsonaro fecha com o nanico PSL, https://www.correiobraziliense.com.br/app/noticia/

politica/2018/01/06/interna_politica,651711/pulando-de-partidos-desde-1988-bolsonaro-fecha-com-o-nanico-psl.shtml, in: Correio Brasiliense, aufgerufen am 3. 1. 2020.

Leitão, Matheus: Presidente da Comissão de Anistia entrou com ação que suspendeu indenização à família de Lamarca, https://g1.globo.com/politica/blog/matheus-leitao/post/2019/04/10/presidente-da-comissao-de-anistia-entrou-com-acao-para-suspender-indenizacao-a-familia-de-lamarca.ghtml, in: O Globo, aufgerufen am 27. 1. 2020.

Libardi, Manuella: Leaked documents show Brazil's Bolsonaro has grave plans for Amazon rainforest, https://www.opendemocracy.net/en/democraciaabierta/leaked-documents-show-brazil-bolsonaro-has-grave-plans-for-amazon-rainforest/, in: Open Democracy, aufgerufen am 29. 1. 2020.

Lovejoy, Thomas / Nobre, Carlos: Amazon Tipping Point, in: Science Advances, Februar 2018.

Macedo, Isabella: »Nós toleramos a corrupção, o aparelhamento de estado«, in: O Globo, 15. 1. 2020, S. 10.

Magenta, Matheus / Gragnani, Juliana / Souza, Felipe: Eleições 2018: Como telefones de usuários do Facebook foram usados por campanhas em »disparos em massa« no WhatsApp, https://www.bbc.com/portuguese/brasil-45910249, in: BBC Brasil, aufgerufen am 3. 1. 2020.

Maldonado-Mariscal, Karina / Rehbein, Boike: Soziokulturen, Klassen und Soziale Innovation in Brasilien, in: Zeitschrift für Kultur- und Kollektivwissenschaft, Band 4, Heft 2, 2018, S. 235–254.

Maneiro, Valéria: »Bolsonaro é muito ignorante« porque »não foi alfabetizado pelo método Paulo Freire«, diz filha do educador brasileiro, http://www.rfi.fr/br/brasil/20191220-bolsonaro-%C3%A9-muito-ignorante-porque-%E2%80%9Cn%C3%A3o-foi-alfabetizado-pelo-m%C3%A9todo-paulo-freire%E2%80%9D-d, in: RFI, aufgerufen am 24. 1. 2020.

Marchao, Talita: Sob Bolsonaro, Comissão de Anistia muda critérios e vítima vira terrorista https://noticias.uol.com.br/politica/ultimas-noticias/2019/08/10/anistiando-terrorista-e-decisao-com-base-em-infancia-militar-as-decisoes.htm?cmpid=copiaecola, in: UOL, aufgerufen am 27. 1. 2020.

Martins, Igar Baccin: Poverty Reduction in Brazil: what is behind the decline during the 2000s?, Lund University Library, Schweden,

http://lup.lub.lu.se/luur/download?func=downloadFile&recordOId
=8880855&fileOId=8880928, aufgerufen am 3.1.2020.

Martins, Raphael: Com o segundo lugar na corrida presidencial, o deputado do Rio escolhe um partido em que pode mandar e desmandar, https://exame.abril.com.br/brasil/no-pen-o-cobicado-jair-bolsonaro-mira-2018/, in: Exame, aufgerufen am 3.1.2020.

Matos, Thais/Oliveira, Elida: Amazônia batem recorde no primeiro trimestre de 2020, mostram dados do Inpe, https://g1.globo.com/natureza/noticia/2020/04/13/alertas-de-desmatamento-na-amazonia-crescem-5145percent-no-primeiro-trimestre-mostram-dados-do-inpe.ghtml, in: Globo, aufgerufen am 14.4.2020.

Mazui, Guilherme: De capitão a presidente: conheça a trajetória de Jair Bolsonaro, https://g1.globo.com/politica/eleicoes/2018/noticia/2018/10/28/de-capitao-a-presidente-conheca-a-trajetoria-de-jair-bolsonaro.ghtml, in: Globo, aufgerufen am 3.1.2020.

Mello, Bernardo: Evangelicos modernos ganham presenca influenca no encorno de Bolsonaro, https://oglobo.globo.com/brasil/evangelicos-modernos-ganham-presenca-influencia-no-entorno-de-bolsonaro-23806623, in: Globo, aufgerufen am 3.1.2020.

Melo, Itamar: Novo batismo deu impulso à ligação de Bolsonaro com os evangélicos, https://gauchazh.clicrbs.com.br/politica/eleicoes/noticia/2018/11/novo-batismo-deu-impulso-a-ligacao-de-bolsonaro-com-os-evangelicos-cjoom3ed5oaxno1pi6b3nd76w.html, in: Gaúcha ZH, aufgerufen am 3.1.2020.

Mendes, Gil Luiz: Podcast: FórumCast #20 – A influência evangélica no governo Bolsonaro, https://revistaforum.com.br/podcast/forumcast/a-influencia-evangelica-no-governo-bolsonaro/, in: Forum, aufgerufen am 3.1.2020.

Mendonça, Ricardo: Pela 1ª vez, corrupção é vista como maior problema do país, diz Datafolha, https://www1.folha.uol.com.br/poder/2015/11/1712475-pela-1-vez-corrupcao-e-vista-como-maior-problema-do-pais.shtml, in: Folha de São Paulo, aufgerufen am 3.1.2020.

Menenez, Luis Fernando: Não é verdade que governo paga ›Bolsa Ditadura‹ a 20 mil anistiados políticos, https://aosfatos.org/noticias/nao-e-verdade-que-governo-paga-bolsa-ditadura-20-mil-anistiados-politicos/, in: Aos Fatos, aufgerufen am 3.1.2020.

Mergner, Gottfried: Paulo Freire. Zur Vernunft der Solidarität, in: Paulo

Freire: Ehrendoktor der Universität Oldenburg; Ansprachen und Vorträge zur Verleihung der Ehrendoktorwürde am 7. Juli 1997, Oldenburg, 1997.

Milz, Thomas: Schmutz in Brasiliens Waschstraße?, https://www.dw.com/de/schmutz-in-brasiliens-waschstra%C3%9Fe/a-49726973, in: Deutsche Welle, aufgerufen am 3.1.2020.

Molica, Fernando: Candidatos do PSL destroem homenagem a Marielle, https://veja.abril.com.br/politica/candidatos-do-psl-destroem-homenagem-a-marielle/, in: Veja, aufgerufen am 3.1.2020.

Mori, Letítia: Vik Muniz sobre política cultural do governo Bolsonaro: »É só destruição, é só desmantelamento«, https://www.bbc.com/portuguese/brasil-50609845, in: BBC Brasil, aufgerufen am 8.1.2020.

Moro, Sérgio: Consideracoes sobre a operacao mani pulite, https://www.conjur.com.br/dl/artigo-moro-mani-pulite.pdf, R.CEJ, Brasília, Nr.26, S. 56–62, Jul./Sep. 2004.

Mounk, Yascha: Tyrannei der Inkompetenz, https://www.zeit.de/politik/ausland/2017-07/donald-trump-junior-demokratieverstaendnis/komplettansicht, in: Zeit, aufgerufen am 3.1.2020.

Muggah, Robert: O que explica a redução de homicídios no Brasil?, https://brasil.elpais.com/brasil/2019/09/14/opinion/1568421039_616695.html, in: El Pais, aufgerufen am 11.4.2020.

Müller-Verweyen, Michael: Kulturkampf als Machtkampf, https://www.kulturrat.de/themen/texte-zur-kulturpolitik/kulturkampf-als-machtkampf/, in: Deutscher Kulturrat, aufgerufen am 19.1.2020.

Nassif, Luis: As denúncias do diplomata Jobim, morto pela ditadura militar, https://jornalggn.com.br/ditadura/exclusivo-as-denuncias-do-diplomata-jobim-morto-pela-ditadura-militar-2/, in: Journal GGN, aufgerufen am 3.1.2020.

Netto, Rianne: Bolsonaro diz que vai tirar Brasil da ONU se for eleito presidente, https://g1.globo.com/politica/eleicoes/2018/noticia/2018/08/18/bolsonaro-diz-que-vai-tirar-brasil-da-onu-se-for-eleito-presidente.ghtml, in: Globo, aufgerufen am 22. April 2020.

Nicolau, Jairo: Bolsonaro e o seu partido, https://brasil.elpais.com/brasil/2018/10/12/opinion/1539353737_500175.html, in: El Pais, aufgerufen am 3.1.2020.

O'Brian, Rosalba: Brazil's incoming environment minister found guilty of improper conduct, https://www.reuters.com/article/us-brazil-politics-minister/brazils-incoming-environment-minister-found-guil-ty-of-improper-conduct-idUSKCN1OJ2VE, in: Reuters, aufgerufen am 25.4.2020.

Oszváth, Stephan: In Ungarn ist Loyalität die neue Leitwährung, https://www.deutschlandfunk.de/das-system-orban-in-ungarn-ist-loyalitaet-die-neue.691.de.html?dram:article_id=436793, in: Deutschlandfunk, aufgerufen am 19.1.2020.

Peres, Milani: Livia, Triggering Police Violence in Brazil, https://nacla.org/news/2019/04/10/triggering-police-violence-brazil, in: Nacla, aufgerufen am 24.1.2020.

Philipps, Dom: Bolsonaro under fire for smearing reporter who covered scandal involving his son, https://www.theguardian.com/world/2019/mar/11/bolsonaro-brazil-fake-news-journalist-media-attack, in: Guardian, aufgerufen am 8.1.2020.

Philipps, Dom / Cowie, Sam: Hitman linked to Marielle Franco's murder killed by police, https://www.theguardian.com/world/2020/feb/09/hitman-with-links-to-marielle-francos-killed-by-police, in: Guardian, aufgerufen am 23.2.2020.

Pinto Silva / Carlos Alberto: Gen Ex Pinto Silva. Guerra de nova Geração. BRASIL e a Paz Relativa na Guerra Política Permanente, http://www.defesanet.com.br/ghbr/noticia/33970/Gen-Ex-Pinto-Silva---Guerra-de-nova-Geracao--BRASIL-e-a-Paz-Relativa-na-Guerra-Politica-Permanente/, in: Defesanet, aufgerufen am 29.1.2020.

Plataforma: In 28 years, Bolsonaro clan has named 102 people with family ties, https://www.plataformamedia.com/en-uk/news/politics/in-28-years-bolsonaro-clan-has-named-102-people-with-family-ties-11180209.html, in: Plataforma, aufgerufen am 3.1.2020.

Poder 360: Em evento no Rio, Bolsonaro diz que curso de paraquedista marcou sua vida, https://www.poder360.com.br/governo/em-evento-no-rio-bolsonaro-diz-que-curso-de-paraquedista-marcou-sua-vida/, in: Poder 360, aufgerufen am 29.4.2020

Política ao Minuto: Dez frases polêmicas de Bolsonaro sobre o golpe de 1964 e a ditadura, https://www.noticiasaominuto.com.br/politica/903910/dez-frases-polemicas-de-bolsonaro-sobre-o-golpe-de-1964-e-a-ditadura, in: Política ao Minuto, aufgerufen am 3.1.2020.

Pörzgen, Gemma: Die Wissenschaft leidet unter dem Kulturkampf in Ungarn, https://www.koerber-stiftung.de/themen/der-wert-europas/

beitraege-2018/interview-eva-kovacs, in: Körber-Stiftung, aufgerufen am 19. 1. 2020.

Ramalho, Sérgio: ›Pica do tamanho de um cometa‹, https://theintercept. com/2020/04/25/flavio-bolsonaro-rachadinha-financiou-milicia/, in: Intercept, the, aufgerufen am 26. 4. 2020.

Reis, Thiago: Bolsonaro vence em 631 das 645 cidades do estado de SP; na capital, Haddad ganha apenas em 6 das 58 zonas eleitorais, https://g1.globo.com/politica/eleicoes/2018/eleicao-em-numeros/noticia/2018/10/28/bolsonaro-vence-em-631-das-645-cidades-do-estado-de-sp-na-capital-haddad-ganha-apenas-em-6-das-58-zonas-eleitorais.ghtml, in: Globo, aufgerufen am 30. 4. 2020.

Reporter ohne Grenzen: A mídia, o crescimento da extrema direita e a chegada de Bolsonaro ao poder, https://brazil.mom-rsf.org/br/destaques/bolsonaro-e-a-midia/, in: Reporteres sem Fronteiras, aufgerufen am 8. 1. 2020.

Rossi, Marina: Seis brasileiros concentram a mesma riqueza que a metade da população mais pobre, https://brasil.elpais.com/brasil/2017/09/22/politica/1506096531_079176.html, in: El Pais, aufgerufen am 3. 1. 2020.

Ruela Ribeiro, João: Ricardo Galvão não tolerou a conversa de »botequim« de Bolsonaro contra a ciência e foi despedido, https://www.publico.pt/2019/08/09/mundo/noticia/ricardo-galvao-nao-tolerou-conversa-botequim-bolsonaro-ciencia-1882912, in: Publico, aufgerufen am 31. 1. 2020.

Salles, Stéfano: Colegas do 1º mandato de Bolsonaro o definem como um vereador discreto e pouco comunicativo, https://blogs.oglobo.globo.com/blog-do-acervo/post/colegas-do-1-mandato-de-bolsonaro-na-camara-do-rio-relatam-um-vereador-discreto-e-pouco-comunicativo.html, in: O Globo, aufgerufen am 3. 1. 2020.

Sassine, Vinicius: O Boletim de Bolsonaro nas escolas militares que frequentou nos anos 70 e 80, https://epoca.globo.com/o-boletim-de-bolsonaro-nas-escolas-militares-que-frequentou-nos-anos-70-80-23243285, in: Época, aufgerufen am 3. 1. 2020.

Sayuri, Juliana: As 5 mudanças do governo Bolsonaro na Lei Rouanet, https://www.nexojornal.com.br/expresso/2019/04/23/As-5-mudan%C3%A7as-do-governo-Bolsonaro-na-Lei-Rouanet, in: Nexo, aufgerufen am 8. 1. 2020.

Schipani, Andres / Harris, Bryan: Bolsonaro rants at Brazil's top broadcaster on social media, https://www.ft.com/content/2ec18402-fb2a-11e9-a354-36acbbb0d9b6, in: Financial Times, aufgerufen am 8.1.2020.

Schmidt, Mario: Zunehmender Baggereinsatz steigert Goldabbau im Amazonas-Regenwald, https://idw-online.de/de/news702800, Universität Pforzheim, in: IDW Online, aufgerufen am 3.1.2020.

Schreiber, Mariana: Eduardo Bolsonaro pode ser cassado por fala sobre AI-5? Entenda o que acontece agora, https://www.bbc.com/portuguese/brasil-50258147, in: BBC Brasil, aufgerufen am 3.1.2020.

Sedaña, Paulo: Weintraub reafirma que federais são centros de drogas e que isso é reflexo de »consumo desenfreado«, https://gauchazh.clicrbs.com.br/educacao-e-emprego/noticia/2019/12/weintraub-reafirma-que-federais-sao-centros-de-drogas-e-que-isso-e-reflexo-de-consumo-desenfreado-ck41dsva100xe01037fh9iicv.html, in: Gaúcha ZH, aufgerufen am 25.4.2020.

Selegny, Thomas: The Franco-Brazilian border. Historical Territorial Dispute, Arbitral Resolution and Contemporary Challenges, in: Territorial and Boundary Dispute Resolution, Department of Geography, King's College London, 24.3.2016.

Soares, Olavo: O que o governo Bolsonaro fez para acabar com a ›bolsa-ditadura‹, https://www.gazetadopovo.com.br/republica/bolsa-ditadura-o-que-bolsonaro-fez-para-acabar/, in: Gazeta de Povo, aufgerufen am 3.1.2020.

Soares, Olavo: Novo partido de Bolsonaro está fora da eleição 2020 e aliados começam a negociar com siglas temporárias, https://www.gazetadopovo.com.br/republica/novo-partido-de-bolsonaro-esta-fora-da-eleicao-2020-e-aliados-comecam-a-negociar-com-siglas-temporarias/, in: Gazeta de Povo, aufgerufen am 16.3.2020.

Sousa, Beatriz: Mensalão x Lava Jato. Compare os casos que chocaram o Brasil, https://exame.abril.com.br/brasil/mensalao-x-lava-jato-compare-os-casos-que-chocaram-o-brasil/, in: Exame, aufgerufen am 3.1.2020.

Sousa, Bertone: A confusão mental dos seguidores de Olavo de Carvalho, https://bertonesousa.wordpress.com/2012/12/15/a-confusao-mental-dos-seguidores-de-olavo-de-carvalho/, privater Blog, aufgerufen am 3.1.2020.

Souza, Felipe: »É como usar drogas«. Por que as pessoas acreditam e compartilham notícias falsas?, https://www.bbc.com/portuguese/brasil-45767478, in: BBC Brasil, aufgerufen am 3.1.2020.

Talento, Aguirre: O ministro amigão, https://istoe.com.br/o-ministro-amigao/, in: Istoé, aufgerufen am 10.1.2020.

Teodoro, Plinio: Eduardo Bolsonaro comanda o golpismo na América Latina, https://revistaforum.com.br/politica/eduardo-bolsonaro-comanda-o-golpismo-na-america-latina/, in: Forum, aufgerufen am 3.1.2020.

Thomas, Jennifer Ann / Urbim, Emiliano: A verdadeira participação dos EUA no Golpe de 64, https://super.abril.com.br/especiais/a-verdadeira-participacao-dos-eua-no-golpe-de-64/, in: Super Interessante, aufgerufen am 8.1.2020.

Transparency International: Índice de percepção da corrupção, https://ipc2018.transparenciainternacional.org.br/?gclid=CjoKCQjwrfvs-BRD7ARIsAKuDvMMovv-SaJxMıjtlX3jYM7jvTjMl4YekCD6vcgl-J8vsqLRnvMiVtıhMaAlopEALw_wcB, aufgerufen am 3.1.2020.

Trisotto, Fernanda: A eleição das fake news. As mentiras que te contaram e os impactos na campanha, https://especiais.gazetadopovo.com.br/eleicoes/2018/eleicao-das-fake-news-mentiras-que-te-contaram-e-os-impactos-na-campanha/, in: Gazeta de Povo, aufgerufen am 3.1.2020.

Valente, Rubens: Mourão forma Conselho da Amazônia com 19 militares e sem Ibama e Funai, https://noticias.uol.com.br/colunas/rubens-valente/2020/04/18/conselho-amazonia-mourao.htm, in: UOL, aufgerufen am 19.4.2020.

Valente, Rubens: Bolsonaro era agressivo e tinha »excessiva ambição«, diz ficha militar, https://www1.folha.uol.com.br/poder/2017/05/1884332-bolsonaro-era-agressivo-e-tinha-excessiva-ambicao-diz-ficha-militar.shtml, in: Folha de São Paulo, aufgerufen am 3.1.2020.

Valor Economico: OCDE enviará missão ao Brasil para questionar Lei de Abuso de Autoridade, https://valor.globo.com/brasil/noticia/2019/10/21/ocde-enviara-missao-ao-brasil-para-questionar-lei-de-abuso-de-autoridade.ghtml, in: Valor Economico, aufgerufen am 3.1.2020.

Vasques, Lucas: Corrupção na ditadura. Estado autoritário impedia a investigação contra militares e aliados, https://revistaforum.com.br/forumweek/corrupcao-na-ditadura-estado-autoritario-impedia-ainvestigacao-contra-militares-e-aliados/, in: Revista Forum, aufgerufen am 30.1.2020.

Vaz, Lúcio: Inocente ou culpado? 30 anos julgamento que pos fim carreira militar bolsonaro, https://www.gazetadopovo.com.br/vozes/lucio-vaz/inocente-culpado-30-anos-julgamento-que-pos-fim-carreira-militar-bolsonaro/, in: Gazeta de Povo, aufgerufen am 3.1.2020.

Vazquez, Rafael / Graner, Fabio: »Para fechar o STF basta um soldado e um cabo«, diz Eduardo Bolsonaro, https://valor.globo.com/politica/noticia/2018/10/21/para-fechar-o-stf-basta-um-soldado-e-um-cabo-diz-eduardo-bolsonaro.ghtml, in: Valor Economico, aufgerufen am 3.1.2020.

Veja: Ministro do Turismo desviou verbas com candidaturas »aranjas«, diz jornal, https://veja.abril.com.br/politica/ministro-do-turismo-desviou-verbas-com-candidaturas-laranjas-diz-jornal/, in: Veja, aufgerufen am 3.1.2020.

Veja: O artigo em VEJA e a prisão de Bolsonaro nos anos 1980, https://veja.abril.com.br/blog/reveja/o-artigo-em-veja-e-a-prisao-de-bolsonaro-nos-anos-1980/, in: Veja, aufgerufen am 3.1.2020.

Villas Boas, Bruno: Classes A e B voltam a crescer e atingem 14,4% da população, https://valor.globo.com/brasil/noticia/2019/10/29/classes-a-e-b-voltam-a-crescer-e-atingem-144-da-populacao.ghtml, in: Valor Economico, aufgerufen am 10.1.2020.

Wagner, Carlos: As manifestações de apoio a Bolsonaro tentaram repetir a marcha de 1964?, https://www.brasildefato.com.br/2019/05/28/artigo-or-as-manifestacoes-de-apoio-a-bolsonaro-tentaram-repetir-a-marcha-de-1964/, in: Brasil de fato, aufgerufen am 3.1.2020.

Watts, Jonathan: Dilma Rousseff taunt opens old wounds of dictatorship era's torture in Brazil, https://www.theguardian.com/world/2016/apr/19/dilma-rousseff-impeachment-comments-torture-era-brazil-history, in: The Guardian, aufgerufen am 3.1.2020.

Watts, Jonathan / Phillips, Dom / Phillips, Tom: Brazilians on Bolsonaro's first year: »If you disagree, you're seen as a traitor«, https://www.theguardian.com/world/2020/jan/01/brazil-jair-bolsonaro-first-year-voices?CMP=share_btn_tw, in: The Guardian, aufgerufen am 9.1.2020.

Watts, Jonathan: Brazilian politician who orchestrated ousting of Rousseff sentenced to prison, https://www.theguardian.com/world/2017/

mar/30/brazil-eduardo-cunha-guilty-prison-dilma-rousseff-impeachment, in: The Guardian, aufgerufen am 3.1.2020.

Weichert, Rune: Blut ist dicker als Wasser. Wie Trump seine Familie zu inoffiziellen Diplomaten macht, https://www.stern.de/politik/ausland/wie-donald-trump-seine-familie-zu-inoffiziellen-diplomaten-macht-8780610.html, in: Stern, aufgerufen am 3.1.2020.

Zille, Claudia: Soziale Ungleichheit und Sozialpolitik, Ibero-Amerikanisches Institut, Berlin, 2013.

Abkürzungen

ADA	*Amigos dos Amigos* (Drogenkartell)
AI-5	*Ato Institucional Numero Cinco* (Ermächtigungsgesetz während der Militärdiktatur in Brasilien)
AMAN	*Academia Militar das Agulhas Negras* (älteste Offiziersschule Brasiliens)
ANPUH	*Associação Nacional de História* (Nationale Gesellschaft für Geschichte Brasiliens)
APB	*Aliança pelo Brasil* (Allianz für Brasilien)
API	*American Petroleum Institute* (Verband der US-amerikanischen Öl- und Gasindustrie)
BBC	British Broadcasting Corporation (britische öffentlich-rechtliche Rundfunkanstalt)
BNDES	*Banco Nacional de Desenvolvimento Econômico e Social* (brasilianische Entwicklungsbank)
BOPE	Batalhão de Operações Policiais Especiais (Sondereinsatzkommando der Polizei im Bundesstaat Rio de Janeiro)
BRIC(S)	Brasilien, Russland, Indien, China (und Südafrika) (Zusammenschluss von Schwellenländern)
CEPAL	*Comisión Económica para América Latina y el Caribe* (UN-Wirtschaftskommission für Lateinamerika)
CIA	Central Intelligence Agency (Auslandsgeheimdienst der USA)
CiEx	*Centro de Informações do Exterior* (Auslandsgeheimdienst Brasiliens)

CMA	*Comando Militar da Amazonia* (Amazonas-Kommando des brasilianischen Militärs)
CNJ	*Conselho Nacional de Justiça* (Nationaler Justizrat Brasiliens)
COAF	*Conselho de Controle de Atividades Financeiras* (brasilianische Steueraufsichtsbehörde)
CV	*Comando Vermelho* (größtes Drogenkartell in Rio de Janeiro)
DEM	*Democratas* (brasilianische Partei des rechten Spektrums)
DOI-CODI	*Departamento de Operações de Informações – Centro de Operações de Defesa Interna* (brasilianischer Militärgeheimdienst)
ENEM	*Exame Nacional do Ensino Médio* (zentraler Universitäts-Eingangstest in Brasilien)
EsPCEx	*Escola Preparatória de Cadetes do Exército* (brasilianische Vorbereitungsakademie für Offiziersanwärter)
EU	Europäische Union
EZW	Evangelische Zentralstelle für Weltanschauungsfragen
FGV	*Fundação Getúlio Vargas* (Stiftung Getúlio Vargas, politische Forschungseinrichtung)
FIFA	*Fédération Internationale de Football Association* (Weltfußballverband)
FUNAI	*Fundação Nacional do Índio* (staatliches Organ für die Angelegenheiten der indigenen Bevölkerung Brasiliens)
IBAD	*Instituto Brasileiro de Ação Democrática* (eine von zwei konservativen brasilianischen Denkfabriken, die eingerichtet wurden, um den Fortschritt des Kommunismus in Brasilien zu verhindern)
IBAMA	*Instituto Brasileiro do Meio Ambiente e dos Recursos Naturais Renováveis* (brasilianisches Institut für Umwelt und erneuerbare natürliche Ressourcen, das brasilianische Bundesumweltamt)
IBGE	*Instituto Brasileiro de Geografia e Estatística* (Statistisches Bundesamt Brasiliens)
INPE	*Instituto Nacional de Pesquisas Espaciais* (Nationales Institut für Weltraumforschung)
JBS	*José Batista Sobrinho Sociedade Anónima* (laut eigenen Angaben größter Fleischproduzent der Welt)

LGBT	*Lesbian, Gay, Bisexual und Transgender* (lesbisch, schwul, bisexuell, transgender)
MCCE	Movimento de Combate à Corrupção Eleitoral (Organisation zur Überwachung von Korruption in Brasilien)
MNTB	*Missão Novas Tribos do Brasil* (evangelikale Organisation zum Zweck der Missionierung indigener Völker)
NGO	*Non-governmental Organization* (Nichtregierungsorganisation)
NHS	*National Health Service* (staatliches Gesundheitssystem in Großbritannien)
OECD	*Organisation for Economic Co-operation and Development* (Organisation für wirtschaftliche Zusammenarbeit und Entwicklung)
PCC	*Primeiro Comando da Capital* (brasilianische Drogenhändlerbande, überwiegend tätig in São Paulo)
PCdoB	*Partido Comunista do Brasil* (Kommunistische Partei Brasiliens)
PDC	*Partido Democrata Cristão* (Christdemokratische Partei Brasiliens, jedoch deutlich konservativer als die CDU in Deutschland)
PDS	*Partido Democrático Social* (Demokratische Soziale Partei, rechtskonservativ ausgerichtet)
PEN	*Partido Ecológico Nacional* (National-Ökologische Partei Brasiliens, heute *Patriota*)
PF	*Policia Federal* (brasilianische Bundespolizei)
PMDB	*Movimento Democrático Brasileiro* (Brasilianische Demokratiebewegung, Zentrumspartei)
PP / PPB	*Partido Progressista Brasileiro* oder *Progressistas* (Brasilianische Fortschrittspartei, konservative Partei)
PPR	*Partido Progressista Reformador* (Progressive Reformpartei Brasiliens, eine der Vorgängerparteien der PP)
PSC	*Partido Social Cristão* (Sozial-Christliche Partei Brasiliens, rechtsreligiöse Ausrichtung)
PSDB	*Partido da Social Democracia Brasileira* (Sozialdemokratische Partei Brasiliens, Zentrumspartei)
PSL	*Partido Social Liberal* (Sozialliberale Partei Brasiliens, rechtskonservativ ausgerichtet)

PSOL	*Partido Socialismo e Liberdade* (Partei für Sozialismus und Freiheit, sozialistische Ausrichtung)
PT	*Partido dos Trabalhadores* (Partei der Arbeiter, entspricht in etwa der deutschen SPD)
SBPC	*Sociedade Brasileira para o Progresso da Ciência* (Brasilianische Gesellschaft für den Fortschritt der Wissenschaft)
SNI	*Seicho-No-Ie do Brasil* (brasilianischer Geheimdienst)
STF	*Supremo Tribunal Federal* (Oberster Gerichtshof in Brasilien)
STJ	*Superior Tribunal de Justiça* (Oberstes Landesgericht)
STM	*Supremo Tribunal Militar* (Oberstes Militärgericht in Brasilien)
UFRRJ	Universidade Federal Rural do Rio de Janeiro (Bundesuniversität)
UN(O)	*United Nations (Organization)* ([Organisation der] Vereinten Nationen)
UOL	Universo Online (Online-Dienstleister und Internet-Provider)
USA	*United States of America* (Vereinigte Staaten von Amerika)
VPR	*Vanguarda Popular Revolucionária* (Guerilla-Untergrundorganisation während der Militärdiktatur in Brasilien)
WM	Weltmeisterschaft

Regionen und Bundesstaaten Brasiliens

Região Norte
1 Acre
2 Rondônia
3 Amazonas
4 Roraima
5 Amapá
6 Pará
7 Tocantins

Região Nordeste
8 Maranhão
9 Piauí
10 Ceará
11 Rio Grande do Norte
12 Paraíba
13 Pernambuco
14 Alagoas
15 Sergipe
16 Bahia

Região Centro-Oeste
17 Distrito Federal do Brasil
18 Goiás
19 Mato Grosso
20 Mato Grosso do Sul

Região Sudeste
21 Minas Gerais
22 Espírito Sano
23 Rio de Janeiro
24 São Paulo

Região Sul
25 Paraná
26 Santa Catarina
27 Rio Grande do Sul

Atlantischer Ozean

■	Bundeshauptstadt
⊙	Hauptstadt eines Bundesstaates
○	sonstige Orte
- - - -	Bundesstaatengrenze

N

0   500   1000 km

Der Autor

Andreas Nöthen

Jahrgang 1973, Studium der Anglistik und Geographie in Bonn und Manchester, Volontariat und Redakteur bei einem großen Regionalverlag, 2016 bis 2019 Aufenthalt mit seiner Familie in Rio de Janeiro, freiberuflicher Korrespondent für mehr als zwei Dutzend Medien, darunter Nachrichtenagenturen wie die dpa und die österreichische APA, die Wochenzeitung *Jüdische Allgemeine* und Fachmagazine; Journalist in Frankfurt am Main.